U0518642

知识产权运用

理论、政策与案例

李春成　李小芬　许优美　等◎著

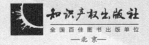

知识产权出版社

全国百佳图书出版单位

—北 京—

图书在版编目（CIP）数据

知识产权运用：理论、政策与案例/李春成等著. —北京：知识产权出版社，2020.8（2024.12重印）

ISBN 978-7-5130-7041-6

Ⅰ.①知…　Ⅱ.①李…　Ⅲ.①知识产权—研究—中国　Ⅳ.①D923.404

中国版本图书馆 CIP 数据核字（2020）第 117563 号

内容提要

本书分为上、中、下三篇，上篇从多个视角对知识产权运用，尤其是知识产权运营理论进行系统阐述；中篇着眼完善国家知识产权运用、保护的治理体系建设，涉及知识产权保护与运用的制度创新，知识产权运用与知识产权保护、科技创新、新技术新模式的政策协同；下篇概述了高校、服务机构、企业、科研院所四类创新主体知识产权运营的主要方式，并对具体案例进行分析。

本书既可以作为理论研究者系统掌握知识产权运用理论的工具，也可以作为指导高校、服务机构、企业、科研院所相关从业人员开展知识产权运用实务工作的操作手册，对政府管理者了解和制定知识产权运用政策亦具有参考价值。

责任编辑：韩　冰　　　　　　　　责任校对：潘凤越

封面设计：博华创意·张　冀　　　责任印制：孙婷婷

知识产权运用：理论、政策与案例

李春成　李小芬　许优美　等　著

出版发行：知识产权出版社 有限责任公司	网　址：http://www.ipph.cn		
社　址：北京市海淀区气象路 50 号院	邮　编：100081		
责编电话：010-82000860 转 8126	责编邮箱：hanbing@cnipr.com		
发行电话：010-82000860 转 8101/8102	发行传真：010-82000893/82005070/82000270		
印　刷：北京九州迅驰传媒文化有限公司	经　销：各大网上书店、新华书店及相关专业书店		
开　本：720mm×1000mm　1/16	印　张：15.5		
版　次：2020 年 8 月第 1 版	印　次：2024 年 12 月第 2 次印刷		
字　数：255 千字	定　价：78.00 元		

ISBN 978-7-5130-7041-6

出版权专有　侵权必究

如有印装质量问题，本社负责调换。

前　言

　　多年来，天津市科学技术发展战略研究院（原天津市科学学研究所）在专注于科技发展战略与规划、科技创新政策与管理、区域创新发展等科技创新领域软科学研究的同时，把知识产权作为与科技创新具有天然联系的有机组成部分，一直有所关注。2008年前后，国家把知识产权事业上升为国家战略，使我们认识到知识产权不仅仅是与科技创新领域存在某种关联的衍生领域，而是越来越具有更为独立的存在价值，无论于政府管理，还是对产业创新发展、区域创新发展、企业创新发展，都成为一个独立的领域，具有越来越大的价值创造功能。于是，从那时开始，我们给予了知识产权研究更多的关注，科技创新和知识产权成为两大并行的科研咨询业务领域。

　　2015年5月，天津市科学学研究所全资子公司天津滨海新区科技创新服务有限公司成为国家采取股权投资方式支持的20家知识产权运营机构之一，开展知识产权运营试点工作。2015年11月，作为国家知识产权局、天津市人民政府部市会商重点工作之一，华北知识产权运营中心在天津自贸区中心商务片区揭牌成立，旨在利用市场手段加快创新资源配置，推动知识产权在大众创业、万众创新以及加快经济转型中，有效促进知识产权与经济的深度融合。天津市科学学研究所及天津滨海新区科技创新服务有限公司承担了华北知识产权运营中心的部分运行工作。

　　《国家知识产权战略纲要》确定的"激励创造、有效运用、依法保护、科学管理"十六字战略方针，是我国知识产权近期发展的基本指引，知识产权运用成为知识产权战略的重要组成部分。我国作为后起的知识产权大国，要建成知识产权强国，在知识产权数量增加的基础上，必须花更多的力量提升知识产权质量，特别是在知识产权运用环节有更多的改进，使知识产权战略、资产、信息、社会等多方面的价值尽可能得到最大限度的发挥，增强国家、区域、产业、企业竞争力，创造经济社会效益，促进经济高质量发展。

　　在以上的大背景下，以知识产权运营为核心的知识产权运用，成为我们在知识产权领域研究思考的重点方向之一。本书是我们对知识产权运用的理论、运用的政策、运用的制度、运营方式、案例研究思考和系统整理的小结，既是建立在知识产权运营试点实践的现实需要基础上的，也是对未来做好知识产权运用实践工作的更深层面的考量。

　　本书分为上中下三篇。上篇为知识产权运用理论概述，中篇为知识产权运用制度创新与政策协同，下篇为知识产权运营方式与案例。上篇和中篇执笔人为李春成，下篇执笔人为李小芬、许优美、马虎兆、李晓锋、栾明、陈兵，全书由李小芬、许优美、王振华统稿。

　　专著出版得到天津市科技战略研究计划项目《构建科技小巨人大品牌路径及机制研究——基于国内外科技领军企业的典型案例分析》（合同编号：16ZLZDZF00260）和天津市知识产权局《京津冀重点产业知识产权保护协调机制建设》（合同编号：HT2018021）的支持。

　　本书可供政府管理者，知识产权科研工作者，企业、高校、科研院所、知识产权服务机构相关从业人员阅读。

目　录

| 上 篇 |

知识产权运用理论概述

第一章

知识产权运用概论

《国家知识产权战略纲要》于 2008 年 6 月 5 日正式颁布实施，标志着我国将知识产权纳入国家发展战略，知识产权在中国经济转型、创新型国家建设、参与全球化经济分工与合作中的地位得到显著提高。《国家知识产权战略纲要》开门见山地指出"为提升我国知识产权创造、运用、保护和管理能力，建设创新型国家，实现全面建设小康社会目标，制定本纲要"。这说明，战略纲要重点围绕提高知识产权创造、运用、保护和管理四大环节的能力展开。

一、知识产权运用的概念与内涵

（一）知识产权的概念

1. 知识产权

笔者不打算给知识产权重新下个定义，只简单选用一种定义，即《知识产权基本原理》作者张勤给出的定义：知识产权是民事主体对特定有用信息的法定财产权和天赋精神权。该作者进一步解释了知识产权客体包括通常意义上的知识或智力创造成果，还包括某些不一定能称为知识、但却是有用信息的内容，知识产权客体的本质是信息特征❶。

---

❶ 张勤. 知识产权基本原理 [M]. 北京：知识产权出版社，2012.

2. 知识产权制度

《国家知识产权战略纲要》对知识产权制度的描述是：知识产权制度是开发和利用知识资源的基本制度。知识产权制度通过合理确定人们对于知识及其他信息的权利，调整人们在创造、运用知识和信息过程中产生的利益关系，激励创新，推动经济发展和社会进步。

3. 知识产权的特征

一般而言，与一般意义上的物质性财产权不同，知识产权具有六个特征：

一是无形性。知识产权的无形性是相对于有形财产权而言的，这就决定了知识产权贸易只有使用权的转移，而没有所有权的转移。

二是专有性。知识产权的专有性是指知识产权的独占性和排他性。知识产权只能归权利人所有，其他非权利人若想使用，必须经权利人同意。

三是地域性。知识产权的确认与保护是依照某个国家的法律进行的，所以它只在特定的区域内受到保护。

四是时间性。知识产权仅在一个法定的期限内受到保护，超过此期限，任何人都可以以任何方式使用而不会涉及侵权问题。

五是可复制性。知识产权作为无形财产，必须通过一定的有形载体表现出来，这就决定了知识产权可以被复制。

六是法定性。知识产权确认或授予必须建立在国家专门立法直接规定的基础上。

4. 知识产权的类别

由于知识、信息及其形成的产权在国家、区域、产业竞争中的作用越来越重要和凸显，加上新的技术形态、新的产业的产生，知识产权的种类越来越多。

通常，人们把著作权、专利权、商标权，并称为知识产权的三大支柱，历史也较久远。此外，知识产权还包括技术秘密权、反不正当竞争保护的权利、集成电路布图设计专有权、地理标志、传统知识、植物新品种权等种类。

随着网络经济时代和信息社会的到来，域名也正在成为知识产权的保护对象，网络版权保护也受到广泛关注。

（二）知识产权运用的界定与内涵

知识产权创造、运用、保护和管理四个方面是相互关联的一个整体，创造是源头，运用是目的，保护是核心，管理是保障。不同的运用主体，理解知识产权运用的含义是很不相同的。对各级政府而言，知识产权运用主要是将知识产权当作一种战略和政策工具来看待的；对企业、科研院所、高等院校等微观主体而言，知识产权运用主要是把知识产权当作资源和资产看待的。

综合起来，笔者从实际出发，将知识产权运用界定为：针对知识产权的战略性、资产性、资源性、平衡性等本质特性，通过一定的运作方式，发挥知识产权应有的经济价值与社会功能。

由此，可以看出，知识产权运用的内涵体现在以下方面：

一是知识产权运用当以知识产权所具有的战略性、资产性、资源性、平衡性等四大特性为基础，充分挖掘发挥其对应的战略价值、资产价值、信息价值、社会价值，甚至通过综合运用创造新的价值，这是知识产权能够被运用、充分被运用、合理加以运用的理由所在。

二是知识产权运用必然与相对应的运作方式方法关联，运用效果好坏取决于是否找到恰当的运作方式方法。商业化运用的关键就是找到恰当的有效益的商业模式，产业和区域的运用关键在于找到恰当的有效率的政策工具等。

三是知识产权运用的目的在于充分获得知识产权的经济价值，为运用主体带来竞争力、经济利益，同时实现知识产权的社会功能。

本书中，一般采用知识产权运用，其内容包括知识产权运营，当主要论及知识产权的资产价值时也采用运营。

二、知识产权的特性与对应的价值

反映知识价值的名言俗语甚多，如"知识就是力量""知识就是财富"

"书中自有黄金屋""知识无价"等，特别是知识经济、信息经济、创意产业等的兴起正方兴未艾，使知识的价值得以不断提升。知识具有不可替代性、不可逆性、重复使用性、无天然排他性等特征❶，在自然状态下知识本身的基本属性是公共产品，知识并不具有天然的财产性质，不过这并不排斥知识对社会、企业、个人仍然具有财富价值。

由于人为赋予有用知识和信息法定财产权，使知识变成知识产权，进而具有了多方面的价值（不仅仅是经济学上的）。正是因为知识产权具有多方面的价值，特别是具有资产价值，才使得知识产权运用变得越来越重要。

（一）知识产权运用的四大基本特性

一般而言，与一般意义上的物质性财产权不同，知识产权的特点归纳为五个方面：一是知识产权的无形性。知识产权的无形性是相对于有形财产权而言的，这就决定了知识产权贸易只有使用权的转移，而没有所有权的转移。二是知识产权的专有性。知识产权的专有性是指知识产权的独占性和排他性。知识产权只能归权利人所有，其他非权利人若想使用，必须经权利人同意。三是知识产权的地域性。知识产权的确认与保护是依照某个国家的法律进行的，所以它只在特定的区域内受到保护。四是知识产权的时间性。知识产权仅在一个法定的期限内受到保护，超过此期限，任何人都可以以任何方式使用而不会涉及侵权问题。五是知识产权的可复制性。知识产权作为无形财产，必须通过一定的有形载体表现出来，这就决定了知识产权可以被复制。

有学者专门分析了知识产权的无形财产权本质，并通过对知识产权与有形财产权的比较，认为知识产权具有客体的无形性、相对垄断性、法律效力在时空上的有限性及权利保护范围的不确定性等四方面特征❷。

---

❶ 郭强. 我的知识经济观 [M]. 北京：中国经济出版社，1999.

❷ 江滢，郑友德. 知识产权特征新论：兼析知识产权与有形财产权的区别 [J]. 华中科技大学学报（社会科学版），2001，15（4）：16-20.

这里我们研究的主题是知识产权运用，因此从运用的角度看，笔者认为知识产权具有战略性、资产性、资源性、平衡性四大应用特性，知识产权运用的依据和方式都是建立在这些特性的基础上的。

1. 战略性

知识产权的战略性涉及知识产权管理、运用的全局，体现了知识产权运用对运用主体的统领意义，具有最高利益特性。知识产权具有战略性，显然是由于知识经济兴起，知识产权作为无形资产价值不断提升的结果。无论是一个国家、一个地区还是一个企业，创造财富、获取经济效益的核心都正在由有形资产逐步转向无形资产，知识产权资本崛起并成为经济竞争的焦点。美国商务部报告估算，2010 年美国知识产权密集产业增加值的直接贡献为 5.06 万亿美元，占美国 GDP 的 34.8%，为美国提供了 2710 万个工作机会，占全部就业的比例为 18.8%。

2. 资产性

知识通过政府的授权，成为法律意义上的产权，并日益广泛地运用到经济领域，特别是用于投资时，即成为真正的资本。全社会的知识产权集合就成为社会资本，在公司之中，就构成企业资产，这就是知识产权的资产性。世界 500 强企业的资产构成中，1978 年为有形资产占 95%，无形资产仅占 5%；但到了 2010 年，有形资产降低到 20%，而无形资产则提高到 80%。我国企业知识产权资产也呈现类似趋势，在证券市场表现出较快的增长。由深圳新产业技术产权交易所研究推出的中国智能资产指数表明，从 2006 年 7 月 1 日到 2011 年 6 月 30 日，智能资产指数 5 年间增长了 346.23%，而同期沪深 300 指数、上海证券综合指数、深圳综合股票指数仅分别增长了 118.38%、65.18% 和 166.81%，显示出专利资产价值高的企业成长性更好，市场价值增长得更快。这代表了企业投资的趋势，企业竞争优势也体现在知识资本上，尤其是体现在技术、设计等创新方面。知识产权的资产性连接知识产权法律与知识产权经济，是知识产权运用的关键特性。

3. 资源性

现代社会中，除了有形的资源，信息、知识及其政府特许后形成的知识产权等无形资源，也逐步成为越来越重要的经济资源。同时，为了适应经济竞争的变化，全球知识产权资源总量不断增加，其资源特性更为明显。仅就专利来说，自专利制度建立以来，全球的专利文献经过数百年的积累已经浩如烟海，且近 100 年人类科学技术突飞猛进，更使专利信息加速增长。全世界专利信息每年以数百万条记录数递增，截止到 2011 年年底已达 9000 多万条。据世界知识产权组织统计，全球 95% 以上的最新发明创造记载在专利文献中，并且约 70% 的发明创造只在专利文献中公开。专利信息作为专利制度运行的载体，已成为推动创新、提高企业竞争力、实现产业转型发展、加快转变经济发展方式的基础资源❶。

4. 平衡性

实际上，任何一项法律制度都是利益平衡的产物。知识产权法的制定是以实现国家利益最大化为基本原则的，是平衡知识产权权利人的垄断利益与社会公共利益而做出的制度安排，涉及的利益主体包括知识的创造者、传播者、使用者，涉及的利益关系包括权利人利益与国家利益、公众利益之间的平衡。因此在政策和法律调节下，知识产权就有可能在一定程度上取得平衡，包括国与国之间、国家与企业之间、企业与产业之间、知识产权拥有者与产品消费者之间，说到底，就是既要鼓励知识的创造，保护创造者的积极性，也要鼓励知识的社会化传播，让知识惠及广大公众。现任世界知识产权组织总干事弗朗西斯·高锐（Francis Gurry）发表公开的演讲指出，现代知识产权与知识产权制度诞生初期已经有了很大不同，现代社会发生了三大转变，经济上由有形的向无形的转变，地缘政治由西方向东方转变，政治上由国家向非国家转变。在这种大背景下，知识产权具有三大功能：竞争行为的调节器，竞争利益的平衡机制，作为一种融资机制。前两个功能都与知识产权的平衡性特性有关。

（二）知识产权对应的价值描述

1. 战略价值

战略价值对应于知识产权的战略性。随着知识经济的兴起和深入发

---

❶ 国家知识产权局办公室《企业专利信息利用工作指南（试行）》。

展，知识产权日益成为一个国家、一个地区、一个企业特别是跨国企业发展的战略性要素，也是其竞争力构成的核心要素。为了形成和保持竞争力，就要求运用主体从战略、前瞻、整体的高度，挖掘知识产权的战略价值，并从战略意识、战略工具、战略制定、战略重点布局、战略实施等提升战略价值的效用。

2. 资产价值

资产价值对应于知识产权的资产性。由于知识产权资产属于无形资产，其价值具有不确定性、不易估算和对法律保护的严重依赖。从资产价值出发的知识产权运用，往往难度大，不易为社会广泛接受。鉴于社会财富创造要通过资产运营来实现，知识产权运用在很大程度上是对知识产权资产的运营与管理，包括对知识产权运用等诸方面的运营管理。正是基于知识产权的资产价值，才使知识产权的资本化运营成为可能，也成为知识产权运用的主要内容。

3. 信息价值

为了避免传统技艺的流失，改变技术通过私授方式代代相传，就需要向社会公开技术，也要给予保护。专利制度建立了最完整的人类技术的记载体系，形成了海量的专利数据与技术信息，记载着人类科技发展的每一点进步，记录着每一个技术前行的脚印。例如，仅2011年，全球专利申请量达到214万件，商标申请量420万件，设计申请量77.5万件，因此知识产权的积累量成为真正的大数据，成为人类知识与信息宝库。随着大数据技术的发展与应用，对专利数据库的利用将更加有效，其潜在的价值将得到发挥。

4. 社会价值

社会价值对应于知识产权的平衡性。一个国家的知识产权法保护的是权利人的私权，但最终目的是发展国家经济、科技、文化产业。如果私权保护的结果没有实现产业发展利益，则制度实施失败。一般而言，知识产权制度的评价多是以国家产业发展的整体利益为基础的，更不用说一个国家实施的知识产权战略的价值取向了。当前以美国为代表频繁发生的诉讼战中，出现了专利流氓或非专利实施实体现象，对此，美国已经出现了一些政策方面的应对，以对知识产权中出现不当的竞争行为等新情况进行调节。

三、加强知识产权运用的意义与作用

进入知识经济时代，无形资产在企业资产价值中的比重在近 20 年中大约从 20% 上升到 80% 以上。大力提升知识产权运用能力，可以充分发挥技术、人才等知识资产价值，加快知识应用、促进成果转化。知识产权的运用特别是专利技术的产业化，是增强我国自主创新能力、建设创新型国家的重要内容。

知识产权是市场经济的一项基础制度，也是市场经济的重要要素。知识产权制度有利于完善社会主义市场经济体制，规范市场秩序和建立诚信社会；推进全面深化改革，知识产权制度的进一步完善不可或缺。

知识产权运用的效率直接关系经济、产业、区域发展的水平与竞争力，加强知识产权运用有利于增强我国企业市场竞争力和提高国家核心竞争力；有利于扩大对外开放，实现互利共赢。必须把知识产权战略作为国家重要战略，切实加强知识产权工作。

《国家知识产权战略纲要》确定的十六字战略方针，为知识产权运用提供了基本指引，即"激励创造、有效运用、依法保护、科学管理"。可见，知识产权运用的基本方向就是"有效"，即让知识产权在服务科技创新、区域发展、产业发展、企业主体建设、对外贸易等方方面面的运用中真正起到应有的作用。

四、知识产权运用的分类

从运用层次来分类，知识产权运用可以分为战略运用、战术运用、具体操作性运用。

从运用客体对象来分类，可以分为专利的运用、版权的运用、商标的运用、其他知识产权的运用。

从运用的方式来分类，可以分为实施（包括自己实施、许可他人实施、和他人共同实施）、金融化、保护等，还有其他很多方面。

从运用主体来分类，可以分为各级政府的运用，各类园区、开发区的运用，企业、科研院所、高等院校等市场主体的运用，面向供需提供服务的中介与平台的运用。

五、知识产权运用的发展趋势

一是大型企业特别是跨国公司在运用市场的主导地位更为突出。据美国《财富》杂志网站报道，美国七家不同领域的商业巨头联手成立了美国创新合作伙伴关系组织（Partnership for American Innovation），目的在于唤起人们对专利保护的重视，并在媒体、议会和法院等机构和组织倡导对于专利体制的正确认识。该组织的成员包括苹果、杜邦、福特、通用、美国国际商用机器公司、微软和辉瑞制药。

二是运用的专业化趋势愈加明显，咨询服务机构专业化服务对提升运用效率的作用将更为突出。知识产权运用显然是一种高智力的知识密集型服务。在知识产权的价值越来越得到高度关注的情形下，国内外出现了各种类型的专业化运营机构，充分体现了专业化分工的高效率。

三是专业化网络服务平台等新型运用途径方兴未艾。与知识产权相关的部门建立的知识产权信息服务、交易服务、转移转化服务的事业单位向平台化的深化转型，在新的技术环境下，成功的可能性大大增加了，这是因为移动互联网带来的"互联网+"和智能互联网带来的知识自动化，为运营平台的商业化提供了技术条件，例如可以让需求与供给进行低成本的、甚至自动化的匹配等。同时，各类民间兴办的综合性、专业性知识产权服务平台、知识产权新媒体平台呈现方兴未艾之势，这完全符合平台型企业发展的新潮流。

四是滥用有加剧之势。对专利的关注，对内表现为跨国公司专利申请数量呈几何级数增长，以及更加频繁的专利收购；对外则表现为愈演愈烈的全球专利诉讼。在知识密集型的信息通信行业，这种特征更加突出。

第二章
知识产权运营概论

近年来，特别是 2015 年以来，我国知识产权运营得到了广泛关注。知识产权运营得到政府、企业、高校、科研院所、知识产权服务机构前所未有的关注，体现了知识产权从创造、保护到管理与运用的发展过程，体现了在经济转型升级中知识产权的作用与意义更为突出了。目前建设知识产权强国的目标已经提出，在知识产权数量增加的基础上，必须花更多力量来提升知识产权质量，特别是通过知识产权运营，尽可能发挥其最大的资产价值，增强国家、区域、产业、企业竞争力，创造经济社会效益，为经济转型升级提供新的动力。

一、知识产权运营主体论

（一）知识产权运营主体分类

知识产权运用是一个更广泛的概念，包括知识产权运营在内。而知识产权运营，则主要指发挥知识产权的资产价值，实现知识产权的经济功能。

国家知识产权局在部署知识产权运营试点企业工作时，给出的知识产权运营的定义是："知识产权运营指以实现知识产权经济价值为直接目的的、促成知识产权流通和利用的商业活动行为。具体模式包括知识产权的许可、转让、融资、产业化、作价入股、专利池集成运作、专利标准化等，涵盖知识产权价值评估和交易经纪，以及基于特定专利运用目标的专利分析服务。"

由此，我们可以将知识产权运营理解为：知识产权运营的直接目的就是通过运营实现知识产权资产的经济价值，或许知识产权运营可能会带来社会、法律等其他意义，但不是知识产权运营应当主要考虑的。

知识产权运营的方式包括许可、转让、融资、产业化、作价入股、专利池集成运作、专利标准化等，换言之，实现知识产权经济价值的途径是多种多样的。

知识产权价值评估和交易经纪是知识产权运营的重要环节和基础，知识产权运营并实现经济价值的关键在于让作为生产要素的知识产权流动起来、活跃起来、转化起来，归根结底就是用起来。

由于运营主体包括企业、高等院校等创新主体，也包括面向供需提供服务的中介与平台等，那么大家都在谈论着的知识产权运营，是不是在同一个语境（context）下讨论的问题呢？其实，仔细分析就会发现，来自不同工作背景的知识产权工作者，各自理解的知识产权运营可能有很大的差别。因此，笔者觉得，梳理一下不同的知识产权运营主体，对深化讨论知识产权运营理论与实践问题，乃至制定知识产权运营政策，都是必要的。

知识产权运营主体大致可以分为两大类、六小类（见表1-1）。

表1-1 知识产权运营主体分类

知识产权运营	第一大类：既是创造者也是运营者	第一小类：企业
		第二小类：大专院校
		第三小类：科研机构
	第二大类：不是创造者但是运营或服务者	第四小类：运营专业组织
		第五小类：运营服务平台
		第六小类：运营服务机构

第一大类包括企业、大专院校、科研机构三小类，主要共同点是：①他们首先是技术的研发者、知识产权（特别是专利）的创造者，同时也

是知识产权的运营者。②由于他们是研发者，所以了解自身拥有的知识产权的技术内涵，具有较强的、方便的技术识别能力，包括技术研发的难度、技术本身的技术价值、技术外在的市场价值等，而这正是知识产权运营的关键要素之一。③作为运营者，他们了解供应链、技术供需，比较容易找到交易对象。同时也比较了解竞争者和合作者，可以方便地把握知识产权运营的策略。

第二大类包括运营专业组织、运营服务平台（如各种专业性和综合性交易市场、网站）、运营服务机构（如技术经纪机构、无形资产评估机构、知识产权质押抵押服务机构等）三小类，主要共同点是：①他们不是技术的研发设计者，不是知识产权的创造者，但由于专业化分工的发展，他们专业开展知识产权运营或知识产权运营服务。②由于他们不是研发者，所以对其从业者的专业背景和素质有着较高的要求。③知识产权运营显然是一种高智力的知识密集型服务，专业的服务能力和适当的商业模式是立足市场的关键，也是其价值的体现。在知识产权的价值越来越得到高度关注的情形下，国内外出现了各种类型的专业化运营机构，体现了专业化分工的高效率。

（二）各类知识产权运营主体的概述

1. 第一小类：企业

笼统地说，企业是知识产权运营的第一主体并不为过，随着企业发展壮大，企业知识产权自我运营意识的形成十分重要。

建设创新型国家，实施国家知识产权战略，构建知识产权制度，企业都是主体。所以企业不仅是技术创新的主体、知识产权创造的主体，更是知识产权运营的主体，而且政府、科研院所、高等院校、中介机构的知识产权运营或多或少都与企业这个主体发生直接或间接联系。

知识产权作为无形资产是现代企业重要的资产组成部分，越来越成为企业发展壮大的重要资本，也是企业核心竞争力的体现，知识产权运营得当能为企业带来巨大的收益。企业知识产权创造运营能力强，则产业强，则国强。

就单个企业而言，企业知识产权形成后，为发挥其资产价值、获取应有的经济效益，开展有组织、有计划、方式多样的知识产权运作与经营逐步成为一种必要，与一般产品经营或一般资本运营具有相似性。

对具有一定经营规模的企业，知识产权运营是企业知识产权管理的有机组成部分，没有知识产权运营内容的企业知识产权管理甚至企业竞争战略是不完整的。

企业大小规模不一、发展阶段不同，知识产权运营的重点和策略是不同的。特别是在成熟阶段，要更加关注知识产权布局与许可、知识产权交易、知识产权融资、知识产权出资等知识产权资产价值最大化运营。

企业知识产权运营方式多种多样，要全面加以开发运用。企业所处行业不同、创新形态不同，知识产权运营的重点、方式和策略也就不同。如产品制造型企业、服务型企业、研发设计企业、文化创意企业，知识产权运营的重点客体对象有较大区别，运用的重点、方式、策略也有很大差别。

2. 第二、三小类：大专院校与科研机构

大专院校和科研机构是我国知识产权的重要生产者，其原创性成果与技术更是企业创新所渴望的。对绝大多数大专院校、科研机构而言，知识产权运营还是一个新生事物。在过去相当长的时间内，大专院校、科研机构积累的是技术成果，开展的多是成果转化与技术转移转让。近年来，技术转化为专利等知识产权，并且随着市场的规范和专利量的积累，专利许可、专利转让、专利作价入股、专利创业逐步得到更多重视。

正如美国《拜杜法案》促进了美国大学、国立科研机构的技术转移、成果转化一样，我国《促进科技成果转化法》的修订与实施，特别是各地在促进高校、科研机构成果转化中的政策激励措施的实践，以及知识产权保护力度的加大，正在为大专院校、科研机构这两类主体的知识产权运营创造必要的外部环境。

大专院校、科研机构考虑到公共利益、社会形象和自身应得到的收益等因素，知识产权运营的内在动力是客观存在的。国内许多具有一定实力的大专院校、科研机构通过成立技术转移办公室或中心、专业化运营企业、产业技术研究院等，开展知识产权运营，促进技术转移、成果转化。

大专院校、科研机构由于技术研发实力、专业优势等差别，知识产权运营的类型、方式各自不同。在我国，科研机构更是千差万别，知识产权运营需要根据各自的实际需要，组织资源，探索可行的商业模式。

在科研机构中，有一大批中央和地方科研机构已经转制为企业或进入企业集团，转制为企业的科研机构有的就是生产性企业，有的则转变为研发型公司。对于转制为研发型公司的，其专利运营与技术转移就成为其收入的主要来源，重要性不言而喻。

与企业一样，大专院校、科研机构的知识产权运营方式多种多样，有许可实施、转让、入股、自主产业化、合作转化与产业化等。

3. 第四小类：运营专业组织

知识产权运营专业组织是指由政府或民间投资设立的专业化非实施知识产权运营实体，以专利运营实体（即 NPE）居多。如果细分，主要有以下四种：

一是专利主权投资基金。由政府或其他国有资金出资成立的专利运营基金，并通过专利许可、专利聚合等方式，开展旨在促进专利技术转化、转移等运营业务。如法国政府成立的法国政府专利主权基金等。

二是联合收购和单独收购专利设立 NPE。科技公司通过联合或单独收购专利，设立专利运营基金和非专利实施实体，通过专利授权或发动专利诉讼从而获利的公司。如苹果、微软、RIM、爱立信和索尼五家公司 2011 年共支出 45 亿美元收购北电网络破产资产中超过 6000 项专利，并将其中大部分注入 Rockstar Consortium 专利运营企业，开展商业运营。

三是知识产权产业化投资基金。非常类似于天使投资基金或创业投资基金，其投资的对象就是专利等知识产权的形成，并通过参与股权投资，促进其产业化。

四是专利联盟。专利联盟也可当作一种专利运营组织，联盟内部的企业实现专利的交叉许可，对联盟外部共同发布联合许可声明。例如移动通信领域 W-CDMA 专利联盟。

4. 第五小类：运营服务平台

知识产权运营服务平台是为众多知识产权运营供需方提供便利的交易信息、交易信用、交易撮合的组织，主要包括各种实体性平台、网上交易平台等。

由于其服务平台性质，这类运营组织不少为政府投资兴建，一般没有特定服务对象，具有公共服务属性。近年来，由于移动互联网的发展，民间运营服务平台方兴未艾，大有后来居上之势。主要细分为以下四种：

一是网上技术（知识产权）交易市场。如浙江网上技术市场等。

二是常设技术（知识产权）展示、交易市场。如全国性和区域性技术（知识产权）交易所、技术市场、知识产权交易所等。

三是成果转化与技术转移服务平台。如全国性和区域性成果转化服务中心、成果推广应用中心、技术转移驿站等。

四是知识产权综合运营服务平台。如国家"1+2+20"中的前两类，还有各地建设的地方性知识产权运营服务平台，如江苏省专利运营中心等。

客观上讲，技术（知识产权）交易市场（包括技术市场、版权市场和专利市场等）是知识产权资产价值实现的场所，是知识产权运营的桥梁和纽带。

多年来，政府在技术（知识产权）交易等知识产权运营服务平台方面做了不少努力，但由于技术（知识产权）交易等运营的复杂性和信息不对称等因素的制约，收效尚不明显，作用不如预期。

5. 第六小类：运营服务机构

知识产权运营服务机构是为企业、大专院校、科研机构等主体的知识产权运营提供服务的专门性组织。

大致可细分为以下五种：

一是技术交易经纪机构。专门开展技术（知识产权）交易的供需撮合服务、信息服务、咨询服务。

二是无形资产评估机构。开展专利、商标等资产评估的会计师事务所等。

三是知识产权质押抵押服务机构。专门从事专利等无形资产的抵押质押服务的会计师事务所等。

四是知识产权托管服务机构。为中小企业、个人等主体提供专利等知识产权托管业务的组织。

五是知识产权运营咨询服务机构。为企业、大学、科研机构等各类知识产权运营主体提供运营方案、商业模式设计、专利分析等服务的机构。

与运营服务平台相比，运营服务机构更为市场化，必须依靠更为专业化的服务求得市场空间，通过更为高效的服务赢得利润空间。

知识产权运营服务机构与服务平台发展对未来知识产权运营十分重要，是专业化分工的必然要求。知识产权运营服务机构与服务平台是典型的高智力、高技术含量的知识密集服务行业之一。比如一个专利代理人，需要一定的专业技术背景，需要精通专利知识，甚至还要了解企业管理。因此，知识产权运营服务是高技术服务业。

总之，知识产权运营的整体市场化、社会化发展，将在很大程度上有赖于运营服务平台的功能发挥，有赖于运营专业组织、运营服务机构的发育及其专业服务能力的提升。

以上某一类运营主体不可能完全独立于其他主体，必然相互联系、相互渗透。

二、知识产权运营方式论

前面，我们简要谈了知识产权运营主体有企业、科研机构、大专院校、专业运营机构、专业服务组织。无论是哪类主体，都需要将专利、版权、商标等知识产权的资产价值充分挖掘出来，那么，这些运营主体究竟要靠哪些方式去实现知识产权的资产价值？

当前，知识产权运营方式的分类，并无权威说法，不同主体、不同角度，表述千差万别。从运用的方式来分类，本书将其归纳为以下五种。

1. 产业化实施

有人会认为，产业化实施是创造知识产权的自然目的，不应当列为知识产权运营中。但是知识产权的创造与实施有时是分离的，不同的运营主体对实施的理解也有差别。以专利运营为例，产业化实施可以细分为专利技术转化和专利技术创业两小类，目的就是实现由技术向产品和服务的转化，是技术商业化的过程，是知识资本的市场价值实现。

对于企业、大专院校、科研机构等运营主体，知识产权的产业化实施包括内部实施、外部实施和内外部合作实施。

对于企业而言，由于知识产权布局多重目的性，加上知识产权的实效性和技术换代日益快速，企业在实现技术产业化时，要尽可能把企业拥有的市场潜力较大的核心技术优先实施。

现代市场体系下，任何企业不可能也不被允许实行技术垄断，技术产业化实施也是相互依存的，专利技术的产业化实施必然相互交叉，这也是通过谈判或诉讼收取实施许可费的原因。

2. 贸易化流通

贸易化流通是知识产权运营的基础性方式，主要包括许可、转让、并购、技术进出口四小类。许可方式包括单向许可、交叉许可等。转让主要针对自身不实施专利，或转让后仍可保留实施权的专利。并购一般与企业物质产权购买同时发生。技术进出口大多与设备、服务的贸易一起发生。

流通方式或直接洽购，或通过技术市场、知识产权（技术）交易所等固定场所，或交易会、拍卖会、交易网站进行交易；或通过技术经纪人、中介机构等进行交易。

通过各种贸易化方式，实现知识产权的流通，无疑是知识产权的价值发现过程。与人财物等其他生产要素一样，知识产权要素只有流动起来，才能提高其要素生产力。

3. 货币化融资

货币化融资，是知识产权价值金融化的直接体现，主要包括知识产权出资、知识产权融资两个类别。

所谓知识产权出资，是利用知识产权进行出资的形式，包括以知识产权作为资本投资设立新企业，或者作为资本对已有的企业增加注册资本。按照规定，以知识产权出资应进行评估并办理权利转移手续。技术作价入股是出资的具体形式。很多拥有专利的企业家也是技术专家，将技术作价投入公司，可以改善公司的财务状况，减少投资时的资金压力。技术作价入股以后，企业可以计入无形资产，合理摊销成本费用。

在知识产权融资方面，一是通过知识产权证券化实现直接融资。中小科技企业通过知识产权证券化可以直接进入证券市场，获得更大的成长空间，从而有效地解决中小高科技企业融资难问题，但在当前还不为企业常用。二是通过抵（质）押贷款实现间接融资。知识产权抵（质）押贷款是指贷款人按法律法规要求，以借款人或第三人的知识产权权利为抵（质）押物发放的贷款。近年来，在政府相关政策的支持下，通过专利权等知识产权抵（质）押获得金融机构的间接融资，成为越来越广泛的知识产权货币化方式。

4. 组合化运用

组合化运用是将行业或产品的关联专利进行有效组合，形成专利聚合器，替代单个企业、单一技术专利的一种专利运营方式。主要包括标准必要专利组合、收购构建专利池、建立知识产权联盟等形式。

涉及标准的专利运营需要企业积极参与标准的技术研发，参与行业标准的制定等，并在此基础上积极将企业的专利纳入标准，与同行一起构建标准必要专利组合或专利池，提高企业的专利运营能力。

通过收购构建专利池或系列专利组合是非实施专利实体最主要的运营方式。

建立知识产权联盟更广义上是一种知识产权保护方式，特别是对于市场竞争中的弱势企业群体，可以将各自的专利通过联盟进行组合。

无论哪种形式的专利组合，其运营的目的都在于增强参与者的市场竞争地位。

5. 法律维权

法律维权是指通过谈判、依法诉讼等方式，从而获得实施许可费、侵权赔偿费。一般来说，采取这种方式的多为技术实力强的大型科技公司，或专利组合多的非实施专利实体。

法律维权运营方式的存在是由知识产权的法律属性所决定的，同时，一个国家或地区的知识产权法律状况和知识产权保护环境是影响法律维权运营的主要因素。

三、知识产权运营模式论

（一）运营或运营服务机构生存模式

虽然知识产权运营机构是近几年才出现的新提法，但历史上业务相似的机构还是不少的，如技术市场、技术交易所、产权交易所、文交所、成果转化中心等。无论叫什么名字，运营机构首先需要考虑怎么活下去，也就是简单的生存模式问题。就我国的现实情况看，活下去的路不外乎以下几种。

（1）靠利息活着。一些国有投资类、基金类、交易类运营机构，开办时得到了一大笔开办经费或运营经费。由于初期业务规模小、人员不多，这笔开办经费通过存款、信托、出借等理财收益就可以得到不菲的收入，风险小，责任不大，这种活法似乎还不错。

（2）靠租金活着。如果能拿政府的投资建购办公楼，地点也不错，靠出租办公楼获得资金来发工资，或弥补主营业务收入的严重不足，也是过去一些机构多年的生存之道。

（3）靠注册或投资本金活着。其最终结果是，由于没有持续的盈利支撑，注册本金或投资本金不断被消耗，导致难以维系甚至人财被耗空，成为空壳或被清算。

（4）靠母体输血活着。许多大学、科研院所创办的机构，其创办方提供运营资金、办公场所，安排工作人员，他们生存压力不大，能否获得利润并不重要，在运营的前期阶段更是如此。

（5）靠其他业务输血活着。不少机构并非专一开展知识产权运营的业务，依靠咨询、代理、法律等常规知识产权服务业务获得的收入，甚至于靠非知识产权业务的赢利，来间接支持知识产权运营业务的发展，尤其是在知识产权运营起步阶段。

（6）靠知识产权运营业务自身的造血功能活着。无论哪类业务机构，什么性质的机构，真正靠做知识产权运营业务，并通过知识产权运营自身的造血功能获得生存发展的，个人觉得还不多。

可见，我国知识产权运营处于起步阶段，可行的商业模式或盈利模式并不明晰，多靠政府的资金、物质、项目投入维持基本生存。

（二）未来知识产权运营或运营服务机构商业模式发展

未来运营的商业模式发展方向大致要考虑以下四个方面：

一是在我国现阶段，知识产权运营工作还不宜过于强调营利性。换言之，要在初期发挥政府财政资金的政策导向功能，发挥多年来已经设立的一大批政府投资机构的公共服务职能，为中小企业、为社会各界提供培训、信息、搭建交易平台、整合行业运营资源等方面的公益性服务。

二是鼓励知识产权运营投资主体的多元化，支持企业投资知识产权专业运营机构，学习借鉴美国的运营商业模式，探索更多的适合我国发展阶段的市场化生存之道。

三是尽快为具有自身造血功能的知识产权运营机构创造生存发展条件。首先，要引导帮助有实力、有需求的企业、大专院校、科研机构成为知识产权运营的主体，使我国知识产权运营市场尽快发育成长起来。其次，要真正加大知识产权保护力度，为知识产权运营业务有利可图创造社会环境和法律条件。

四是各级政府不宜新建知识产权运营服务机构。无论是知识产权的交易、产业化业务，还是知识产权货币化等运营业务，过去都设立过类似的企事业单位，如果新建，虽然名称有所不同，势必造成业务重复。

展望未来，控制核心的关键资源，撬动合作资源，累积并提升企业资源，是商业模式创新和发展的基础和本质。综合国内外运营发展的经验，一些可选择的商业模式有：

（1）根据企业大小与实力，有选择地获取进攻性或防御性专利池，建立相应的专利组合。

（2）知识产权或技术开发公司。专业从事研发活动和知识产权创造（包括专利和专有技术）实体，看起来就像运营一个传统公司。但是开发出的技术不是用于生产物质产品。

（3）专利许可和诉讼公司（PLECs）模式。即专利权利主张实体或非专利实施实体，拥有一个或多个专利组合，试图开展有目标的信函推销活动，威胁这些公司接受其专利授权实施，以获得授权费；之后对那些拒绝接受进入非排他性专利许可者，提起专利侵权诉讼获得赔偿，从而实现盈利的一种专利商业模式。尽管 PLECs 被蔑称为专利流氓等不好的名字，但其实它们是真正的独立的专业化的专利资本的运营企业。

（4）基于知识产权的并购顾问。以传统的投资银行模式开展经营，就是为科技公司的并购活动提供建议，并根据整个交易的价值（或根据交易涉及的知识产权的价值按比例）收取服务费用。

（5）知识产权抵押质押贷款。为知识产权拥有者提供直接或中介融资，通常为贷款形式（债务融资），债务融资安全以全部或部分知识产权资产价值为担保。

（6）知识产权证券化。作为法律顾问，协助和/或为专利所有者实施知识产权资产证券化融资交易提供资金（类似于更常见的抵押贷款支持证券）。

（7）技术/知识产权衍生融资。由传统风险投资（VC）或私募股权公司组织，专门从事较大科技公司面临困境的非核心知识产权衍生投资运作，或者创建大型技术公司之间的合资企业，以促进技术商业化和相关联知识产权货币化。

（8）专利评级软件和服务。提供先进的专利搜索和分析软件工具，从而允许专利所有者、律师、投资者和知识产权市场其他玩家，获得单个专利或专利组合各种情报和数据点。

（9）专利拍卖。专利拍卖于 2006 年最早出现在美国，企业往往把拍得的专利技术用于产品生产或者处理一些专利诉讼。随着市场对拍卖方式的普遍认同，专利拍卖现已成为美国一种较为成熟的技术交易模式。如美国著名的知识产权资本化综合性服务集团海洋托莫（ICAP Ocean Tomo），已在美国、亚洲和欧洲举办了多场知识产权现场拍卖会，成交金额累计超过千万美元。该公司每年定期举办专利拍卖会，每场都会吸引国内外众多企业、发明人、投资人、中介机构的参与。近几年，欧洲、日本、印度等国家和地区也开始尝试专利拍卖这种方式，但与一般的实物拍卖相比，专利拍卖操作难度较大，也正因为如此，专利拍卖的成交率一般都比较低，往往不到10%。

（三）一种综合商业模式的案例：中国技术交易所"评保贷投易"知识产权运营模式

1. "评保贷投易"知识产权运营服务模式介绍

中国首家"五位一体"知识产权金融服务体系，即中技知识产权金融服务体系，于2014年12月16日在北京中关村发布。据媒体报道，"评保贷投易"五位一体知识产权金融服务体系，是针对拥有知识产权的科技型企业轻资产、高风险、高成长、高收益等特点，以及融资过程中经常面临的知识产权评估难、质押难、处置难问题，由中国技术交易所设计运行、提供知识产权和股权质押的快速融资解决方案，是一种创新运营模式。

据相关介绍，中技知识产权金融服务体系由核心层和联盟层构成。其中核心层由专业的知识产权评估公司、融资担保公司、债权基金、股权基金、知识产权和股权交易平台组成。联盟层由银行、小贷、保理和投资机构组成紧密合作的战略联盟。

"评保贷投易"五位一体运营模式的具体内容是：评，即知识产权及企业投资价值评估。依据中国技术交易所与国家知识产权局于2012年年底推出的世界首个"专利价值分析指标体系"，为科技型企业提供知识产权价值评估和企业投资价值判断。保，即担保。由北京市海淀区国有独资公司出资4亿元组建的融资担保公司和债权基金，为科技型企业知识产权融资提供强有力的担保增信。贷，即企业贷款融资。以银行为核心，以小贷、保理、信托、融资租赁为补充，构建更快、更多、更便宜、更安全、更丰富的贷款通道。投，即股权投资。搭建债股结合的投资联盟，为科技型企业引入全方位的投融资机会。易，即多元化的交易模式和交易平台。交易平台包括中国技术交易所以及联盟的产权交易所、股权交易所、投资机构、协会，形成了迅捷流动的产权交易通道。

"评保贷投易"五位一体知识产权金融服务步骤如下：

一是由拥有知识产权的企业提出融资申请，评估公司出具报告，核心层进行综合评审，通过评审的企业，将由融资担保公司或债权基金提供强担保和增信。

二是获得增信的企业，将通过联盟层的银行等金融机构搭建的绿色通道获得更快、更多、更便宜的间接融资。

三是企业正常还款，形成共赢；而当企业出现还款困难时，也不必担心，债权基金和股权基金将启动预处置程序，提前化解银行贷款风险。

四是经过预处置程序，增信机构获得的权益可通过反向许可、普通许可等知识产权运营方式短期持有，也可通过知识产权和股权交易平台转让退出。

五是股权基金与联盟投资机构一方面可以承接债权基金转让的权益，另一方面可拥有对正常还贷企业的优先投资权，获得优先投资机会。

"评保贷投易"五位一体的运营服务可以形成多赢的局面：一是企业赢，打通企业知识产权融资通道，企业可以快速获得资金，并降低融资成本；二是银行赢，符合国家支持中小企业的政策导向，降低贷款风险，简化审批流程，降低运营成本，并积累优质客户；三是投资者赢，获得优先投资机会，提高前期估值准确性，增加后期变现成功率。

2. "评保贷投易"知识产权运营服务模式的价值

一是提供了知识产权运营模式的一种新尝试。近年来，知识产权运营虽然逐步成为知识产权领域的一个新热点，但多处于摸着石头过河的尝试阶段，可行、可持续、有效的运营模式并不多。从业界讨论的情况看，知识产权运营服务的突破点可能是把知识产权运用与金融有机结合起来。换言之，知识产权的货币化可能是实现知识产权资产价值的最好途径之一，这就需要在知识产权价值合理评估的基础上，通过金融的嵌入，更为有效地实现知识产权的股权投资功能、产业转化功能、交易变现功能、融资的质押抵押功能。

二是为科技型中小企业知识产权服务提供了新途径。中技知识产权金融服务体系针对科技型中小企业具有轻资产、高风险、高成长、高收益的特点，以及在融资过程中经常面临的知识产权评估难、质押难、处置难问题，量身定制了"知识产权和股权质押"融资产品，并通过"评保贷投易"五位一体化创新运营模式，提供了系统性解决方案。可见，这一服务模式针对的是科技型中小企业的本质特点和发展需要。我国在实施创新驱动发展战略中，正处于新的一轮科技创业高潮，中关村更是我国科技创业的热点地区，可以预见，科技型中小企业的知识产权服务与融资服务的双重需求将越来越大，而将中小企业的知识产权服务与融资服务结合在一起，产生的是一种新的服务模式，契合了中小企业的内在需求。

三是知识产权有效运用需要集成资源、开展合作。在建设知识产权强国的过程中，无论是政府还是知识产权业界，都意识到加强知识产权运用的重要性。国家知识产权局局长申长雨在第十六届中国专利奖颁奖大会上指出，加强专利转化运用，积极谋划和推动专利运营公共服务平台建设，加快创新成果向现实生产力的转化，打通从科技强到产业强、经济强、国家强的通道，更好地发挥知识产权在支撑创新驱动发展、推动经济转型升级、提质增效方面的支撑作用，提高企业的市场竞争力。现阶段知识产权的运用需要解决服务资源分散、服务能力弱、缺乏可持续经营的有效服务模式等问题，因此需要有一定实力的服务机构牵头动员各方面的服务资源，以服务联盟等方式开展实质性合作，通过构建服务链，打通创新链，促进技术转化、产业化。因此，从集成资源和合作共赢的视角看，中国技术交易所的"评保贷投易"五位一体的知识产权金融服务模式，具有普遍借鉴意义，期望在实践中获得更多经验，通过在中关村试验起到示范作用。

四、知识产权联盟与运营

对于知识产权运营而言，知识产权联盟可能具有特殊意义，甚至成为一个突破口。

（一）知识产权联盟的类型

对于什么是知识产权联盟，并没有统一或权威的界定。2014 年 12 月深圳市市场和质量监督管理委员会在关于印发《深圳市专利联盟管理办法》的通知中，对专利联盟给出了一个界定："专利联盟指的是市场主体之间基于共同的战略利益，以专利为纽带达成的联盟。专利联盟对内实施专利分析与预警、宣传培训、交叉许可、专利成果转化运用等行为，对外开展专利许可谈判、专利交易、诉讼维权等活动。"

笔者认为，广义上讲，知识产权联盟是指各种知识产权主体相互间基于某种需要进行的联合行为，是一种利益联合体。狭义上看，知识产权联盟是基于特定产业或产品的企业、研发机构等相关组织开展的一种知识产权（主要是专利）合作的契约行为，通过共同构建专利组合，或者共同建立专利池，尤其是标准专利池，旨在便利内部相互许可、对外许可，从而推动产业发展，保护联盟成员的知识产权利益，获得知识产权价值。以上个人理解如果有道理，似乎可以将我国知识产权联盟大致归为两大类。

1. 工作推动型知识产权联盟

为推进某项知识产权工作，把相关主体或资源整合起来的一种联合体。数量最多，也说明共同营造氛围，合作推进知识产权事业发展，在社会上达成较为广泛的共识。工作推动型联盟由于组建方便，没有门槛，发展最快。一般从联盟的名称即知其目的何在。著名的有：①全国知识产权分析评议联盟，旨在推进知识产权分析评议等工作，其成员已经由最初的 31 家增长到百家以上，覆盖全国大部分省、自治区、直辖市，具有较强影响力；②中国知识产权运营联盟，旨在促进全国的知识产权运营发展，2017 年国家有关部门推出"1+2+20+N"知识产权运营体系。可以说，从全国性、跨区域性（如京津冀知识产权发展联盟）、地方性等各层面都可以找到许多工作型联盟，其已经成为一种推动知识产权事业发展的组织方式。

2. 产业运营型知识产权联盟

该种联盟指为提高专利等知识产权价值，由产业内企业等专利主体联合发起设立，以开展专利组合运用或专利池运营为中心的产业知识产权联盟。如果将专利组合（Patent Portfolio）与专利池（Patent Pool）加以区分，就可以分为两种产业知识产权联盟。

一是通过简单构建专利组合形成产业知识产权（专利）联盟。这类联盟是产业运营型联盟的初级阶段，并不过于追求是否具有核心专利，或根本不具有构建核心专利组合的能力，也不强求对外的授权许可。一般适用于产业竞争实力不强，在全球或区域性竞争中比较弱小的行业。其主要目标是通过共同构建专利组合，达到降低成本，保护成员的产业利益，弥补各自技术创新的不足。如果理解不错的话，中国专利界的名人邱则有当初发起成立的中国专利保护协会空心楼盖专利联盟与产业联盟当属于此类，旨在使中国空心楼盖企业能够应对跨国公司的竞争。这类联盟进入门槛较低，产业适应面较宽，有利于更广泛地开展产业专利组合运营和保护技术开发实力弱小产业，培育幼稚新兴产业。

二是通过构建专利池尤其是标准专利池形成的产业知识产权（专利）联盟。与上述简单专利组合运营不同，专利池强调权利集合基础上的对外授权，是专利联盟的高级阶段，一般只有具有核心技术的标准专利才能进入专利池，并由此形成一个公开的许可交易平台。由于以专利池特别是标准专利池为基础构建的联盟有可能形成技术垄断，联盟的专利许可协议至少需要遵循公平、合理且非歧视原则（即 FRAND 原则）。如我国数字音视频编解码技术标准有近百家企业和科研单位共同参与，从而形成具有标准专利池内容的产业专利联盟。发达国家的产业专利池多具有这类高级专利联盟性质。

（二）我国产业知识产权联盟发展概况

可以说，政府从政策层面开始系统关注产业知识产权联盟，是近几年的事。

深圳作为改革开放的前沿，在发展产业知识产权联盟方面领先一步。

2011 年发布的《深圳市知识产权与标准战略纲要（2010—2015 年）》提出："进一步推动以技术标准和专利许可为纽带的产业联盟建设，优化整合联盟成员知识产权资源，提高共同抵御风险能力，提升深圳产业的国际竞争力。"2014 年，深圳又率先发布地方性专利联盟专利办法。几年来，深圳市先后成立了 LED 专利联盟、中彩联、新能源标准与知识产权等联盟，各联盟在实际运作中也取得了一定的成效❶。

2015 年 4 月，国家知识产权局印发了《产业知识产权联盟建设指南》。以此为开端，旨在促进知识产权与产业发展深度融合，深化产业专利协同运用的产业知识产权联盟建设被提升到一个新的高度。到 2016 年 1 月，经有关省、自治区、直辖市知识产权局等单位推荐，国家知识产权局集中审核，有 56 家联盟符合以上指南有关要求，予以备案。其中包括 11 个省市和 1 家行业协会，北京市备案联盟数最多，达到 13 家；江苏省、山东省次之，均为 11 家；四川省 6 家；广东省 5 家；河南省 3 家；重庆市 2 家；辽宁省、吉林省、浙江省、湖南省、中国电子材料行业协会各 1 家。

通过对以上 56 家联盟的简要分析，中国技术交易所认为，产业知识产权联盟未来发展的关键是建立与运营专利池，即"借助产业内合作推动专利池构建是破解知识产权运营难题的一个关键环节"。当联盟以专利池为纽带使联盟成员之间建立联系的时候，这种联系就可以形成真正的利益纽带，打破国内众多联盟组织"联而不合"的尴尬局面❷。

总体来看，我国产业知识产权联盟建设得到不少地方的重视，积极性很高，但仍处于发展起步阶段。主要问题是：一是有名无实，大多数联盟只是号称产业知识产权联盟，但由于种种原因，还难以开展知识产权的实质性合作，不少还是虚拟性组织，缺乏实体化运作机制。二是联而不合，许多联盟成员之间达成了联合协议，初步建立了联盟组织，但在建立专利组合方面并未开展实质性合作，或者只是进行了简单的专利组合合作，即

---

❶ 沈娇，王磊. 深圳企业构建和运营产业专利联盟概况 [J]. 中国发明与专利，2013（2）：22-25.

❷ 中国技术交易所：《国内产业知识产权联盟分析评价报告》。

第一类产业知识产权联盟，距离真正构建产业专利池，即建立第二类产业知识产权联盟还有很长的路要走。

（三）产业知识产权联盟能否成为运营的突破口

虽然当前我国知识产权联盟发展尚处于初级阶段，但对于知识产权运营来说，却具有重要意义与作用，有可能成为我国知识产权运营工作的突破口。

首先，随着创新驱动发展战略的不断深化，产业知识产权联盟建设可能成为产业转型升级的重要工具。深入推进产业、技术层面的知识产权联盟，其核心自然是参与方共同形成知识产权组合。与单一的企业、高校、科研院所等知识产权运营主体自我形成的组合化应用相比，通过建立产业知识产权联盟而开展的知识产权组合化运营和专利池运营，具有多种优势。一是通过建立专利组合等方式，可以快速整合产业链和供应链上下游产业资源，形成产业联合优势；二是通过建立产业或产品标准专利池，可以尽快建立起产业、产品或技术的标准专利体系，共同形成核心技术标准，有助于产业的规模化发展；三是有助于技术后发国家的企业有效解决专利积累不足、企业支付的专利许可费较高、遇到专利纠纷常常孤军奋战、化解产业知识产权风险和壁垒等问题；四是产业内骨干企业、高校与科研机构联合建设知识产权联盟，有助于深化产学研协同研发、产业化与专利技术组合运营，加速新技术的商业化发展。

其次，随着知识产权运营工作的全面推进，产业知识产权联盟建设可能成为提高知识产权运营绩效的有效方式。在国家知识产权局、财政部等部门的推动下，我国知识产权运营试点全面展开。笔者把知识产权运营方式分为产业化实施、贸易化流通、货币化融资、组合化运用和法律维权五种。包括许可、转让、并购、技术进出口在内的贸易化流通方式，虽然是知识产权运营的基础性方式，但限于无形资产的严重信息不对称，大多交易仍然局限在供需双方的谈判中完成。货币化融资受到金融机构的主导，没有政策支持也难有大作为。因此，如果说企业是知识产权运营的主要主体，促进产业升级是知识产权运营的核心目标，以组合化运用为主要内容的产业知识产权联盟建设，就很有可能成为五种运营方式中的关键环节，成为提升知识产权运营绩效的更为有效的方式。

再次，产业知识产权联盟建设有利于产业联盟、产业技术创新战略联盟建设的升级。开展实质性知识产权合作，构建产业技术标准体系，强化建立在知识产权基础上的创新战略合作，是一般性产业联盟建设、产业技术创新战略联盟建设深化发展的必然要求。在产业技术创新战略联盟各方达成的合作契约中，知识产权责权利契约最为关键和重要。

最后，加强产业知识产权联盟建设，有利于提高产学研合作组织的实体化程度。尤其是产业知识产权联盟的成员通过构建高级的标准专利池，实现内部互相交叉许可，就更容易在战略层面建立持续稳定、有法律保障的合作关系，各方形成实质性战略合作盟友。从国外专利或标准联盟发展经验看，联盟成员并不在意名称是否叫产业联盟，为了实现实体化有效运作，各成员甚至可以将专利池委托一个共同成立的新企业去运作。

（四）产业知识产权联盟建设的建议

应该说我国产业知识产权联盟已经有了一定基础，包括产业联盟、产业技术创新战略联盟的发展也积累了一些经验。但要使产业知识产权联盟在知识产权运营中发挥突破性作用，还有很长的路要走。建议如下：

一是建立完善联盟的契约化合作机制。以具备一定核心标准专利基础的国家战略性新兴细分产业和区域特色产业集群为重点，加快培育一批战略性产业知识产权联盟。重点是以需求为导向，按照自愿原则，明确联盟各方的知识产权责权利，发挥资源组织能力强的领军企业的作用，通过契约形式建立长期、稳定、制度化的利益机制，构建契约化的产业知识产权战略联盟合作关系。

二是建立完善联盟的实体化运作机制。契约化是联盟合作的法律基础，实体化是联盟运行成效的保障。要通过组织实体化运行，有相应的人员、经费、办公场所、管理制度作为保证，解决产业知识产权联盟有名无实、联而不合的问题。

三是建立联盟的运行标准。针对联盟数量虽多，但仍然处于发展的初级阶段的情况，政府引导作用不可或缺。政府可以研究产业知识产权联盟运行的标准，发布产业知识产权联盟建设指南，明确产业知识产权联盟的设立条件、合作内容、组织形态、设立程序、运行模式等，引导产业知识产权联盟由一般产业联盟、一般技术创新研发合作联盟向知识产权联盟进化，由构建一般专利组合向构建标准专利池合作深化。

四是发挥行业协会等行业组织的作用。特别是对于企业走出去的知识产权保护，在协同行业各方利益时，行业协会等组织具有重要的作用。

第三章

企业知识产权运用

　　建设创新型国家，实施国家知识产权战略，构建知识产权制度，企业都是主体，都要把企业放在最重要的位置。所以企业不仅应当是技术创新的主体、知识产权创造的主体，更是知识产权运用的主体，政府、科研院所、高等院校、中介机构的知识产权运用，或多或少都与企业这个主体发生直接联系。

　　知识产权作为无形资产，是现代企业重要的资产组成部分，越来越成为企业发展壮大的重要资本，也是企业的核心竞争力体现，运用得当能为企业带来巨大的收益。企业知识产权创造运用能力强，则产业强，则国强。

　　梳理企业知识产权运用的基本理念，列举企业（以生产制造企业为主）知识产权运用的各种方式及其案例，对企业理解知识产权运用有一定价值。

一、企业知识产权运用理念

　　企业如何运用知识产权，实践发展很快，但理论研究较为滞后，并无系统的理论总结。企业知识产权运用理论涉及现代企业的产权理论、创新理论、竞争理论等多方面内容，涉及为什么、是什么等，值得深入研究。笔者无意也无力进行系统理论研究，仅简要梳理企业知识产权运用应当重点关注的一些基本理念，以指引后文对企业知识产权运用方式方法的描述。

（1）企业知识产权运用是企业知识产权管理的一个有机组成部分，而企业知识产权管理必然要与企业总体战略相衔接，企业知识产权管理与运用不能脱离企业发展战略、企业经营管理大目标。当然，对于具有一定规模的企业而言，没有知识产权战略的企业总体战略也不是完整的战略。按照国际流行趋势，企业的知识产权管理不以拥有的知识产权数量作为提升竞争力的目标，而应以能够创造企业价值的知识产权作为经营目标。袁建中认为，企业知识产权管理目标应该建立在促进组织创新活动，掌握知识产权，创造知识产权价值❶。

（2）企业知识产权的价值同样体现在战略、信息、资产、社会功能等多个方面，但最终都要落实到为企业创造经济社会效益，提升企业核心竞争能力，增加企业发展资本甚至是核心价值上。因此，企业知识产权运用的核心是围绕资产价值进行的。为叙述方便和便于理解，本书将按照战略价值、资产价值、信息价值、社会价值的分类进行分别描述。

（3）对任何企业来说，知识产权的运用都可以分为知识产权形成前运用与形成后运用两大类别，前者主要指知识产权战略价值运用（特别是与企业整体战略制定的互动作用）和知识产权信息价值运用（分析、评议、决策作用）；后者主要指知识产权的资产价值与社会价值运用，体现为将知识产权合理转化为企业的经济社会效益。

（4）企业成长阶段不同，知识产权运用的重点和策略不同。企业的发展由小变大，大致分为初创阶段、成长阶段、成熟阶段等。

在初创阶段，企业刚刚设立，规模很小。首要的任务是做好生存下去的商业计划，寻找到合适的商业模式。这时，在知识产权方面一般仅仅只有一些想法，专利、商标等知识产权运用处于萌芽阶段，商业秘密虽重要

---

❶ 袁建中. 企业知识产权管理理论与实务 [M]. 北京：知识产权出版社，2011：11.

但往往注意不到，总体战略运用基本没有。知识产权工作重点是为下一步的战略运用、资产运用打下人才、机构、意识等基础。发展到本阶段后期，可以适当开展专利检索与分析等信息运用，争取政府对中小企业的政策扶持，可以适当增加研发投资，积累创新实力和经济实力，开始尝试申请专利或购买专利，创造条件，认定成为高新技术企业。

在成长阶段，企业开始迅速发展，研发活动逐步展开，企业的品牌建设、专利申请等知识产权活动需求大幅度增加。这个阶段的知识产权运用多以知识产权创造为重点，并逐步建立健全知识产权管理流程、管理制度和人才队伍。加强与专利等事务所的合作，委托专业服务机构开展顾问与咨询服务。运用方式主要包括制定中长期知识产权战略；建立专利数据库，深入开展专利检索；基于研发方向选择的竞争对手知识产权分析；逐步开展专利挖掘；积极参与标准的制定，不管是企业标准、行业标准，还是国家标准等；积极参加行业创新联盟，构建产学研合作机制。

在成熟阶段，企业研发和市场已经成熟，并平稳发展，企业的有效知识产权积累大量增加。这个阶段的知识产权运用要以全面实现企业的知识产权战略价值、资产价值、信息价值为重心。运用方式主要包括：结合企业自身特点和市场战略，完善和明确企业知识产权总体战略与知识产权策略；运用 TRIZ 理论，进一步提升研发能力；全面开展专利挖掘，优化国内外专利布局；开展专利交叉许可与合作；专利监控与预警；专利地图绘制与运用；进行专利许可、专利交易、专利诉讼、专利融资、专利出资等知识产权资产价值最大化运用。

（5）企业所处行业不同、创新形态不同，知识产权运用的重点和策略也就不同。因此，知识产权运用不存在放之四海皆准的模式，应当因地制宜，因业而异，因企而异。

一是由于企业所处行业的差别和业务类型的不同，如产品制造型企业、服务型企业、研发设计企业、文化创意企业，知识产权运用的重点客体对象有较大区别，运用的重点、方式、策略也有很大差别。知识产权发展到现在，包含多种多样的产权。对于高技术制造类企业，就会更为关注专利的运用；对于文化企业，自然更为关注版权的运用；对于种子繁育企业，会更关注新品种保护的运用等。当然，许多企业根据实际需要，对专利、商标、版权、商业秘密等进行混合运用，达到相互促进的运用目标。

二是由于企业所处的产业创新形态不同，知识产权运用的方式策略也有不同。按照 Burk 和 Lemeley 的研究，产业创新形态可以分为四类❶：

竞争性创新（Competitive Innovation）。主要指网络信息产业等行业，由于竞争激烈，企业首先要考虑的是产品与服务创新，专利的布局等保护措施可能会放到其次，因此，企业依靠创新的速度，通过迅速迭代，来获得先发优势和持续竞争力。其知识产权运用策略是"研发到哪儿，专利到哪儿"。

累积性创新（Cumulative Innovation）。创新是渐进式、改进型为主的产业，如软件行业。包括微软在内的操作系统及应用软件企业，需要依靠大量专利布局组合才能保护企业原创利益，取得竞争优势。

反共享（Anti-commons）的产业形态。一些资本密集型产业，依靠高额投资才能获得有竞争力的研发成果，由于风险大、投资大，需要较强、较完整的知识产权保护，典型的如制药产业。一种药物可能就是一件专利，知识产权的运用不是以量取胜，而是需要找到产品或技术中最关键、最核心的部分进行保护，形成策略性专利。

专利丛林（Patent Thicket）形态。这类产业如半导体、电子、通信产业，这些产业专利量大、交叉重叠，且大多有互补特点，产业发展有赖于专利权的交叉许可制度。企业需要关注积累专利筹码，与其他企业开展知识产权合作等。

（6）企业知识产权是企业创新（不仅仅是技术创新）能力的外在体现，知识产权价值的发掘与运用的效果，归根结底依赖于企业内在的创新能力，创新的水平高低决定着知识产权运用的价值大小。知识产权只不过是企业竞争的制度工具与手段，并非目的所在。知识产权运用自然不能本末倒置，运用的核心在提升企业创新能力和市场竞争力。单单追求专利的数量，或者以认定高新技术企业、追求获得国家政策优惠为目标，申请或

❶ 袁建中. 企业知识产权管理理论与实务 [M]. 北京：知识产权出版社，2011：11.

购买专利，对企业知识产权运用都只是一时的、功利性的目的，不宜作为知识产权运用的根本追求。

（7）虽然企业知识产权运用的根本目标是提高创新能力，增强产业竞争力，获得最大市场价值，但这一运用目标是相对的。从社会整体利益角度看，企业的知识产权权利不可能是无限制的，更不宜形成完全垄断。如果企业的知识产权运用的边界超出了法律的限制，如反垄断法等，或超出了公共利益允许的范围，政府也会进行调节与干预。因此，企业知识产权运用需要在策略上做出适当妥协，要有合作、多赢、兼顾社会公平等理念，所以出现了交叉许可、专利联盟、行业标准等运用形式。企业知识产权特别是重要专利的价值，有赖于产业规模和消费市场的扩大，有赖于上下游资源的配合，有赖于社会的认可。反过来，垄断导致的产业发展被抑制，最终也会导致权利所有者的利益受损。

由于专利权的实施运用基本可以涵盖从研发到制造再到销售的产业价值链的整个过程，以下，将以制造业企业专利的运用为主，分别展开企业知识产权运用的主要方式与案例说明。

二、企业知识产权战略价值运用及其方式

显然，所有直接涉及企业发展战略、经营策略的知识产权运用，我们都可将之划归战略价值运用，主要包括专利战略、标准战略、品牌战略三大战略。以下以企业专利战略运用为例进行说明。

企业专利战略的价值体现，根本上在于技术创新带来的竞争优势所产生的战略价值。专利战略运用的特点：除了以上一般运用理念，专利战略运用的基本原则是博弈性，即任何企业的专利战略都必然建立在与竞争者的市场博弈的基础之上，有什么样的竞争关系，才能确定采取什么样的专利战略。企业专利战略主要运用方式有：专利布局战略运用、专利交叉许可战略运用、战略性收购运用。

专利布局战略运用。从字面理解，布局指的就是全局性的规划与部署，所以布局是战略问题。企业专利布局战略就是企业基于全局性竞争需

要所进行的专利开发、保护、运用的战略规划与部署。因此，专利布局战略需要重点考虑其与企业总体经营战略的匹配性如何，要考虑与技术选择战略的匹配性如何。

专利布局战略需要重点关注三个环节：一是专利布局的战略安排，即充分运用规避、技术秘密、PCT、优先权、分案等专利制度与技术保护手段，对重点专利进行布局保护的总体战略安排，形成技术系统保护体系；二是优化专利布局战略实施，即定期梳理评估企业专利库，优化专利布局的战略实施；三是优化专利布局的运营，发挥专利布局的战略与资产价值。

所谓战略性交叉许可涉及企业经营战略上考量的知识产权相互许可，因此总体而言，知识产权许可运用可以划归战略价值的运用。

战略性专利收购多是购买目标企业的专利组合，以增强核心技术的控制力，如微软、苹果、Facebook 等科技公司都有购买大量专利技术的战略安排，以此来强化它们的战略业务技术保护。

◇ **案例 1　IT 企业基于研发阶段的专利布局**

从研发层次进行布局，IT 领域研发一般分为四个阶段：设计阶段（Design），此时研发的方向刚刚确定，设计方案虽然尚不成熟，但是已经有了雏形，可以进行初期专利检索，并根据检索结果调整设计方向并布局第一批专利；开发阶段（Development），将设计方案从概要设计细化为详细设计以及各个模块的设计，随着开发的不断进行，专利布局会从点到面越来越多，形成专利组合（主要包括多个基础专利）；测试阶段（Debug），通过测试阶段，各个模块的设计以及整体的方案都有可能进行微调，并且可能产生实用价值更高的专利；部署阶段（Deployment），用户体验的专利此时开始布局，并且开始设计专利组合中的基础专利的外围专利布局。

◇ **案例 2　基于产业关键技术换代的专利布局战略——深圳超多维光电子有限公司的专利布局**

超多维科技是由我国香港 Super Perfect Limited 投资成立，注册于 2007 年，总部位于深圳，在全国各地及美国和澳大利亚等多处设有分公司，专业从事立体影像设备的研发、生产与销售的高科技企业。超多维科技核心研发机构 SuperD 现代成像技术研究院，凭借先进的设备、一流的人才和雄厚的研发资金，已经取得多项国际领先的技术专利，自行完成开发出适用于 3D 立体显示技术软硬件结合的产品系列——"SuperD 立体影像工作站"，成为全球裸视 3D 立体显示领域技术的领跑者。同时，超多维科技立体影像制作中心独到的创意和高端的技术，在 3D 立体影像制作领域享有盛誉。超多维科技以高端的产品和完备的服务为展览展示、广告传媒、科研医疗、军事教育、游戏娱乐等客户提供个性化的解决方案。超多维科技致力于 3D 显示技术领域的产业化建设，通过推动全球显示领域的根本性变革，还原生动、真实的现实世界，并帮助全球合作伙伴取得更大成功。深圳超多维"立体视频重建与显示技术及装置"（以下简称"裸眼 3D"项目）获 2012 年度国家技术发明一等奖，获奖项目是该公司与清华大学联合研发和申报的，被称作一项平板显示领域产业化的世界领先技术，该技术已输出到日本索尼、东芝等公司。

该公司主要进行裸眼 3D 显示技术研发，是国家高新技术企业。到 2014 年 6 月末，在全球范围内申请专利 225 件。根据国家知识产权局专利局相关报告显示，该公司裸眼 3D 专利排名全球第三，国内申请人排名第一，覆盖 3D 各个产业链节点。技术的核心是专利。申请专利 225 项，开展了专利全球布局。根据国家知识产权局关于我国立体影像行业专利报告，超多维 6 年来申请中国专利 184 项，美国专利 25 项，日本专利 4 项，韩国专利 2 项，中国台湾专利 6 项，PCT 专利 4 项。核心专利覆盖立体显示产业的各个技术节点，包括光学和材料、图像处理、芯片技术、设备组件、工艺制造、工业设计等。而在下一代显示技术液晶透镜技术专利布局中排名第二，在三星和飞利浦之前。在立体显示领域，超多维占领了世界技术制高点，实现了中国创造。专利"黑马"奔腾，局面豁然开朗。超多维在世界立体显示领域技术领先，成为技术输出方，掌握了定价权❶。

---

❶ 张兴文. "黑马"是怎样跃出的：深企超多维赶超产业巨子的飞升路径［N］. 深圳特区报，2013-01-19（02）.

◇ **案例 3　微软 21.8 亿美元用于支付诺基亚的非独占专利许可费**

2013 年 9 月 3 日，微软以 72 亿美元收购诺基亚公司设备和服务业务，其中 21.8 亿美元用于支付诺基亚的非独占专利许可费。诺基亚的专利组合包括 3 万件功能专利，8500 件设计专利，而只有 10% 对外授权。专利组合是指一组彼此具有内在联系的专利群体，是企业以技术、市场等方面的关联性为基础，开展专利的结构、数量、区域的布局设计，从而有效克服单件专利在技术保护上的局限性。像三星、联想等企业都投入大量资金购入专利，弥补专利组合的不足，以便更好覆盖核心专利和外围专利的技术保护范围，尤其在技术、产品快速升级迭代的情况下，有助于加快对专利组合进行及时调整，增强企业对技术的持久控制力，提高企业的专利防御能力，防止竞争对手的觊觎和挑衅。

三、企业知识产权信息价值运用

运用好以国内外庞大专利文献数据为核心的知识产权信息资源，是知识产权运用的基础。面对越来越庞大、越来越专业的数据和信息，我们首先需要认识到知识产权信息利用是一项专业化的技能，要了解知识产权信息价值运用的途径有哪些，如何有效运用。上海市知识产权服务中心副主任梁建军认为，大部分国家都在互联网上公开各自国家的专利，但这些数据存在着数量巨大、结构异样、重复率高、更新频繁的特点，海量信息反而犹如茫茫大海中的许多座含有宝藏的"信息孤岛"❶。

可以说，知识产权信息价值运用的途径和范围不断扩展，运用的方式多种多样。当前国内外知识产权信息价值的运用已经成为一种专业化的高智力活动。不论是企业自身进行开发利用，还是聘请专门的咨询机构进行开发利用，都依赖于有经验的人才，依赖于合适的分析工具软件和分析方

---

❶ 刘阳子："大数据"能否连通专利信息"孤岛"。

法，更充分地利用还有赖于大数据技术的应用，有赖于知识产权服务业的发展，不断挖掘和提供最新的专利信息服务于产品。

1. 竞争情报分析与决策依据

发挥专利数据库的检索功能，开发利用专利信息的决策参考价值。对任何企业和研发机构，都可以利用专利数据库，方便地收集、加工处理专利信息，遴选相关的专利信息提供给决策者，为决策科学化提供参考意见。包括：运用专利文献检索，可以掌握本行业技术全貌和发展动态，分析企业自身所处的市场地位、所拥有技术的优缺点，为企业定位及产品开发提供思路；了解、掌握企业所在行业、所生产产品的技术领先者或者竞争对手的技术发展动向，开展竞争对手的分析监测；通过综合性专利分析，为企业在专利保护策略、市场定位策略及公司整体发展战略的制定提供信息支撑。

2. 专利监控与预警

企业知识产权管理的一个主要任务是，预防和处理与竞争对手的知识产权纠纷。进行知识产权的预警管理，目的就是预防不测带来的重大损失与风险。

3. 选择研发项目和技术路线

通过了解、分析研究项目所在领域的专利情况及文献，确定研发起点与范围，提炼创新点，初步提出项目的专利布局、项目创新保护方案。如株洲南车时代电气股份有限公司的"高速机车高压芯片封装与模块技术研发及产业化"项目，根据中国南车集团公司的要求，在立项阶段对国内外技术进行了查新。通过将课题预研究技术要点与在国内外查新检索到的文献进行分析对比，在研究竞争对手的核心专利技术后，确定公司的研究方向，同时提高了研究起点，避免重复开发，节省时间及科研经费，并初步提出公司知识产权保护方案❶。

4. 学习模仿并开展反向工程

所谓"反向工程"，是指通过技术手段对从公开渠道取得的产品进行

---

❶ 喻影，张珂，孙剑梅，等. 企业科研开发全过程知识产权管理探讨 [J]. 中国发明与专利，2013（4）：10-13.

拆卸、测绘、分析等而获得该产品的有关技术信息。作为后发者，学习模仿是创新的第一步，既不可耻，也是一种捷径。开展反向工程就是一种建立在对学习模仿目标的创新、工艺参数分解了解基础上的学习模仿方法。

一般而言，通过反向工程及各种公开渠道获得产品的详细技术信息，以此为基础进行创新，并取得新的发明专利权或者实用新型，只要具有显著经济意义的重大技术进步，按照专利法的精神，也是合法的。

5. 到期专利技术的开发利用

后发企业也可以作为技术学习模仿的对象；当保护期到期后，还可以直接利用过期的专利技术市场产品。最广为人知的就是专利到期药仿制。新药开发周期长、投资多、风险大，国际大公司用于新药开发的费月，一般占销售额的 15%。与之形成鲜明对比的是，开发一个专利到期后的现有药物新剂型，需要投入的经费和时间都会大大减少，市场销售额却非常可观。

四、企业知识产权资产价值运用：知识产权运营

就单个企业而言，知识产权资产价值运用就是人们常说的知识产权运营，也可以说是企业知识产权形成后，为发挥其资产价值、获取应有的经济效益，开展的有组织、有计划、方式多样的运作与经营，与一般产品经营或一般资本运营具有相似性。

其中，专利的运营最受关注，在实践中也形成了更为成熟的方式，本小节主要讨论企业专利运营。

深圳政府有关部门在颁布的《企业专利运营指南》中对企业如何制定实施专利运营战略与规划提出三个方面的指导性要求：一是应制定符合自身发展需要的专利运营战略，并将其纳入企业的整体发展战略。二是专利运营战略与规划应如何进行专利运营战略定位，如何制定运营战略，如何运营管理。三是如何制订切实可行的专利运营推进计划❶。

---

❶ 深圳政府在线：深圳市市场监督管理局关于发布企业专利运营指南的通知。

参考深圳市市场监督管理局企业专利运营指南的分类体系，企业专利运营方式主要有：一是产业化，包括专利实施、专利技术创业；二是贸易化，包括许可、转让、并购交易等。实现形式或直接洽购；或通过技术市场、知识产权（技术）交易所等固定场所，交易会、拍卖会、交易网站进行交易；或通过技术经纪人、直接机构等进行交易（参见平台与中介篇）；三是投融资，也叫货币化，是知识产权价值金融化的直接体现，包括出资、技术入股、融资等形式；四是标准化；五是资本化等（详见第二章）。

五、企业知识产权社会价值的运用

知识产权非天赋而是政府依法赋予，知识产权平衡社会各方利益的社会属性是十分明显的，由此知识产权也就具有很强的社会功能和价值。如企业品牌价值越大，企业的社会责任就越大。再如许多企业为平衡公共利益，或为了整个产业的发展，愿意让渡部分甚至全部专利权利。

第四章

专业化知识产权运营

　　本章所涉专业化知识产权运营机构主要指以经营知识产权为主要业务的实体，其自身并不进行研发、制造及与制造相关的服务，或进行部分研发业务的目的不是自身制造产品，而是用于转让、许可等运营。文中专业化运营机构基本与非专利实施实体概念类同。

　　由于非专利实施实体（NPEs）既有营利性企业，也有非营利性机构，既有中介性质的专业化运营机构，也有非中介性质的专业化运营组织，相对较为特殊，同时，也存在专利流氓与否的争议，但实质上均属于知识产权，尤其是专利的专业化运营机构，因此，单列一章，加以讨论。

　　专门从事知识产权运营的各类实体近些年才得到社会广泛关注，源于主要在美国产生并引起广泛争议的所谓"专利流氓"现象。事实上，除了专利流氓，还有商标流氓、版权流氓等；除了流氓，还有不是流氓的实体。本章主要涉及专利的运营，基本没有涉及其他类别知识产权运营。为更为客观地分析，这里我们采用专业化运营机构或非专利实施实体这样中性的称呼。

一、非专利实施实体相关概念

　　专利流氓（Patent Trolls），也叫"专利蟑螂""专利诱饵""专利渔夫""专利钓饵公司"等，就其衍生的意义看，笔者倾向于翻译为专利投机者，略带贬义，就像股市的投机者一样，为牟利而生。维基百科对"patent trolls"的解释是："是一个贬义词，用来指一个人或者一个公司用其专利，对其声称的侵权者，用过分挑衅或机会性的态度，行使其权利"，当然还有多种定义。说到底，专利流氓也是专业化专利运营实体（含个人）的一种，其目的是利用低价购买发明者的专利等方式拥有专利或专利组合，通过指控公司获得赔偿，或者是威胁这些公司接受其专利授权实施，以获得授权费。由于他们并不从事与专利技术相关的制造和提供服务，也被认为是一种恶意的专利商业盈利模式。

与专利流氓等同或近似，更为正式的称呼有：NPEs、PAEs、PLEC 等。

PAEs 即专利权利主张实体（Patent Assertion Entities），主要是指利用自己拥有的专利，通过主张或维护权利来强制实施专利，并从中获取大量的授权实施许可费。PLEC 即专利许可和实施公司（Patent Licensing and Executing Company），拥有一个或多个专利组合，并通过发信函试图将其专利或专利组合许可出去，对那些拒绝接受非排他性专利许可者提起专利侵权诉讼的公司。这两个称呼基本与专利流氓的含义相同。NPEs 即非专利实施实体（Non-Practicing Entities），指拥有专利的个人或者公司，但是并不直接使用其专利技术来生产产品或提供服务。换言之，NPEs 也是通过购买或其他途径取得重要专利来控告其他企业而获得盈利的公司。

可以看到，这些概念的本质是一样的，用在不同文献中略有差异，或强调他们自己并不实施专利，也不生产产品或提供与专利相关的直接服务；或强调这类实体主要进行单一的权利主张；或强调通过诉讼迫使目标企业实施授权专利以牟利。无论是 NPEs、PAEs 还是 PLEC，他们与传统理解的专利"作为政府给予发明者特定时期来制造、销售和使用发明的排他权许可"是不大一致的。

美国联邦贸易委员会使用 PAEs，就是区别专利流氓与非专利实施实体的不同，换言之，除了专利流氓，还有不同目的非专利实施实体，包括大学、其他研究组织，以及缺乏资源和能力实施的个体发明者。

几个提法的大致关系是：专利流氓 = PAEs = PLEC = NPEs－大学等非专

利实施实体。

以下我们统称为 NPEs。

二、一些国家 NPEs 发展的情况

1. 美国

过去十多年来，美国的 NPEs 一直处于较为活跃的发展态势，不仅数量增加，也崛起了一批大型运营机构，总部位于加州的 Acacia 仅在 2012 年第一季度就获得接近 1 亿美元营收。总体看，NPEs 主要在美国崛起，由其发起的带有恶意的诉讼数量剧增，诉讼地也主要在美国，据统计，2012 年超过 2500 个，占全美专利诉讼的 62%，因之流向专利流氓的金额在 2011 年高达 290 亿美元，且这些钱最终很少回流到研发领域。在作为诉讼被告方的企业中，82% 的企业年收入少于 1 亿美元，这表明中小企业尤其容易受到攻击❶。自然，一些大科技公司成为专利流氓的诉讼肥羊，据 PatentFreedom 的最新研究，苹果公司居于专利流氓的诉讼标的公司首位，2009 年至 2013 年 6 月，苹果被诉讼次数达到 171 次，其他如 Hewlett - Packard137 次、三星 133 次。

需要指出的是，除了依靠诉讼获得侵权赔偿或迫使企业接受实施授权获得许可费的商业模式的专利运营企业外，美国的 NPEs 还包括大学、国家实验室设立的众多专利技术转移服务组织，典型的如斯坦福大学技术许可办公室；或者具有服务平台性质、没有特定服务对象的技术交易或信息服务组织，如国际知识产权交易所公司（IPXI）、美国大学科技经理人协会（AUTM）等。

NPEs 高度活跃，是因为美国是高科技大国，也是知识产权大国，特别是在高技术领域的专利数量质量都居于领先，这也为各种形式的非专利实施实体的生存发展提供了肥沃的土壤❷。张韬略认为，作为 NPEs 发起的专利诉讼案的高发地，有其盛行的制度根源。归结起来，在美国专利流氓

---

❶ 袁红霞. 关于非专利实施实体的争论引发的思考 [J]. 中国发明与专利, 2012 (10)：18-19.

❷ 张韬略：美国 IT 产业"专利流氓"诉讼的制度根源和最新发展趋势。

发起大量诉讼的原因有：一是美国法律制度的原因。在专利法方面，美国很早就确立了纯洁（Clean Hands）原则，就是一旦专利人或专利权人违法，权利人一方败诉，对方可以要求给予三倍的逆向赔偿❶。总体看，美国专利法和反垄断法对侵权的惩罚更为严厉。二是美国早年在IT产业发明的可专利性上过于宽松，承认商业方法本身的可专利性，且在审查上过于宽松，这也是为什么诉讼案多发于IT领域、金融等服务领域的原因。三是美国专利权人的民事诉讼程序、地点等为专利流氓提供了一定便利。

自从2013年年初，奥巴马抨击PAEs以来，美国对其采取了一系列遏制措施，包括美国政府提高专利体系透明度，使创新者在公平环境下开展竞争的措施，并建议国会采取相应的立法措施等❷。到2013年年底，美国众议院又通过了《创新法案》，该法案规定原告提出专利诉讼时必须提供足够详尽的细节，并且不可使用数量过多的文件。假如起诉被驳回，被告可以要求原告支付诉讼费用。

2．欧盟

令人意外的是，作为主要的老牌发达经济体，欧洲国家NPEs并不像美国那样活跃。据统计，欧洲实际运作的NPEs有24家，英国和德国最多，分别有6家和5家。总的来看，NPEs的活跃程度相对美国来说是温和的。原因在于以下因素与美国不同：一是目标公司的分布和实力因素；二是司法、资金的可得性、文化等因素，如欧洲国家的律师费用转移、损害赔偿等的差异影响。

3．其他国家

有文章分析了澳大利亚、巴西、印度、加拿大、日本的专利流氓活动情况，总的来看诉讼案件不多，由于法律制度、市场规模等的差异，各国情况有所差异，如巴西要通过诉讼拿到赔偿需要很长的时间。从印度看，法律制度的影响更为明显。2005年以前，印度信息科技与通信（ITC）领

---

❶　富田彻男. 市场竞争中的知识产权［M］. 廖正衡，等译. 北京：商务印书馆，2004：133.

❷　吴艳. 美国政府涉及PAE的政策及其对我国的启示［J］. 电子知识产权，2013（8）：34-37.

域的专利流氓活动较为流行，但 2005 年印度专利修正法案通过后，其活动直线下降。理由是该法案包括了很长的不可专利化清单，设置了授权前异议期和授权后异议期制度，以及其他条款。印度专利法并不禁止类似专利流氓的存在，但由于要求授权专利在印度国内能被使用和制造，专利流氓的生存很难。此外印度专利法要求有效专利必须在每个财年结束时填写报表，否则专利权人可能被罚款或监禁。

三、NPEs 的设立类型与运用案例

NPEs 设立有哪些形式呢？

（1）从大科技公司内部专利剥离或向独立的运营公司出售专利而设立。有一些科技行业的大公司敏锐地看到了一些行业专利的资本化和变现的机会，为了获得更多现金，将其专利剥离，并成立独立运营实体，开展专业化经营，并迫使其他公司获得这些技术的授权。还有的大型科技公司本身有主营业务，但为了能发挥自身不使用的专利的价值，把部分不需要的专利拿到市场上出售给其他专利运营公司，实现专利价值变现。

◇ 运用案例

著名半导体内存技术企业 Micron Technologies 在 2009 年直接将其约 1/4 的专利出售给专门从事专利许可的 Round Rock 公司，间接获得高额许可费用。利用 Micron Technologies 的专利组合，Round Rock 公司其后与几家公司达成授权协议，并提起多宗诉讼。这种盈利方式正在吸引更多的大企业积极考虑如何开发自己持有的专利价值。

（2）大科技公司联合收购专利设立。即通过联合低价收购他人专利，将大部分专利独立出来成立联合性的非专利实施实体公司，并通过专利授权或发动专利诉讼而获利的公司。

◇ 运用案例

2011 年，苹果、微软、RIM、爱立信和索尼五家公司共支出 45 亿美元

收购北电网络破产资产中超过 6000 项专利。这些公司并没有瓜分所有的专利，而是将其中大约 4000 项注入一家名为 Rockstar Consortium 的公司，使该公司变为一家专利运营企业，其商业策略可能是出售，可能是授权，从而实现股东的利益。

（3）研发和收购专利并举的独立运营公司。这种形式既通过自身研发创造技术专利，也从个人、机构或其他企业购买专利，然后通过诉讼或授权获得利益。

◇ **运用案例 1：高智公司**

美国高智发明成立于 2000 年，在 9 个国家设有分部，旗下拥有发明投资基金、发明开发基金、发明科学基金三支基金，完全以市场化运作，其商业模式就是专注于发明及其运营，以专利授权、创建新公司、建立合资企业以及建立行业合作伙伴关系等方式来使发明成果商业化，通过投资、许可、转让和诉讼获得利润。高智公司研发申请自己的技术专利，已经拥有了 1000 多个实实在在的发明专利，同时也购买了 3 万到 6 万个专利。由于其在美国总部设有实验室，所以高智公司与纯粹的专利许可、授权实施等运营类型的 NPE 还有所不同，它既是一个创意或发明机构，也简单从市场上购买专利，后者在高智公司的业务运营中位居更加重要的部分。高智公司的模式引起质疑的原因在于：一是绝大多数专利是收购来的，而且主要从美国之外购买，利用信息不对称压低价格；二是运作不透明，商业模式不够光明正大，据在《斯坦福法律评论》上发表的一份研究，高智使用了 1200 多家空壳公司进行复杂运作；三是与一些大科技公司有理不清的关系，微软、苹果、索尼以及许多其他大科技公司都是它的投资方，又同时是出钱使用其专利的人。由于高智有多个投资基金在运作，所以竟然发生了高智起诉摩托罗拉移动侵犯其专利权的事情，而谷歌既是高智的投资方之一，也是摩托罗拉移动的所有者。不过，综合起来看，高智公司的专业化运营模式得到许多赞赏，这是由于这种模式有利于创新技术的聚集、转化和应用，特别是对提升专利技术的商业价值起到一定的催化作用。

◇ **运用案例 2：北京智谷睿拓技术服务有限公司**

北京智谷睿拓技术服务有限公司设立的宗旨和商业模式与高智公司相似。其发展历程简要总结如下：2012 年 8 月 28 日，北京智谷睿拓技术服务有限公司（以下简称"智谷公司"）注册成立，小米公司、张宏江与林鹏分别持有 19.75%、30.86%、49.38% 的股权。2013 年 3 月，金山软件以 1960 万人民币的代价，购买了智谷公司 19.6% 的增发股权。智谷公司主要从事技术开发及技术转让、知识产权运营、技术服务、技术咨询、知识产权许可、知识产权咨询、知识产权培训及商业信息咨询等业务，由微软研发集团前 CTO、现任金山软件 CEO 张宏江博士担任董事长，美国高智发明的原高管林鹏担任总裁兼 COO，试图通过智谷公司来点燃中国专利运营市场的火种。2014 年 4 月，国内成立第一支专利运营和技术转移基金，即睿创专利运营基金。北京中关村科技园区管委会、海淀区政府通过引导资金给予支持，智谷公司作为普通合伙人管理基金投资策略与日常运营。此基金采取政府引导、企业主体、市场化运作、专业团队管理的运行模式，旨在帮助国内高科技企业有效地获取核心技术专利，为企业在未来行业发展格局中获取主导权。第一期基金有多家从事智能终端与移动互联网业务的公司参与，重点围绕智能终端、移动互联网等核心技术领域，通过市场化的收购和投资创新项目等多种渠道来集聚专利资产。截至 2015 年，智谷公司拥有 600 余件原创发明专利和在全球范围内收购的 600 余件专利，组建了一批来自全球顶尖公司的精英团队，与国内高校和创新团队组建了强大的创新合作网络，至今，智谷公司仍然在不断探索中，力求形成"发明—知识产权—实体产业—发明"的链式反应，促进各环节的良性循环❶。

（4）大学、科研机构、个人等 NPEs。由于缺乏资源且没有相应的义务，大学、科研机构等实体，完全有理由不去开发、生产产品。但这类机构考虑到公共利益、社会形象和自身得到应有的收益等因素，也成立专业化运营实体，主要方向是促进技术转移、成果转化。他们多采取授权的方式，让更有经验的企业生产更好的产品和服务，或直接进行专利转让。这

---

❶ 资料来源：《中国知识产权报》总第 1645 期，2015 年 8 月 26 日。

显然是一种有效率的分工，是应当鼓励的。

◇ **运用案例：斯坦福大学技术许可办公室**

斯坦福大学率先于 1970 年成立技术许可办公室，之后在《拜杜法案》的激励下，20 世纪 80 年代美国许多大学纷纷建立技术许可办公室。其中斯坦福大学技术许可办公室成为美国大学技术转移机构的标准模式。该办公室根据被许可公司的实际情况，采取灵活多样的权利金收取方式，特别是对那些流动资金缺乏、缴纳专利许可费困难的企业，采取收取部分股权代替专利许可费用的方式，这样既促进了创业公司的发展，也给大学本身带来了额外的股权收益。

（5）专利联盟。专利联盟也可当作一种 NPEs。可以理解为：专利联盟是企业之间基于共同的战略利益，以一组相关的专利技术为纽带达成的联盟，联盟内部的企业实现专利的交叉许可，或者相互优惠使用彼此的专利技术，对联盟外部共同发布联合许可声明。专利联盟的出现，标志着专利竞争领域的一个重要转变，即从以单个专利为特征的战术竞争转向以专利组合为特征的战略竞争。从竞争的性质来看，专利联盟既可以是进攻性的，也可以是防御性的。近年来，国际上大型科技公司把技术标准与知识产权保护相结合，将各自的专利转移到一个共同组成的联盟实体，形成专利联盟，造成了新的技术垄断，这倒是值得关注的。

◇ **运用案例：以移动通信领域 W-CDMA 专利联盟为例**

2004 年在英国成立的 3G Licensing Ltd 公司就是一个典型的专利联盟运营实体企业，被联盟成员授权执行 W-CDMA 专利联盟的管理及专利授权业务。联盟成员有 12 家公司，必要专利达 348 族，其数量约占整体 3G（W-CDMA）必要专利总数的 20%，其余的必要专利则主要由诺基亚、爱立信、高通公司拥有。

（6）专利技术交易机构或信息服务平台。为国际性、地区性或行业性知识产权服务中介机构，没有限定固定的服务对象，是平台型、社会性服务组织。性质上有营利性企业和非营利性服务机构。

◇ **运用案例：国际知识产权交易所公司（IPXI）**

IPXI 位于美国芝加哥，探索新的交易机制，与证券交易的拆细、标准单位的连续竞价买卖相似，是号称全球首家通过市场定价和标准化条款促进知识产权非独家授权和交易的金融交易所。IPXI 的创始成员当中，包括了 6 所美国大学、3 个美国国家实验室和 9 个美国与外国公司。自 2011 年 12 月国际知识产权交易所成立以来，其成员数量不断增加。

四、NPEs 产生的原因

总体来看，NPEs 大量出现是历史的产物，是专业化分工的结果，也是专利体系过于复杂导致的信息不对称的理性选择，其原因是多种多样的。

其一是专利权人有强烈的愿望盘活专利资产，使之产生效益，特别是对拥有大量专利的专利权人而言，申请、维持专利权花费不菲，耗费巨大的人力和物力，当然不能让其躺在数据库中慢慢失去价值。

其二是包括政府在内，尤其是企业管理者对于专利等知识产权价值的认识逐渐深化，随着授权专利数量急剧上升，通过专利运营，获取转让或者许可费用也体现了资产价值，事实也说明，知识产权通过运作是有利可图的，且有大利可图。

其三是企业自身的经验或许多外部实例证明，知识产权运营并非一件轻而易举的事情，专业化的运营越来越展现出效率优势，近年来，越来越多的企业开始转向更加精细、更加专业化的专利运营，例如通过剥离，成立专业化专利运营公司，使运用的效率更高。

其四是一些知名科技公司的参与也起到了推波助澜的作用。像 IBM 等一些知名的科技大公司加入 NPEs 的行列，仿效专利流氓策略，通过自己的专利组合获得盈利。

其五是政府、高校、公共实验室等组织出于多种原因，开始设立技术转移机构、专利交易平台等，当然也可以获取不菲的收益。从促进技术商业化、实现技术的社会价值与功能，对大学等专利运营实体的设立及其许可或授权实施行为应予大力鼓励。

其六是 NPEs 设立及其更为频繁地发起诉讼，缘由在于对于这些独立的非实施性机构而言，它们并不从事制造、使用、销售产品、提供服务等行为，所以也就不可能成为他人控告侵权的对象，也就可以无后顾之忧地发动专利诉讼，去获得许可费和实施权利费，乃至赔偿金。

值得注意的是，NPEs 的产生和诉讼集中在美国，也集中在网络等信息科技领域，并未在世界范围内大规模泛滥。特别是 NPEs 依靠诉讼来营利的模式在美国成气候，与美国较为特殊的环境有关。

五、如何看待 NPEs

（1）通过专利实施授权获利的行为本身无可指责。NPEs 通过专利实施授权获利的行为，招致广泛争议。不接受的人，特别是受到起诉等侵扰的企业将之蔑视为"专利流氓"。笔者认为，任何类型的 NPEs，通过专利实施授权获利，这种行为本身无可指责。无论是被称为"专利流氓"的实体，还是大学等不是"流氓"的非专利实施实体，依靠合法拥有的专利获取利益是其权利，也是正当的，受到保护的。

（2）通过强制实施授权有利于促进社会的技术创新与应用。NPEs 获利的途径或是诉讼，或是授权实施或转让实施。无论哪种途径，都有利于创新的技术在生产和服务中应用。同时，也会给具有相似技术或可能涉及侵权的产品或服务生产者更多压力，或改进，或避让，或合作，或被授权，无形中也加快了技术创新的速度和扩大了技术应用的广度。

（3）专门的专利运营实体并不损害其他主体专利组合的权利，但会增加社会负担。由于 NPEs 只是授权实施专利，并不销售产品和提供服务，一般不会伤及对方的专利权利。但在面对非专利实施实体的诉讼时，会增加聘请外部咨询顾问的费用等管理支出，给产品生产的实体企业增加负担，也会产生公司成本。有初步研究表明，1990—2010 年，NPEs 发起的诉讼给被告带来了 5000 亿美元的财富损失。

（4）高额的诉讼费是其受到负面评价的主要因素。面对市场上专利诉讼一直在增加的事实，不是一句情绪化的"专利流氓"的指责就可以解决问题的。高额的诉讼费若有一部分开支在实体制造服务企业的创新投资上，其对人类福祉带来的外部收益应当大有裨益，但这只是美好的愿望。当然，高企的诉讼案件数量给实体制造企业和服务企业带来沉重负担，不少企业甚至长期疲于应付，对部分科技型创业公司更可能带来灭顶之灾。但在客观上也促进了企业通过专利预警、专利布局等增强应对能力，更为重视专利保护。

（5）总体看，NPEs恶意诉讼还主要局限于美国和部分产业，美国自己已经有所应对，其对全球专利制度和产业创新的负面影响尚不明显，似乎不宜过分感到不安。同时，我们也要看到，NPEs包括了多种形式的运营实体，大多是技术研发与转化之间的媒介和桥梁，这些专业化服务机构的发展有利于提高全社会创新与无形资产运转效率。

（6）对我国而言，知识产权的运用能力还不高，技术转移、成果转化也还不畅，应当说，以高智公司为代表的专利发明运营机构进入我国，会引发更多思考、学习和借鉴，促进高校、科研机构、企业的知识产权运营模式的创新和形成，有利于推动我国专利技术转化、实施与国际化开发，有利于完善我国专利运营体系，有利于相关中介服务机构改进服务。

六、我国 NPEs 的发展情况及几点建议

随着我国高技术产业的发展，中国知识产权市场规模的扩大，像华为、中兴等已经成为高智公司等一些国际知名的非专利实施实体在美国、欧洲、澳洲等地发起诉讼的对象。但值得注意的是，高智公司已经开始在中国收购包括北京大学、清华大学在内的高校、科研机构的专利。

总体看，我国NPEs中，带有所谓专利流氓性质的活动还不明显和突出，而在政府的支持下，同时也随着知识产权的地位不断上升，以各种知识产权特别是专利为主要经营业务的运营实体发展很快。主要有以下类型：

一是大学、科研院所设立了大量专利技术转移服务组织，如大学技术转移办公室、科研院所技术转移中心。

二是具有服务平台性质、没有特定服务对象的技术交易、专利开发服务或信息服务组织，如中国技术交易所等全国性或区域性专利开发公司、知识产权（技术）交易所、技术市场、知识产权网等。

三是民营知识产权运营企业。主要是由民间或社会化资本设立的各种专业化、非平台类、以知识产权为主要经营业务的运营企业。如七星天（北京）咨询有限责任公司致力于帮助中国企业在美国专利市场实现最大价值，立足于中国一流大学，聚焦全球最活跃的美国专利市场，提供专利咨询及专利资本化服务业务。江苏汇智知识产权服务有限公司是江苏省成立的首家专利运营公司，面向全省高校和企业开展专利培育和运营服务。

四是产业联盟成立专利运营公司。如早在2007年，中国彩电骨干企业共同投资成立了深圳中彩联合科技有限公司，主要运营中国彩电专利池，应对国际专利谈判。TD产业联盟联合TD产业链上下游核心企业，成立移动技术专利公司，旨在构建移动专利体系，防御和应对未来可能的专利纠纷，加大TD-LTE海外市场拓展力度。这都是中国企业积极开展专利合作、促进产业发展的重要举措和有益尝试。若产业链上各个企业为了共同的目标而开展专利合作，就会进一步提升企业推动产业与市场发展的积极性，对于后发国家打破发达国家的专利壁垒、参与国际合作与竞争提供了可能。

对所谓非专利实施实体或"专利流氓"，是非功过不能一概而论，也不可感情用事。知识产权本身就是一种资产，应当可以作为一种资本运营对象。就像股票市场一样，无形资产的运营，特别是发现无形资产的价值，也需要花费交易成本。此外，知识产权本身也是一种垄断权利，专利流氓的出现，本质上依然是一种市场行为，法律或政策需要调节的是，在权利的滥用和合理使用之间找到平衡。同时，不同发展阶段、不同的国家、不同的法律制度，对待非专利实施实体应当在策略上有所区别。对我国在现阶段而言，提出几点初步建议，供讨论批评。

（1）着力发展，现阶段大力扶植各类NPEs。与美国的高诉讼案件的特殊性不同，中国应当大力发展 NPEs，一方面我们的专利运营处于刚刚起步的发育阶段，另一方面，专利有期限，技术有时限，对专利权人而言，应当尽可能快地实现专利的资产价值。换言之，在中国的环境条件下，要发展市场化的专利运营公司，需要的不是限制打压而是扶持帮助。目前大企业本身也还没有能力设立独立的专利运营实体，而高校、科研机构设立专门运营实体则更需大力的鼓励和提倡。

（2）未雨绸缪，做好有针对性的反制措施。一是对国外大公司通过专利联盟等形式，形成对技术和产业标准的垄断，并利用优势地位获得垄断价栓，要通过深入专利信息研究，给予回击，必要时发起反垄断法调查，以制约其垄断行为；二是对专利权利主张实体发起的恶意诉讼，一方面要积极应诉，同时从长远看，也要借鉴美国经验，开始研究在立法和司法层面采取相应措施，以限制通过恶意诉讼获利巨大的行为；三是高校、科研机构的专利运营要给予更多关注，一方面要提高其运营实体的能力和效率，另一方面也要加强指导或限制，避免其拥有核心技术价值的专利被廉价出售给外国专利运营实体，并为其恶意诉讼留下后患。

（3）实力加联合，提高我国产业的技术创新与专利运营能力。归根结底，市场竞争的话语权靠的是实力。在专利等知识产权市场上，无论是防御还是进攻；无论是主动许可给别人实施，还是被动实施别人的许可，谈判地位的高低取决于技术创新能力的强弱。因此，提升自己的实力，练好企业自身的内功，最为根本。同时，随着技术积累和专利数量增加，需要不断提高专利运营能力。当前，可以更多关注各种专利联合体发展，共同应对日益激烈的国内外竞争。

七、高校与科研机构知识产权专业化运用

高等院校、科研院所是知识的重要生产者、传播者，尽管其具有或多或少的公共性，但仍然会取得大量知识产权。总体来看，随着科学技术的建制化发展，高等院校、科研院所有很大的动力转化运用其创造的知识产权，特别是技术产权，尤其在促进技术的转移转化方面。主要方

式有：

（1）内设技术转移机构。最典型的例子是斯坦福大学技术许可办公室的成立，成为大学开展专利技术转移许可的榜样。20 世纪 70 年代斯坦福大学率先在美国成立大学技术许可办公室，之后在《拜杜法案》的激励下，20 世纪 80 年代美国许多大学纷纷建立技术许可办公室，成为较为普遍的模式。

（2）成立独立企业化技术转移实体。国外如剑桥大学剑桥企业有限公司，进入 21 世纪，剑桥大学技术转移和商业化以美国斯坦福大学、麻省理工学院为榜样，在移植美国经验的同时，还根据剑桥大学实际，大胆创新。整体设计包括校和系两个层面，剑桥企业有限公司就是在校层面负责全校技术转移和商业化的专门机构。

在科研机构方面，许多政府所属的大型科研机构纷纷设立技术转移或专利许可公司，如以色列政府所属的研究机构的技术转让公司就很有影响。例如，以色列农业、食品和环境科学方面 70% 的研究工作是在农业部农业研究组织（ARO）中完成的。ARO 下有 7 个研究所、2 个研究中心和 1 个中央试验站，有科研人员 300 人。Kidum 农业研究与开发应用部门是 ARO 的技术中介公司，全权代表 ARO 进行农业高技术、生物技术、常规研究与开发领域的商洽协议、签订合同及其他商业性安排。

国内如天津大学技术转移中心于 2013 年 6 月 26 日正式成立。天津大学技术转移有限公司注册成立，实行"一套人马，两块牌子"制度，在国内较早以公司化运营适应技术转移市场化环境，通过搭建高校与企业之间的通道，将科技畅通高效地转化为生产力，同时打造一支专业化、职业化的技术转移队伍，目的是加速技术转移、促进利用先进技术改造、提升传统产业及加快发展高新技术产业、优化和调整产业结构，推动高校和科研机构的科技、人才、信息等资源与重点行业、重点企业结合，推动产学研工作向纵深发展的科研管理机构。探索新的管理体制、运行机制和激励机制。

（3）面向众多大学、科研院所的技术转移转化服务机构（平台）。例如，1974 年成立的大学专利管理者协会（SUPA），集中力量对美国的大学技术进行有效的保护和许可。1989 年，SUPA 为适应扩大的业务范围，改名为 AUTM。AUTM 是美国大学技术转化服务方面非常有影响力的组织，其职能是帮助美国高校科技成果产业化。2004 年，AUTM 仅在美国地区就报道签署了 4783 个专利许可，发明披露量为 16871 件，专利新申请量为 10517 件，新许可和特许生效增长到 3680 个。AUTM 现拥有会员超过 3200 名，多为大学和教学医院技术转移方面的负责人和职员，以及产业、政府和法律界的管理者。该组织已成为结合产官学研各界、致力于推动知识产权经营管理与技术转移的国际化组织。

又如天津市高校科技成果转化服务中心。2011 年，教育部和天津签署协议，在滨海新区设立高校创新科技成果转化中心，天津市还要拿出一部分资金搭建平台让高校成果在该中心孵化，其他各个功能区也积极支持自己的企业配合高校科研成果的孵化。教育部主要组建一个由全国范围内的教授、知名学者组成的咨询委员会，负责项目的筛选推荐，同时举办全国高校成果的展洽会，吸引全国的高校科研成果落户天津。

（4）大学（科研机构）科技园。例如，剑桥大学科技园是世界上较早的以大学成果转化和技术转移为目标设立的园区，在 20 世纪中期围绕剑桥大学兴建，到 1984 年就已有 322 家高技术企业❶。

（5）通过诉讼获得许可费与赔偿。大学、科研机构等实体，大多不直接开发、生产产品。一方面要考虑到公共利益、社会形象，通过成立专业化运营实体，促进技术转移、成果转化。另一方面，由于其不可能成为他人控告侵权的对象，也就可以有动力发起诉讼，获得许可费、赔偿金等好处。例如，卡耐基梅隆大学诉美满电子侵权案中，一位美国联邦法官判决美国芯片制造商美满电子（Marvell Technology）赔偿卡耐基梅隆大学 15 亿美元，原因是其侵犯了卡耐基梅隆大学的两项硬盘专利。美满电子则表示将要上诉。

事实上，从本章内容来看，企业对知识产权的商业化运用的方式在高校和独立科研院所的知识产权运用中，许多都得到了体现。换言之，大

---

❶ 罗涛. 剑桥大学技术转移和商业化经验 [J]. 高科技与产业化，2013（4）：104-108.

学、科研机构等公共色彩浓厚的非营利组织，自 20 世纪后半叶以来，在经营管理方面向企业靠拢，学习企业的经营模式和管理方式，也有不少直接采用企业化经营，以提高效率。

从国际上看，美、日、英、加等国家的大学建立了大量的技术转让机构，专门开展对大学技术成果的专利保护和许可工作。在专利许可和技术成果转让的过程中，斯坦福大学首创的 OTL 模式是运行最为成功的一种，已经成为当代美国大学技术转移的标准模式。

从国内来看，从国家技术转移示范机构建设情况就可以发现，近年来我国大学、科研机构、科技中介服务机构，以及企业化的服务机构，层出不穷，方兴未艾，并创造了许多服务模式。其中，较为突出的模式和机构分别是以中科合创（北京）科技推广中心为代表的技术熟化推广模式，以厦门中开信息技术有限公司为代表的网上技术交易模式，以中北国技（北京）科技有限公司为代表的技术集成经营模式，以浙江大学苏州工研院为代表的产业技术研究院模式，以及以西安科技大市场为代表的科技创新资源统筹模式等❶。

---

❶ 刘艳. 国家技术转移示范机构：成果转化重要推手［N］. 中国高新技术产业导报，2014-04-21.

第五章

知识产权运用与知识产权服务业

本章主要讨论知识产权服务的产业化发展，即把知识产权作为一个整体行业进行分析。从本质上看，知识产权运用的专业化、市场化、产业化过程，正是知识产权服务业的发育发展过程。

一、知识产权服务业概论

（一）知识产权服务业的产业构成、类别与特征

1. 产业构成

知识产权服务业属于现代服务业。现代服务业是伴随着信息技术和知识经济的发展而产生的，通过现代化的新技术、新业态和新服务方式改造传统服务业，创造需求，引导消费，向社会提供高附加值、高层次、知识型的生产服务和生活服务。现代服务业是随着社会进步、经济发展、社会分工更加专业化而逐步发展起来的；具有智力要素密集度高、产出附加值高、资源消耗少、环境污染少等特点。现代服务业既包括新兴服务业，也包括对传统服务业的技术改造和升级，其本质是实现服务业的现代化。

所谓知识产权服务业，就是以知识产权为对象的服务业细分的一个门类。具体而言，统计代码行业分类和代码 7450 的知识产权服务包括：对专利、商标、版权、著作权、软件、集成电路布图设计等的代理、转让、登

记、鉴定、评估、认证、咨询、检索等活动。国民经济行业统计分类为避免重复，将知识产权的法律服务、一般技术交易服务等未纳入知识产权服务业统计。

为反映知识产权服务业的全貌，国家和地方知识产权局一般将知识产权服务业的范围分为五类：知识产权信息服务、知识产权运用转化服务、知识产权代理与法律服务、知识产权咨询服务、知识产权培训服务。按照国家知识产权局等九部门联合制定的《关于加快培育和发展知识产权服务业的指导意见》，知识产权服务业主要是指提供专利、商标、版权、商业秘密、植物新品种、特定领域知识产权等各类知识产权"获权—用权—维权"相关服务及衍生服务，促进智力成果权利化、商用化、产业化的新型服务业，是现代服务业的重要内容，是高技术服务业发展的重点领域。基于此，结合知识产权服务业的发展进程，需要进一步深化对知识产权服务业性质、发展阶段、作用等基本问题的认识。

知识产权服务业就是以知识产权为对象的现代服务业的一个细分门类。具体而言，根据国家统计局国民经济行业分类，知识产权服务业（代码7450）属于L部租赁和商务服务业中的商务服务业大类（代码74），指对专利、商标、版权、著作权、软件、集成电路布图设计等的代理、转让、登记、鉴定、评估、认证、咨询、检索等活动。具体业务范围包括：专利转让与代理服务，商标转让与代理服务，版权转让与代理服务，著作权代理服务，软件的登记代理服务，集成电路布图设计代理服务，工商登记代理服务，无形资产的评估服务，专利等无形资产的咨询与检索服务，其他知识产权认证、代理与转让服务。不包括：专利、版权等知识产权的法律服务，其列入律师及相关的法律服务（代码7421）；专利等知识产权的调解、仲裁服务，其列入其他法律服务（代码7429）；出版商的活动，其列入出版业（代码882）的相关行业类别中；政府部门的行政管理活动，其列入社会事务管理机构（代码9424）；未申请专利的技术转让及代理服务，其列入科技中介服务（代码7720）。

2. 知识产权服务业分类

知识产权服务可以从三个角度进行分类：

一是从服务客体的权利视角，可以将知识产权服务分为获权服务、用权服务和维权服务，形成一个完整的权利服务链。

二是从服务客体所属不同的知识产权类别视角，可以细分为专利服务、商标服务、著作权服务、植物新品种权服务、集成电路布图设计专有权服务、地理标志服务、商业秘密保护服务、遗传资源服务、传统知识服务、民间文艺服务等领域类别。

三是从服务主体（或服务机构）视角，可以将知识产权服务分为六个方面，这是最常用的分类方法。

（1）知识产权代理服务。加速发展专利、商标、著作权、集成电路布图设计、植物新品种的申请、注册、登记、复审、无效、异议等代理服务。引导发展特定领域知识产权代理服务。着力提升代理机构涉外代理服务能力。鼓励代理机构拓展服务领域，提高服务质量，壮大发展规模。

（2）知识产权法律服务。发展知识产权相关法律服务，维护市场主体的合法权益。鼓励拓展企业上市、并购、重组、清算、投融资等商业活动中的知识产权法律服务，加强知识产权尽职调查服务，完善中小微型企业知识产权法律援助服务，拓展海外知识产权维权服务，提升知识产权服务机构熟悉和运用国际规则的能力，增强国际竞争力。

（3）知识产权信息服务。发展知识产权信息检索分析、数据加工、文献翻译、数据库建设、软件开发、系统集成等信息服务。鼓励知识产权服务机构对知识产权基础信息进行深度加工，支持利用移动互联网、下一代互联网、云计算、物联网等新技术，建设专业化知识产权信息服务平台，创新服务模式，开发高端知识产权分析工具，提高知识产权信息利用效率。

（4）知识产权商用化服务。发展知识产权评估、价值分析、交易、转化、质押、投融资、运营、托管等商用化服务。加强和规范知识产权资产评估工作，建立健全知识产权运营工作体系，完善以金融机构、创业投资为主，民间资本广泛参与的知识产权投融资体系，推动金融机构拓展知识产权质押融资业务，鼓励融资性担保机构为知识产权质押融资提供担保服务，探索建立质押融资风险多方分担机制。

（5）知识产权咨询服务。发展知识产权战略咨询、政策咨询、管理咨询、实务咨询等高端服务。积极引导知识产权专业咨询机构健康发展，推动重大项目决策、行业发展规划、产业联盟构建中的咨询服务，加强企业管理制度完善、服务贸易、市场拓展、海外布局、核心技术转让、标准化等事务中的咨询服务。

（6）知识产权培训服务。发展知识产权教育培训服务，提升知识产权服务从业人员的专业素质。制定知识产权人才职业能力框架，引导培训机构规范发展，支持培训机构开展职业分类分级实务培训，推进国际交流合作，采用引进人才、合作办学等多种方式，培育一批专业化的知识产权培训服务品牌机构。

四是从知识产权纵向管理环节视角，可以将知识产权分为知识产权创造服务、知识产权管理服务、知识产权运用服务和知识产权保护服务。其中知识产权保护涉及法律问题，贯穿整个服务环节。

3．产业特征

只有充分认识一个行业的本质，政府引导行业更好发展的政策导向才更有针对性。知识产权服务业具有以下特性：

一是高技术性。2010 年 5 月，国家发展改革委《关于当前推进高技术服务业发展有关工作的通知》将知识产权服务与信息技术服务、生物技术服务、数字内容服务、研发设计服务和科技成果转化服务等并列为重点培育的高技术服务行业，以后在《国务院关于加快培育和发展战略性新兴产业的决定》《国家"十二五"现代服务业发展规划》等文件中也沿用下来。所以，知识产权的高技术服务特性是得到广泛认可的。

二是高智力性。知识产权服务行业对从业人员的智力水平、知识能力、知识结构要求甚高，应当是较为典型的知识密集型服务行业。一般而言，知识产权服务需要懂技术、法律等多方面知识的复合人才，需要掌握大型数据库查询方法、专业信息分析工具运用等专业技能，对人才的专业化水平和理解能力要求相当高。

三是高增值性。知识产权服务几乎覆盖了从成果产生到产业化整个创新链的全过程，不论对于企业提升知识产权管理水平而言，还是对于提高整个社会的知识产权发展能力而言，知识产权服务业可以带来多方面的效益。换言之，知识产权服务业的发展壮大，不仅随着产业自身的成长和规模扩大带来产业发展效益，而且随着全社会知识产权服务水平的提高，将给企业的创新发展、知识产权运用等方面带来增值效益，给国家经济转型升级、创新能力的提高带来巨大的外部收益，所以，知识产权服务业是一个具有多益性功能的新兴服务业。

（二）知识产权服务业的发展状态与功能

1. 当前产业发展状态

总体来看，我国知识产权服务业还处于产业发育和成长初期，在产业生命周期上处于产业导入后期或成长期前期。所以，产业发展需要扶持鼓励，不宜进行过多规范与监管。

一是知识产权功能性服务向知识产权服务产业转变仍在进行中。有知识产权就会有相应的服务功能的产生，但要称之为产业，一般需要具备一定的产业规模和产业形态。在 2008 年颁布的《国家知识产权战略纲要》中，导向是发展知识产权公共服务和中介服务，并未明确提出知识产权服务业概念，那时作为一个行业，其产业规模还微不足道。到 2010 年，国家发展改革委尝试引入知识产权服务业概念，2011 年实施的《国家知识产权事业发展"十二五"规划》才在主管部门的正式文件中提出了大力培育知识产权服务业的要求，在《全国专利事业发展战略（2011—2020 年）》中提出了大力促进专利服务产业的发展的任务与目标。从地方看，可能只有北京、上海、广东、江苏、浙江等少数省市的知识产权服务业初步形成了一定的产业规模或产业聚集，大多数地区的知识产权服务业作为一个独立行业，还没有成型，规模尚不大，对知识产权发展与创新的影响较小。

二是知识产权各类服务发展还不平衡，高水平的服务机构还不多。五大类服务行业中，知识产权信息服务和培训服务是基础，一般性检索、查询、公共与商业培训等服务得到广泛认可，发展较快，分析、预警、评议、导航等高技术含量的信息服务，尚未得到大范围的扩展；知识产权运用转化服务是知识产权实现其资产价值的关键，除了一些公共运用转化平台和服务机构，类似高智发明的专业化知识产权运营企业、知识产权投融资运用企业等才刚刚起步；知识产权代理与法律服务可能是五个行业中发展最快速的领域；而知识产权战略、政策、管理咨询等高端咨询服务受人才、政府采购的力度影响，仍处于发育阶段。

三是新兴知识产权服务业态刚刚开始发育。特别是，由于智能技术、移动互联网技术发展与应用带来的民间知识产权网络检索平台、信息服务平台、移动知识产权应用服务等新业态，近几年处于方兴未艾之势，大多还未形成持续营利的商业模式，因此更要予以鼓励，帮助解决发展中的创业问题、人才问题、融资问题等。

四是国内功能服务平台化发展方兴未艾。随着信息网络科技的不断进步，知识产权服务功能性平台的影响也已经无所不在。大致可以包括三种情形：其一是政府推动的知识产权服务平台，典型的如国家知识产权局会同财政部以市场化方式设立的全国知识产权运营公共服务平台，在西安、珠海建设两大特色试点平台，这都将为知识产权运营提供新的平台支撑。其二是过去相关部门建立的知识产权信息服务、交易服务、转移转化服务的事业单位向平台化的深化转型，在新的技术环境下，成功的可能性大大增加了，这是因为移动互联网带来"互联网+"和智能互联网带来知识自动化，为运营平台的商业化提供了技术条件，例如可以让需求与供给进行低成本的甚至自动化的匹配等。其三是各类民间举办的综合性、专业性知识产权服务平台呈现方兴未艾之势，这完全符合平台型企业发展的新潮流。例如，科易网仅仅用了几年的时间，便打造成中国最大的技术贸易和科技服务门户网站，如今，它的角色又多了一个——国家科技成果转化（厦门）综合信息服务平台。科易网逐步形成了完善的技术贸易和科技服务体系，解决科技成果转化中的环节问题，已经成为国内规模大、成果新、服务齐全、效果好的国家级科技成果转化综合信息服务门户网站。

2. 产业功能与产业价值

当前，知识产权服务业发展处于一个关键时期。鉴于知识产权服务业的高技术性、高智力性，尤其具有高增值性的特性，知识产权服务业发展水平的高低，绝不仅仅关系到知识产权服务业本身的产业价值，更重要的是关系到创新型国家目标的实现，特别是直接关系到知识产权大国向知识产权强国的转变能否顺利实现。显而易见，知识产权服务业规模大小、知识产权服务能力高低，在一定程度上直接影响知识产权创造的效率、创造水平；直接影响知识产权运用范围和运用效果；直接影响知识产权转化、产业化规模和效果；直接关系到全社会知识产权保护的改善程度；直接关系到知识产权管理高度，尤其是对作为创新和知识产权主体的企业的知识产权创造、布局、保护、运用、管理水平的提升有着重要影响。

总之，进一步提升对知识产权服务业发展重要性的认识是必要的。大力发展知识产权服务业恰逢其时，相信知识产权服务业强壮之时，也必然是知识产权强国建成之日。

（三）知识产权服务业发展面临的环境

近年来，随着《国家知识产权战略纲要》的逐步落实，我国知识产权事业快速发展，知识产权创造、运用、保护、管理、服务等各方面都取得了长足进步，特别是百万人发明专利拥有量已经提前完成了"十二五"规划目标。当前，在着力转变发展方式、实施国家创新驱动发展战略的大背景下，知识产权服务业面临良好的内外部发展机遇。

1. 经济转型升级为知识产权服务业带来持久的外部推力

我国经济转型无疑面临着长期艰巨的产业结构调整升级任务，无论是传统产业的升级改造，还是新兴产业的培育壮大，都离不开知识产权的全面支撑。尤其在以知识经济为基础的经济全球化发展的国际环境下，知识成为生产力的主要要素之一，成为竞争能力的决定因素。发展以知识为基础的新经济，预示着知识密集型产业必将进入快速发展阶段，过去重硬件而轻软件的时代将成为历史，知识产权服务也必将迎来一个崭新的发展阶段。

2. 实现创新型国家战略目标为知识产权服务业带来更大的内在动力

创新不仅包括科技创新，也包括文化创新、管理创新、制度创新和商业模式创新等。要真正实施创新驱动发展战略，实现全民参与的创新型国家发展目标，就需要大力发展原创新兴产业，大力推进文化创新繁荣和文化创意产业，需要全社会参与各类知识产权的创造，需要更好地保护知识产权，激发各类创新主体的创新创业创意活力。可见，知识产权发展的整体量能的提升，必将带来知识产权服务业的同步提升。

3. 建设知识产权强国为知识产权服务业带来直接推力

国家知识产权战略实施部际联席会议对 2014—2020 年的知识产权战略实施工作做出了全面部署，明确提出要认真谋划好建设知识产权强国的路径。国家知识产权局局长申长雨在第三届北京市发明专利奖颁奖大会上指出，我们正在积极谋划和推动知识产权强国建设，建设知识产权强国，离不开强省、强市的有力支撑。可见，国家知识产权局已经将建设知识产权强国提上日程，预示着更加重视创造质量、更加重视运用转化、更加重视保护的发展导向，将促进知识产权新一轮繁荣。同时，也可以预期每一项知识产权强国战略措施的推出，都将带来新的服务要求，并直接推动知识产权服务业的新发展。

4. 提升各类创新主体与创新载体的能力为知识产权服务业带来全方位的需求拉动

市场需求拉力的大小，直接影响知识产权服务业发展快慢，从根本上决定知识产权服务产业规模的大小。在当前发展阶段，知识产权服务业仍属幼稚型产业，需要政府继续培育服务市场。同时，也应乐观地看到，一方面，随着改革的进一步深化，市场决定性作用的发挥，新一轮高科技创业大潮的喷涌，企业、高校、科研院所、个人发明者等各类创新主体对知识产权创造、运用、保护、管理等方面的社会化服务需求也必将显著扩大；另一方面，各类科技园区、文化创意园区、经济技术开发区、自由贸易区、保税区等创新与发展载体也需要知识产权的导航，需要提升知识产权整体运营与管理能力，对知识产权专业化规划等服务带来需求的较大增长也是可以预见的。

5. 越来越多的企业到海外发展给知识产权服务业带来新市场的需求拉动

根据联合国贸发会议《世界投资报告 2017》统计，2016 年全球外国投资流量为 1.45 万亿美元，同比下降 8.9%，而中国继续蝉联全球第二大对外投资国地位，在全球对外投资中表现强劲，全年对外投资流量为

1961.5 亿美元，同比增长 34.7%，占全球对外投资流量的 13.5%，比重首超一成，成为国际投资大国❶。同时，随着国家"一带一路"和"供给侧改革"政策的提出，使得我国企业海外并购规模不断扩大，其宏观的政策环境仍有利于中国企业进行海外投资和并购。2017 年全年，商务部和省级商务主管部门共备案和核准了境外投资企业 6172 家，中国常年驻外工作人员达 100 万人，企业国际化水平显著提升。未来，中国企业会继续在消费品、医疗保健、生命科学、科技、能源等行业进行投资并购业务❷。

随着企业走出去发展数量与规模的扩大，企业聘请服务机构对并购对象的知识产权尽职调查、海外维权、对海外目标市场的知识产权战略布局等服务，也将随之显著扩大。

6. 新技术的发展与应用为知识产权服务业提供新的手段，促进新业态产生

无线互联网技术、智能技术、知识工作自动化技术等新技术的成熟与应用，将为知识产权服务行业提供更高效的服务手段，衍生出更多新的服务模式，产生新的服务业态，知识产权服务业本身的进步将更为迅速。在服务手段方面，为企业提供专业性知识产权数据库的开发与维护将更高效、更快捷；拥有更加智能化、更加强大分析工具的检索分析平台将在竞争中为用户提供更好的信息服务。在服务业态方面，预计一批依托于实力强的大型实体企业、知名高校、大院大所，通过分设独立的知识产权服务企业的模式，或许会涌现出一批高端知识产权服务黑马；在移动社交化不断深化的技术背景下，一批找到垂直服务机会与商业模式的知识产权自媒体、网站等服务组织或平台，可能会为知识产权服务行业带来更多惊喜。

二、知识产权服务业需求发展

任何一项服务功能特别是生产性服务的产业化，必然是该项服务活动

---

❶ 资料来源：联合国贸发会议《世界投资报告 2017》。

❷ 资料来源：《开放新征程——德勤 2018 中国企业海外投资运营指南》。

的市场化、社会化过程。

（一）企业的创新能力是知识产权服务产业化的外部动力

知识产权服务的产业化与企业的创新能力密切相关。建设创新型国家，实施国家知识产权战略，企业都是主体，都要把企业放在最重要的位置。所以企业不仅应当是技术创新的主体、知识产权创造的主体，更是知识产权运用和保护的主体，也是保护的客体。政府、科研院所、高等院校、中介机构的知识产权创造与运用，或多或少都与企业这个主体发生直接联系。早在 2006 年召开的全国科技创新大会上，温家宝的讲话就着力强调了企业的创新主体地位，指出深化科技体制改革的中心任务，是解决科技与经济结合问题，推动企业成为技术创新主体，增强企业创新能力。这是一项事关国家长远发展的基础性、全局性、战略性重大任务。企业强则国家强。

1. 企业是由中国制造到中国创造的决定力量

我国是制造业大国，已经具备很强的制造能力，但仍然不是制造业强国，总体上还处于国际分工和产业链的中低端，根本原因就是企业创新能力不强。如果能在"中国制造"前面再加上"中国设计""中国创造"，我国的经济和产业格局就会发生根本性变化。企业的创新能力，在很大程度上决定我国经济的发展前景。要创造公平开放的市场环境，加强知识产权保护，建设规范的知识产权市场。

2. 企业的知识产权发展水平决定企业的市场竞争地位

知识产权作为无形资产是现代企业重要的资产组成部分，越来越成为企业发展壮大的重要资本，也是企业的核心竞争力体现。知识产权服务业首先直接服务于各类创新主体，为促进创新提供一系列基础支撑。在知识经济时代背景下，产权化的知识已经成为企业最重要的生产要素和财富资源。

3. 企业既是知识产权创造、运用和保护的主体，也是客体

创新主体包括企业、高校、科研院所等，其中企业既是经济的基本细胞，也是技术创新的主体。企业不仅是技术创新的主体，也是知识产权创

造、应用的主体，更是知识产权服务的主要对象。提升各类创新主体与创新载体的能力为知识产权服务业带来全方位的需求拉动。市场需求拉力的大小，直接影响知识产权服务业发展快慢，在根本上决定知识产权服务产业规模的大小。

4. 企业数量的增加和实力的增强为知识产权服务市场提供了巨大需求

随着改革的进一步深化，市场决定性作用的发挥，特别是在新的简政放权的推动下，新一轮创业大潮如火如荼。近年来，我国政府进一步加大简政放权力度，新增市场主体呈井喷之势，达 1000 多万家，同比增长 60%。同时，高校、科研院所、个人发明者等各类创新主体，对知识产权创造、运用、保护、管理等方面的社会化服务需求，也必将随之显著扩大。

5. 提升企业的知识产权发展能力成为政策基本导向

我国知识产权政策的基本导向就是引导企业加强知识产权创造、管理、运用和保护，全面提升企业知识产权能力。国家发布实施《企业知识产权管理规范》等一系列政策措施，引导企业提高知识产权管理水平。

（二）知识产权本身的规模扩张是知识产权服务产业化的内在动力

1. 知识产权保护力度不断加大，知识产权维权、运营、咨询等外包服务业务发展空间广阔

2013—2016 年，包括民事、行政和刑事三类知识产权年度新收案件总量保持高位增长。从年度新收各类知识产权民事案件看，包括专利、商标、著作权、技术合同、竞争案件等，2013—2016 年合计分别为 88583 件、95522 件、109386 件、137634 件；从新收各类知识产权行政案件看，2013—2016 年分别为 2886 件、9918 件、9839 件、7186 件，行政案件新收案件数在 2014 年有极大幅度提升，之后一直保持平稳甚至出现下降的趋势，其中商标案件占比一直在 70% 以上；从新收各类知识产权刑事案件（包括知识产权罪、假冒注册商标罪、销售假冒注册商标的商品罪、侵犯著作权罪等）看，2013—2016 年分别为 9331 件、11088 件、10975 件、

8352 件，刑事案件数量上升幅度大，案件多与商标和著作权侵权有关❶。

我国现在把保护知识产权当作保护创新的火种，要推动创新就必须加大对知识产权保护力度，依法审理侵犯知识产权案件，激发创新者的热情，让其切实感到创新的价值。绝不允许创新成果被非法窃取。随着我国经济发展水平的提高，知识产权保护力度将随之不断加大，知识产权维权、运营等外包服务发展机会窗口正在到来。

2. 知识产权创造数量规模与质量不断提高，为知识产权高端咨询服务发展带来新市场

我国知识产权创造包括专利、商标、版权等，预计在未来 5—10 年内仍将保持较快的增长。包括专利申请量、商标注册申请量、软件著作权登记量，都将继续保持稳步增长。如果再考虑创新驱动发展战略、知识产权强国战略、品牌战略的深入实施，除了数量还有较大提升空间，质量的提升将得到更多关注，数量与质量的"双提升"将会带来知识产权服务业总体市场规模扩张的一定程度的叠加效应，尤其给高端知识产权咨询服务业带来更多的成长机会。

3. 我国新的创业浪潮，创业型中小企业的大量涌现，给知识产权在线服务、互联网保护业务与托管业务带来更大机会

近年来，国家大力鼓励大众创业万众创新，李克强总理于 2014 年 11 月 20 日在杭州与出席首届世界互联网大会的中外代表座谈时透露，2014 年以来，中国政府进一步加大简政放权力度，新增市场主体呈井喷之势，不到一年就新增达 1000 多万家，同比增长 60%，其中绝大多数是小微企业，很多都与互联网、信息技术应用有关。同时坚持依法管理互联网，严厉打击网络侵权、窃密等违法犯罪行为，在发展中做好监管工作，让互联网更好成长，根深叶茂，引领创新创业新潮流。我国新一轮创业潮仍在涌动，且随着简政放权的深化，预计未来几年内市场主体数量将保持较快增长，面向互联网和创业企业的知识产权相关业务无疑会面临更广阔的前景。

---

❶ 资料来源：最高法院从 2013 年到 2016 年发布的《中国法院知识产权司法保护状况》。

4. 我国开放力度的加大，引进来和走出去为知识产权行业带来更多高端客户需求

例如，品牌保护服务，国内巨大的市场仍将越来越有吸引力，进入国内市场的知名品牌保护的需求仍将旺盛。同时，我国企业近几年来走出去开辟国外市场、进行海外绿地投资的大中型企业，不论是投资案数量还是投资额均处于高速增长之中，中国企业走出去面临激烈的国际贸易竞争和严峻的贸易壁垒，涉外知识产权争议频发，国外政府和企业对我国企业发起的知识产权调查和诉讼数量不断增加，2006—2012 年，共有 56 起涉及中国企业涉嫌知识产权侵权的"美国 337 调查"案件，仅 5 年时间案件总数就超过前 20 年的总和。为这些走出去企业的海外品牌提供知识产权保护、知识产权尽职调查等服务的潜力和机会很大。

三、促进知识产权服务业发展的政策导向与建议

从 2010 年 5 月国家发展改革委尝试引入知识产权服务业概念开始，国家和地方有关部门先后发布了一系列促进知识产权服务业发展的文件：2010 年 10 月发布《国务院关于加快培育和发展战略性新兴产业的决定》，提出发挥知识密集型服务业支撑作用，大力发展研发服务、信息服务、创业服务、技术交易、知识产权和科技成果转化等高技术服务业；2011 年 4 月，《国务院关于加快发展高技术服务业的指导意见》，将知识产权服务列为八大重点高技术服务业领域之一；2011 年实施的《国家知识产权事业发展"十二五"规划》提出了大力培育知识产权服务业的任务；2012 年 6 月，国家知识产权局出台了《国家知识产权服务业集聚发展试验区工作实施办法（试行）》，提出"引导知识产权服务集中、集约、集聚发展"的原则，规划了集聚发展试验区的方向、路径和目标。2012 年 11 月国家知识产权局等九部门共同制定颁布了《加快培育和发展知识产权服务业的指导意见》，强调了发展知识产权服务的重要性和紧迫性，明确了重点发展知识产权代理服务、法律服务、信息服务、商用化服务、咨询服务、培训服务六个细分行业。

　　2012 年，颁布了《服务业发展"十二五"规划》，提出服务业发展的四个重要支撑体系包括知识产权服务体系、服务业标准体系等。2014 年《国务院关于印发社会信用体系建设规划纲要（2014—2020 年）的通知》，提出探索建立各类知识产权服务标准化体系和诚信评价制度。2014 年《国务院关于加快科技服务业发展的若干意见》将知识产权服务作为九个重点任务之一，提出"建立健全科技服务的标准体系"。

　　2014 年国务院颁布了《国务院办公厅关于转发知识产权局等单位深入实施国家知识产权战略行动计划（2014—2020 年）的通知》，提出"建立健全知识产权服务标准规范，加强对服务机构和从业人员的监管"。

　　2014 年 10 月，国家知识产权办公室下达关于印发《国家知识产权服务业集聚发展区工作实施办法》的通知，指出集聚发展是服务业规模化的必然选择。知识产权服务业作为现代服务业的重要内容，服务需求、资源和人才的集聚性更为明显。

　　2014 年 12 月，国家知识产权局、国家标准委、国家工商总局、国家版权局以国知发规字〔2014〕74 号印发《关于知识产权服务标准体系建设的指导意见》。充分认识知识产权服务标准体系建设的重要意义、总体要求、重点任务、知识产权服务标准制修订工作和保障措施，提出发展的重点任务是组建知识产权服务标准化技术组织，加强知识产权服务标准化研究，培育知识产权服务标准化试点示范，加强知识产权服务标准化人才培养，加强知识产权服务标准的宣传贯彻。

　　2018 年 7 月 30 日，国家重点研发计划"知识产权信息共享与运营服务应用示范"项目启动会在京举行，是知识产权服务业首次被纳入国家重点研发计划，也是全国知识产权系统首次牵头组织承担该类国家重点专项研发计划。

　　2018 年 9 月，国家统计局批复的《知识产权服务业统计调查制度》，开展了 2018 年度全国知识产权服务业统计调查工作。2018 年，国家知识产权局"三定"规定公布，将放宽知识产权服务业准入标准。

　　这些文件和政策的发布，说明国务院和国家有关部门在短时间内，颁布了一大批指导性文件和政策，体现了发展知识产权服务业得到了极大重视，具备了加快发展的良好宏观环境，各省市也积极落实，并结合当地实际制定了操作性更强的法规或政策措施。

结合新的形势，提出未来几年政府促进知识产权服务业发展的相关政策导向与建议。

1. 充分发挥市场机制的决定性作用

知识产权服务业根本上是竞争性的产业发展领域，总体上要尊重市场主体即服务企业自身创造活力，政府重在营造公开、公平、公正的市场竞争环境，这是制定各种政策措施应当优先考虑的原则。事实上，当我们将知识产权服务业定位为需要政府扶持的领域时，或者当我们觉得市场发育初期鱼龙混杂需要规范时，政府很难不去干预市场主体的行为。其实，一般情形下市场竞争机制本身是能够自我调节、自我选择的，劣币驱逐良币毕竟不是市场竞争的常态。

2. 着力培育和引导市场需求

现阶段，我国大多数地区知识产权服务业仍处在导入期或成长前期，各类主体的需求可能处于潜在状态需要挖掘，或者由于服务供给能力不足导致现实的需求也会受到抑制。当前，在公平和透明的条件下，可以考虑以下培育服务市场的政策措施：

一是通过政府的服务采购，培育市场需求。可以借鉴一些欧洲国家创新券的做法，也可以完善部分省市采取的对企业聘请服务机构开展知识产权战略给予部分补贴的做法。这样做既可以起到帮助中小企业运用知识产权战略价值、信息价值和资产价值，在实践中体会知识产权的作用；也可以给更多服务机构带来市场机会。

二是通过制定知识产权管理标准和指引，在引导企业、高校、院所知识产权升级发展中扩大市场需求。例如，深圳作为市场机制发育较好的地区，政府通过编制发布规范、指引、标准等来引导帮助企业，同时扩大企业对知识产权服务的需求。2013 年深圳市市场监督管理局制定颁布了《深圳市企业知识产权贯标与服务工作指引》，指导企业建立科学、系统、规范的知识产权管理体系；制定颁布了《企业专利运营指南》，对企业如何制定实施专利运营战略与规划等提出指导性要求，这些措施显然有利于扩大企业对知识产权服务的需求。

三是通过建立与知识产权运用有关的科学决策制度，培育服务市场。例如，国家知识产权局在全国推动建立并完善重大经济科技项目知识产权审议制度、产业知识产权预警制度、产业与区域知识产权导航制度等。这些制度如能有效实施，将在一定程度上为知识产权服务企业提供服务机会，同时也促进知识产权在科技创新、产业发展、区域发展、重大项目的科学决策与高效管理方面发挥作用。

3. 制定实施普惠性的知识产权服务业的税收扶持政策

国家应当深刻认识到知识产权服务业的高技术性、高智力性、高增值性等特性，给予适当的税收扶持。在现有的政策框架下，笔者提出两点建议：

一是由于知识产权服务业作为高技术服务业的性质已经得到广泛认可，建议将知识产权服务企业纳入国家高新技术企业，或者知识密集型服务行业认定范围，享受所得税 15% 税率优惠。当然，这需要结合知识产权服务的行业性质制定认定标准。

二是结合知识产权服务业主要依靠智力劳动的性质，并无多少可抵扣的环节，如果以咨询服务业营业税改增值税后的 6% 税率计算，可能并没有享受到多少营改增带来的好处，建议把知识产权服务业的这一税率按照 3% 计算。

四、政府促进知识产权服务产业发展的案例

知识产权运用的主体是企业，但企业知识产权运用能力的提升，有赖于政府知识产权运用的政策推动，更有赖于各类知识产权服务机构的发展作为支撑，特别是有赖于知识产权服务业的培育发展和规模壮大。

近年来，国家和地方政府开始关注知识产权服务体系和服务产业化发展。国务院办公厅《关于加快发展高技术服务业的指导意见》明确提出，"十二五"期间，高技术服务业营业收入年均增长 18% 以上，对于知识产权服务业更是提出了年均增长 20% 以上的发展目标。在知识产权服务纳入服务业总体规划的同时，国家知识产权局牵头制定并联合国家发展和改革委员会等九部委发布了《关于加快培育和发展知识产权服务业的指导意见》，对知识产权服务产业发展做出系统部署。近年来，国家知识产权局已

将知识产权服务体系作为全国知识产权工作六大支撑体系之一，将推动知识产权服务业加速发展作为知识产权系统重点工作，知识产权服务业进入了前所未有的发展机遇期。数据显示，《国家知识产权战略纲要》实施至今，国内知识产权服务机构增加近 1 万家。过去几年，国家知识产权局先后批准建设了 14 个国家知识产权服务业集聚发展区，遴选了 145 家全国知识产权服务品牌培育机构，截至 2017 年年底，我国主营业务为知识产权服务的机构数量已经超过 26000 家，年均增长 30%。

1. 扶持知识产权服务业专业园区（集聚区）建设

◇ **案例：北京联合支持中关村知识产权和标准化服务业集聚区发展**

2014 年 4 月 25 日，中关村管委会、北京市知识产权局、北京市质量技术监督局和北京市海淀区政府联合发布《关于支持知识产权和标准化服务业在中关村示范区集聚创新发展的办法》，加快形成知识产权和标准化服务业集聚区。此为我国首家以知识产权服务产业为特色的专业化集聚区。上述四部门或单位分别推出了一系列政策扶持措施。如北京市海淀区政府将对在集聚区内完成工商和税务登记的高端服务机构给予房租或房价补贴；为支持知识产权和标准化专业性国际组织在集聚区设立总部或分支机构，中关村管委会和海淀区政府将对引入国际高端服务机构在集聚区内完成工商和税务登记的业主单位，优先给予业主单位业态调整支持。对于集聚区内加入中关村开放实验室工程的检测认证高端服务机构，与集聚区内标准化高端服务机构合作的标准创新试点企业主导制定的技术标准，与集聚区内高端服务机构合作的领军企业和重点示范企业，以及行业性知识产权及标准化服务业联盟，中关村管委会将优先给予支持；中关村管委会鼓励集聚区内的知识产权和标准化高端服务机构为中关村示范区企业提供服务，对集聚区内的优秀知识产权高端服务机构分别按照 50 万元、30 万元和 20 万元的标准优先给予支持。为支持集聚区内的知识产权高端服务机构为中关村示范区企业提供海外知识产权预警服务，北京市知识产权局将对集聚区内高端服务机构优先给予支持等措施。中关村管委会和北京市海淀区政府还将发挥政府资金引导放大作用，设立集聚区知识产权和标准化服务业创新发展基金，对集聚区内高端服务机构组织开展的公共服务平台及知识产权运营等项目给予资金支持，促进知识产权和标准化服务业的模式创新和业态升级等扶持措施。

2. 编制专业规划，扶持各类知识产权服务业发展

◇ **案例：广东培育六大知识产权服务行业**

按照 2014 年 1 月广东省知识产权局发布的《广东创建知识产权服务业发展示范省规划（2013—2020 年）》，广东省重点培育知识产权代理服务行业、知识产权信息服务行业、知识产权商用化服务行业、知识产权法律服务行业、知识产权咨询服务行业、知识产权培训服务行业。根据该规划提供的数据，广东省专利代理机构、分支机构及代理人数量保持快速增长，分别从 2007 年的 78 家、62 家、490 人增长到 2012 年的 113 家、109 家、848 人，从业人员超过 3000 人，专利代理机构和执业代理人数量均居全国第二位，分支机构数量居全国首位。拥有 3 家国家知识产权培训基地，7 家省级知识产权培训基地，举办各类培训班 64 期，参加培训人员 7000 余人次。此外，国家知识产权局专利局专利审查协作广东中心落户广州，拥有 1000 多人的专利审查队伍，年均专利审查结案量可达 10000 件以上。截至 2012 年年底，全省在国家工商总局商标局备案的商标代理机构共有 2282 家，占全国的 26%。全省共设立 18 家版权登记代办机构，同时还拥有专门开展植物新品种权代理机构。可以说，广东省在知识产权代理服务、法律服务、信息服务、商用化服务、咨询服务和培训服务六大服务业领域已经具备较好的基础。由于广东省知识产权创造、保护、运用与管理发展迅猛，对相关服务的需求较大，加快培育知识产权服务业的时机和条件成熟，广东省有望在全国率先形成知识产权服务与知识产权制造、保护、运用、管理的良性互动和协同发展的局面。

第六章

知识产权运用中的政府作用

一、从《国家知识产权战略纲要》看政府促进知识产权运用的方法

政府作为知识产权运用的行政、立法、司法者，对知识产权的有效运用起着多方面的重要作用。知识产权发展需要随着经济社会发展阶段的不同而不断调整相关政策，最终实现知识产权对国家经济社会发展的最大功效。

从 2008 年《国家知识产权战略纲要》（以下简称《纲要》）颁布实施开始，我国将知识产权纳入国家发展战略，表明知识产权既是国家发展的战略工具，也充分展现了知识产权在多层面的战略运用价值。同时，《纲要》的有关内容也全面体现了政府促进知识产权信息价值、资产价值、社会价值运用的政策安排。例如：

运用财政、金融、投资、政府采购政策和产业、能源、环境保护政策，引导和支持市场主体运用知识产权。强化科技创新活动中的知识产权政策导向作用，坚持技术创新以能够合法产业化为基本前提，以获得知识产权为追求目标，以形成技术标准为努力方向。完善国家资助开发的科研成果权利归属和利益分享机制。将知识产权指标纳入科技计划实施评价体

系和国有企业绩效考核体系。逐步提高知识产权密集型商品出口比例，促进贸易增长方式的根本转变和贸易结构的优化升级。（《纲要》第 11 条）

推动企业成为知识产权运用的主体。促进自主创新成果的知识产权化、商品化、产业化，引导企业采取知识产权转让、许可、质押等方式实现知识产权的市场价值。充分发挥高等学校、科研院所在知识产权创造中的重要作用。选择若干重点技术领域，形成一批核心自主知识产权和技术标准。鼓励群众性发明创造和文化创新。促进优秀文化产品的创作。（《纲要》第 12 条）

制定和完善与标准有关的政策，规范将专利纳入标准的行为。支持企业、行业组织积极参与国际标准的制定。（《纲要》第 17 条）

正确处理专利保护和公共利益的关系。在依法保护专利权的同时，完善强制许可制度，发挥例外制度作用，研究制定合理的相关政策，保证在发生公共危机时，公众能够及时、充分获得必需的产品和服务。（《纲要》第 20 条）

引导支持创新要素向企业集聚，促进高等学校、科研院所的创新成果向企业转移，推动企业知识产权的应用和产业化，缩短产业化周期。深入开展各类知识产权试点、示范工作，全面提升知识产权运用能力和应对知识产权竞争的能力。（《纲要》第 41 条）

制定并实施地区和行业知识产权战略。建立健全重大经济活动知识产权审议制度。扶持符合经济社会发展需要的自主知识产权创造与产业化项目。（《纲要》第 49 条）

建立知识产权预警应急机制。发布重点领域的知识产权发展态势报告，对可能发生的涉及面广、影响大的知识产权纠纷、争端和突发事件，制订预案，妥善应对，控制和减轻损害。（《纲要》第 53 条）

充分发挥技术市场的作用，构建信息充分、交易活跃、秩序良好的知识产权交易体系。简化交易程序，降低交易成本，提供优质服务。（《纲要》第 57 条）

培育和发展市场化知识产权信息服务，满足不同层次知识产权信息需求。鼓励社会资金投资知识产权信息化建设，鼓励企业参与增值性知识产

权信息开发利用。(《纲要》第58条)

二、政府促进知识产权运用的基本方法与理念

不论从世界知识产权组织（WIPO）官方网站发布的《国家知识产权战略阀安装的方法——工具之三：基准指标》文件内容看，还是从世界各国的知识产权战略内容看，政府运用知识产权或促进知识产权的运用也是多方面的，是可以纳入知识产权的四大价值运用分析框架的❶。

主要方法有：

一是通过战略制定与实施来促进知识产权运用。如《纲要》、国家和地方知识产权保护运用的"十三五"规划，都有大篇幅的相关内容。

二是通过引入有效的政策与工具来促进知识产权运用。例如，针对特定知识产权运用对象试点示范；不针对特定或经过筛选的知识产权运用对象，由国家或地方政府机构制定颁布，旨在促进知识产权运用的指导性文件，这类文件一般不具有强制性，但对运用主体具有普适性。这些政策与工具还有服务采购、直接财税支持、创新券等。

◇ **案例：通过编制深圳《企业专利运营指南》，颁布标准化指导文件，引导和帮助企业有效合理运用知识产权**

为指导企业做好专利运营工作，提升企业竞争力，深圳市市场监督管理局组织制定了深圳市标准化指导性技术文件《企业专利运营指南》（编号：SZDB/Z 102-2014）。该文件共分为七个部分，是我国第一个地方政府发布的专利运营指导文件。第一部分规定了适用范围；第二部分规定了规范性引用文件内容；第三部分列举了适用术语和定义，包括知识产权、专利、专利运营、专利转让、专利许可、必要专利、专利联盟、专利池；第四部分为运营战略与规划，包括企业如何制定实施专利运营战略与规划的

---

❶ 编译自 WIPO：Methodology for the Development of National Intellectual Property Strategies—Tool 3：Benchmarking Indicators.

基本要求；第五部分为运营基础的建设，包括制度保障、机构与人员、财务资源、专利资源、信息资源；第六部分为运营实施，包括基本要求、运营准备、运营方式（涉及产业化、贸易化、投融资、标准化、其他运营方式）、运营维护；第七部分为总结和改进❶。

三、扶持中小企业知识产权运用是政府的主要职责

以日本扶持中小企业知识产权创造、运用与创新的措施为例，日本专利办公室（JPO）对中小企业创新及商业化提供全方位的支持措施，以维系日本的产业基础和区域经济发展的驱动力。这些措施包括七个方面：

（1）人力资源开发与工业产权咨询。在这方面，一是 JPO 举办面向需要了解知识产权权利的人员和刚进入知识产权部门的人员讲解会，或举办获取知识产权权利的策略性研讨会，或面向企业经理级负责人就如何开发知识产权权利举办研讨会；二是由 JPO 聘请专家在全国范围内提供个性化的工业产权事务的咨询服务；三是在区域经贸和产业部门工作的专利局职员，定期提供专利申请咨询服务。

（2）知识产权信息的开发。为刺激地方工业利用专利信息，国家工业产权信息与培训中心（NCIPIT）给各地方分派专利信息开发专家，中心也免费为中小企业提供咨询服务及工作场所。

（3）为知识产权申请提供审查方面的帮助。一是 JPO 授权提供专利检索服务私人机构，对中小企业和个人专利申请提供免费的现有技术检索服务；二是对于缺乏财力的公司或个人，JPO 授权给予审查或查询费用豁免，或减免 50% 必要费用。

（4）对知识产权申请的审查、上诉与审判提供支持。一是如果专利申请人是中小企业或个人，或者申请专利的对象是已经在使用的发明，其申请的审查、上诉与审判要比正常程序更快完成；二是为申请者更快获得授

---

❶ 资料来源：深圳市市场和质量监督管理委员会发布的《深圳市市场监督管理局关于发布企业专利运营指南的通知》。

权提供机会，日本的申请审查者、上诉审查者、审判者到全国各地开展巡回审查和地方会见，也通过安装在当地经贸与产业部门专利办公室的视频会议系统进行视频会见。

（5）对知识产权权利登记提供支持。JPO 通过豁免年度专利费（从第一年至第三年，或为期三年的优惠期），为符合一定条件的个人或缺乏财力的企业知识产权权利登记提供支持。此外，JPO 也给予从事研发活动的中小企业的年度专利费减按 50% 缴纳的优惠。

（6）为工业产权的开发提供支持。为满足当地政府和技术转移办公室的要求，国家工业产权信息与培训中心派遣专利许可方面富有经验的咨询顾问和专家，为大学、公共研究机构和企业鉴别其专利的可授权性提供支持，或者为洞察中小企业或创业企业技术需求提供帮助。

（7）通过专家为中小企业提供更加全面的服务。为此，JPO 还为中小企业提供全面专家支持。这些专家帮助本地公司和中小企业提升对知识产权制度的意识；提供可行的支持措施；提供顾问服务；从事知识产权有关的宣传和人力资源开发活动❶。

WIPO 发布的文件认为，专利文献作为一个功能强大的工具，可用于支持产业包括中小企业的研发和产品开发活动，也可以满足中小企业的技术、法律和营商需求。

一是知识产权信息可以在八个方面用于支持研发活动：①作为研究活动的技术信息来源。已经提交专利共约 7000 万件；大多数是第一个也是唯一的出版物；专利文献公开了发明技术和如何实施的细节；提供最新发明信息。②提供一个技术问题的解决方案。进行专利文献检索，可能会找出技术问题的解决方案。③识别替代技术。即专利文献可以用来识别可替代的技术，并因而解决技术问题。④在产品开发的早期阶段，识别研发的可专利性潜力。专利文件可以用来确定研发内容是否是新的、可专利的，当商业化时它是否对现有专利存在侵犯。⑤避免重复研发的风险。研发活动

---

❶ 编译自 WIPO：Methodology for the Development of National Intellectual Property Strategies—Tool 3：Benchmarking Indicators.

一开始就需要查询知识产权信息，以便找到新的创造发源于何处。⑥监控研发活动的走向。专利信息可以用来监测技术的发展趋势和竞争对手的研发活动，还可用来对技术领域的发展未来趋势提供预警。⑦监测研发投资的成功与否。专利申请或者专利授权数是衡量一个特定的研究项目成功与否的绩效指标。⑧实施逆向工程。

二是知识产权信息可以满足中小企业的技术、法律和营商需求：在技术方面，可以满足中小企业对新技术、新产品、新工艺、新原料，以及可替代的技术、产品、工艺与原料的信息需求；在营商方面，可以满足中小企业了解市场、同一市场竞争对手、竞争对手正在做什么、竞争对手计划将来做什么等信息需求；在法律方面，可以找到大多数中小企业需要且愿意通过许可或购买的技术，然而它们可能不知道如何得到这些技术。中小企业可能不知道法律规定允许其不付费也可使用他人的技术。同时，一些中小企业正在花时间试图开发的产品是已存在并受到保护的技术❶。

四、提升社会知识产权意识是政府促进知识产权运用的基础性工作

许多研究都表明，发展中国家的知识产权意识不强，直接影响到知识产权的申请数量，也影响到知识产权战略实施的整体效果。例如，由于知识产权意识不足，不少大学、研究机构、中小企业的研究或重要创新成果未能转化为知识产权，也没有得到很好的保护。

◇ **运用案例**

2003 年，韩国特许厅（KIPO）发表了一篇题为《韩国的发明促进行动》的报告，制定了强化知识产权创造意识四个方面的战略措施：一是培育有创造力的青年发明家，实施三个项目：①在学校设立促进发明俱乐部，即到 2006 年年底，在 180 个区域教育领域中至少建立一个俱乐部；

---

❶　编译自 WIPO：Methodology for the Development of National Intellectual Property Strategies—Tool 3：Benchmarking Indicators.

②推动普及发明课程，可追溯到 20 世纪 80 年代，韩国建议小学、初中和高中（共 10500 个）全面引入发明课程；③举办一年一度的学生发明展览会，不论是否已申请专利，评出的发明奖授予个人和团体。二是推进中小企业知识产权获取运动，包括中小企业知识产权研讨会和知识产权课程，并鼓励中小企业发明新技术和使用它们作为核心业务资产。三是加强对女性发明促进活动的支持，2002 年韩国只有 4% 的发明创造由妇女完成，为此，韩国采取措施，包括提高公众意识、提高妇女对发明活动的兴趣、组织优秀女性发明家研讨会等，意在提高女性发明创造的比例。四是促进高校和研究组织的知识产权意识，实施了如下三个项目：①针对大学教授的知识产权权利培训；②特许厅与大学和研究机构建立提高知识产权意识的合作协议；③把提升雇员发明作为另一个战略重点。统计数字表明 80% 的发明来自雇员，只有不到 20% 的发明是由个人发明者完成的，韩国也组织雇员发明比赛，获胜者可获得总统奖❶。

五、推动产业知识化，促进知识（产权）密集型产业发展

发达国家的经济发展已经从工业经济、信息经济开始全面向知识（产权）密集型产业转型。美国、欧洲对知识产权密集型产业发展在经济、就业等方面的作用高度重视。美国作为全球最为发达的市场经济国家，几乎所有的产业都在一定程度上依赖知识产权。美国商务部下属经济和统计管理局及美国专利商标局联合发布了《知识产权和美国经济》的报告，该报告聚焦于知识产权密集型产业，研究了其特点及其对整个经济的贡献。该报告认定 313 个产业中的 75 个产业为知识产权密集型产业。2010 年这些知识产权密集型产业直接提供了 2710 万个就业机会，占当年总就业人员数的 18.8%，并且这些部门间接带来了 1290 万个职位。2010 年，知识产权密集型产业为美国国内生产总值（GDP）贡献了 5.06 万亿美元，占当年

---

❶ 编译自 WIPO：Methodology for the Development of National Intellectual Property Strategies—Tool 3：Benchmarking Indicators.

美国 GDP 的 34.8%。

欧洲专利局（EPO）与欧盟内部市场协调局（OHIM）联合完成并发布了《知识产权密集型产业：对欧洲经济表现及就业的贡献》的研究报告。首次在全欧盟范围内，从国内生产总值、就业、工资及贸易等角度研究知识产权（IPR）对欧洲经济的影响。研究范围涉及专利、商标、外观设计、版权和地理标志等所有主要知识产权，并聚焦于欧洲经济，覆盖321 个知识产权密集型产业。报告显示，2008—2010 年，欧盟约 40% 的GDP 由知识产权密集型产业产生，其中专利密集型产业贡献了 14%；知识产权密集型产业平均每年直接或间接提供约 7700 万个工作岗位，占总数的35%，其中专利密集型产业创造了 3500 万个工作岗位，占比为 16%；2010年数据显示，欧洲出口贸易额中的 90.4% 由知识产权密集型产业贡献，其中，专利密集型产业出口额占总出口额的比重达到 70.6%。

六、通过政府的风险补偿等方式促进知识产权融资

例如新加坡政府推出 1 亿新元知识产权融资计划。通过承担部分债务风险，协助本地企业使用知识产权获得银行贷款。新加坡知识产权局（IPOS）委任了三家专业机构 American Appraisal Singapore、Consor Intellectual Asset Management 和德勤（Deloitte & Touche）进行财务咨询，为企业的专利权进行估价，让它们以专利权为抵押资产，向三家参与计划的本地银行——星展、华侨和大华申请贷款。为该计划主持推介会时，新加坡教育部及律政部高级官员说："新加坡企业的无形资产价值有升高的趋势，市场调研数据显示，本地公司在 2011 年的商业价值有 35% 来自无形资产，比重在 2012 年进一步提高到 42%，新计划将让商家有机会用知识产权来套取现金，发展业务。"据了解，新加坡是继美国之后，全球第二个推动银行提供知识产权融资的国家。新加坡知识产权局在为期两年的计划下拨出 1 亿新元，一旦企业无法偿债，将用于承担银行的部分亏损。该局局长表示，风险承担的比重，视个别贷款者的情况而定。并透露已有一些企业参与计划的试验性阶段，进行专利权估价，银行预计可在未来一两个月内

正式接受贷款申请，在第三季发放贷款，参与计划的银行阵容接下来也可能扩大。星展银行表示，正和本地运动服饰配件业者 Star360 探讨，为该公司持有的"马赛裸足科技"（Masai Barefoot Technology）专利权提供融资。星展中小企业银行业务区域主管透露，该行将提供 1 年至 6 年期的美元和新元知识产权贷款，利率为 3.5% ~ 7.5%，比一般较小额无抵押贷款 8% ~ 10% 的利率低，因为以专利权为抵押，贷款风险可略微降低。据了解，通过新计划申请贷款的最长年限为 6 年，利率上限为 7.5%。华侨银行环球商业银行部总裁说："在为持有专利权的企业进行整体评估时，我们考量的是整体财务表现，不过，将专利权从企业切割出来进行单一估价，则是较新的领域。最初的几个交易将给我们机会吸取经验，从中改进。"受访的银行指出，知识产权融资这块新市场并不局限于科技业者，潜在的专利资产包括企业的品牌、某项作业程序，甚至某种服务方式，新计划的意义在于提升商家对专利资产价值的意识，并制定一套系统化的估价框架，推动市场发展。除了知识产权融资计划，新加坡知识产权局还推出一个知识产权服务中心，为有意开发专利的企业提供商业与法律咨询。

七、促进知识产权社会价值运用及平衡发展

政府作为知识产权的立法主体，体现政府意志和导向，既要保护知识产权权利人的利益，更要保护公共利益以及知识产权使用者、消费者的利益。在知识产权国际化的环境下，还要考虑对外贸易与合作各方的利益，促进知识产权各种利益平衡发展，是知识产权制度的重要功能之一。

历史上，知识产权作为一种具有垄断性质的权利，在政治与法律、法律与社会、法律与战争等交织中也是起起落落。当前，以美国为首的发达国家，看到了创新的巨大作用，而一批形形色色的、纯粹以专利布局、收编和诉讼为盈利手段的专业化知识产权运营公司似乎开始影响到实体企业正常创新发展的步伐。

在国际化日益加深、产业竞争日益激烈的环境下，知识产权相关利益

关系的矛盾也随之日益凸显，得到 WIPO、各国政府、许多国际智库的关注。例如，由来自 25 个国家的 40 个国际专利学者，在马克思·普朗克创新与竞争研究所的主持下共同起草了《专利保护宣言：TRIPS 下的监管主权》。该宣言在序言部分就强调，当前，世界各国政府都面临着知识产权特别是专利发展的环境新变化，政府如何认识这些改变，促进知识产权适应新的条件，如何在知识产权保护中保持中立，既不保护不够也不过度保护，保证市场竞争的充分性，平衡创新各方的利益均衡，需要各方给予关注，在实证分析研究的基础上，凝练共识。

那么，有哪些问题或矛盾需要引起关注？事实上涉及知识产权利益关系十分复杂，知识及其产权问题不再是简单的是非问题，以知识为中心的各利益相关者相当复杂，需要寻求利益平衡点。

一是政府要坚持技术的充分公开与专利授权的平衡关系。一般把技术充分公开与专利授权的绑定称为"对价"❶。也就是专利权人要以技术的充分公开，换取国家授予该项技术在一段时期和一定条件下的特许用益权。从利益平衡来看，政府鼓励的是知识的公开、传播、学习和运用、交流与创新。若申请人未能做到充分公开，政府就可以加以限制，甚至不授予权利。此外，企业虽然公开技术很充分，但如果没有可替代的技术，一般政府也不会授予此项技术专利，因为无可替代必然导致天然垄断，这不符合公共利益。

二是大企业与中小企业的关系。这其实也是竞争与垄断关系的表现形式之一。对任何一个产业，如何使不同规模、不同类型、不同产业链环节的企业形成既竞争又合作的共生共荣创新生态系统，是国家和地方政府创新政策和产业政策追求的目标。特别是大型企业利用专利组合，形成圈地式专利垄断时，就会导致大型企业与中小企业出现竞争行为的严重不平衡，中小企业技术创新受到抑制，市场与创新的活力就会严重下降，产业创新的整体效益就会减少。所以，无论在 WTO 框架下，还是在 TRIPS 框架下，政府都有空间和责任在创新与知识产权政策、立法、执法、诉讼中

---

❶ 张勤. 知识产权基本原理［M］. 北京：知识产权出版社，2012.

支持中小企业创新，以较低的成本获得与保持知识产权，同时限制甚至是取消大企业特别是国外有长期技术优势的跨国公司的垄断行为。然而，在具体实践中，大企业总是希望不断扩充可专利的对象，无限制扩大专利的授予范围。没有限制的结果，必然导致专利滥用，这就是专利领域的市场失灵。如果各国政府，特别是发展中国家政府不对大企业的专利垄断与滥用加以限制，专利的滥用会愈演愈烈，中小企业的创新活力必然受到抑制。

三是专利社会成本与效益的关系。各个国家都面临着历史上前所未有的庞大专利申请量和授权量。既造成了各专利局的大批积压，也导致形成专利丛林、法律上相互依赖、市场进入壁垒、许可费和诉讼大幅增加，所有这些最终都阻碍了研究和商业化应用。带来的结果是，市场参与者管理专利的成本增加、法律确定性降低、经济自由度显著受限，同时影响到消费者的福利。许多国家，特别是在那些经济高度发达、技术设施先进的工业化国家，通过减轻专利申请人负担（扩大可专利范围、降低合格标准、减少收费等），以及扩展专利持有人权利（专利期限更长、更严厉的制裁侵权行为、更强有力的执法），使专利制度变得更为平衡。

四是人类健康、可持续发展等社会利益与企业经济利益的关系。新的技术和商业活动正在挑战传统专利保护范式，而这种范式是在工业革命时代形成的。电子商务、生物技术、商业方法，以及标准的制定、战略性专利和非专利实施实体，都影响着专利制度的功能发挥。电子商务、网购等互联网经济新业态，推动了商业形态的变革和支付形式变化，各级政府需要快速适应这种互联网技术带来的变化，研究并提出新的规章制度，打击造假并保护知识产权。在对海量数据挖掘方面，必须依托云计算的分布式处理、分布式数据库、云存储和虚拟化技术。

五是"专利流氓"与正常专利运营的关系。专利的作用已经发生了变化，专利不再主要作为防御手段保护研发成果，而是越来越被当作战略资产，成为影响竞争的条件。在专利从权利保护到商业工具转变中，影响到专利权利的实际运作方式。由于不是专利而是市场创造了创新机会并提供创新利益，专利保护必须在其对竞争的影响上保持中立。对专利保护不够或过度保护都将导致竞争扭曲，并阻碍对市场收益的有效分配。因此，作为创新市场的框架性调节机制，专利制度需要适应创新的过程。使专利法律制度适应已经变化的环境是非常重要的。

六是垄断与反垄断的关系。按照我国反垄断法的规定，经营者依照有关知识产权的法律、行政法规规定行使知识产权的行为，不适用本法，即不构成垄断。但经营者滥用知识产权，排除、限制竞争的行为，适用本法，即构成垄断。

知识产权运用制度创新与政策协同

第七章

知识产权保护与运用制度创新

知识产权保护与运用制度是现代经济科技创新制度的一个重要组成部分，是经济体创新转型和开放发展的保障。知识产权保护与运用制度作为激励创新、保护产权的重要制度安排，不仅国际通行，而且对我国顺利实现向创新驱动发展的转型升级更为重要。同时，走出去需要知识产权保护与运用制度护航，引进来需要知识产权保护与运用制度提供国际认可的环境条件。因此，知识产权保护与运用制度创新（本章以下简称"制度创新"）成为我国自由贸易试验区（本章以下简称"自贸区"）不可或缺的内容。

一、自贸区知识产权保护与运用制度创新的现状

（一）我国 12 个自贸区知识产权制度创新试验的内容

按照综合管理、创造、保护、运用、服务五大环节，分类汇集了国务院批准公布的各自贸区总体方案中的知识产权制度创新试验的具体内容。

1. 上海

综合管理：建立集中统一的市场监管综合执法体系，在知识产权等管理领域，实现高效监管，积极鼓励社会力量参与市场监督。完善专利、商

标、版权等知识产权行政管理和执法体制机制。

保护：推动权益保护制度创新。完善司法保护、行政监管、仲裁、第三方调解等知识产权纠纷多元解决机制，完善知识产权工作社会参与机制。

运用与服务：优化知识产权发展环境，集聚国际知识产权资源，推进上海亚太知识产权中心建设。

2. 广东

综合管理：完善知识产权管理和执法体制。

保护：完善知识产权纠纷调解和维权援助机制，探索建立自贸区重点产业知识产权快速维权机制。提高知识产权行政执法与海关保护的协调性和便捷性。

运用：建立华南地区知识产权运营中心，探索开展知识产权处置和收益管理改革试点。创新知识产权投融资及保险、风险投资、信托等金融服务，推动建立知识产权质物处置机制。

服务：发挥自贸区高端要素集聚优势，搭建服务于加工贸易转型升级的技术研发、工业设计、知识产权等公共服务平台。

3. 天津

综合管理：完善知识产权管理和执法体制以及纠纷调解、援助、仲裁等服务机制。

保护：发挥专业化社会机构力量，提高知识产权保护成效。提高知识产权行政执法与海关保护的协调性和便捷性，建立知识产权执法协作调度中心。

运用：探索开展财政资金支持形成的知识产权处置和收益管理改革试点，建立华北地区知识产权运营中心。开展知识产权跨境交易，创新知识产权投融资及保险、风险投资、信托等金融服务，推动建立知识产权质物处置机制。依法合规开展知识产权转让，建立专利导航产业发展协同工作机制。

服务：发展知识产权服务业。

4. 福建

综合管理：完善知识产权管理和执法体制以及纠纷调解、援助、仲裁等服务机制。

创造：探索闽台合作研发创新，合作打造品牌，合作参与制定标准，拓展产业价值链多环节合作，对接台湾自由经济示范区，构建双向投资促进合作新机制。

运用：创新知识产权投融资及保险、风险投资、信托等金融服务，推动建立知识产权质物处置机制。

服务：发展知识产权服务业，扩大对台知识产权服务，开展闽台知识产权经济发展试点。

5. 辽宁

综合管理：紧扣创新发展需求，发挥专利、商标、版权等知识产权的引领作用，打通知识产权创造、运用、保护、管理、服务全链条，建立高效的知识产权综合管理体制。

保护：探索建立自贸区跨部门知识产权执法协作机制，完善纠纷调解、援助、仲裁工作机制。

运用：探索建立自贸区重点产业专利导航制度和重点产业快速协同保护机制。简化地方国有创投企业股权投资退出程序，地方国有创投企业使用国有资产评估报告实行事后备案。

服务：构建便民利民的知识产权公共服务体系。搭建便利化的知识产权公共服务平台，设立知识产权服务工作站，大力发展知识产权专业服务业。

6. 浙江

综合管理：紧扣创新发展需求，发挥专利、商标、版权等知识产权的引领作用，打通知识产权创造、运用、保护、管理、服务全链条，建立高效的知识产权综合管理体制，构建便民利民的知识产权公共服务体系，探索支撑创新发展的知识产权运行机制，推动形成权界清晰、分工合理、责权一致、运转高效、法治保障的体制机制。

保护：探索建立自贸区跨部门知识产权执法协作机制，完善纠纷调解、援助、仲裁工作机制。探索建立自贸区重点产业快速协同保护机制。

运用：探索建立自贸区重点产业专利导航制度。

服务：搭建便利化的知识产权公共服务平台，设立知识产权服务工作站，大力发展知识产权专业服务业。

7. 河南

综合管理：紧扣创新发展需求，发挥专利、商标、版权等知识产权的引领作用，打通知识产权创造、运用、保护、管理、服务全链条，建立高效的知识产权综合管理体制，构建便民利民的知识产权公共服务体系，探索支撑创新发展的知识产权运行机制，推动形成权界清晰、分工合理、责权一致、运转高效、法治保障的体制机制。

保护：探索建立自贸区跨部门知识产权执法协作机制，完善纠纷调解、援助、仲裁工作机制。探索建立自贸区重点产业快速协同保护机制。

运用：探索建立自贸区重点产业专利导航制度。探索建设中部地区知识产权运营中心，加快建设郑州国家知识产权服务业集聚区。

服务：搭建便利化的知识产权公共服务平台，设立知识产权服务工作站，大力发展知识产权专业服务业。

8. 湖北

综合管理：紧扣创新发展需求，发挥专利、商标、版权等知识产权的引领作用，打通知识产权创造、运用、保护、管理、服务全链条，建立高效的知识产权综合管理体制，构建便民利民的知识产权公共服务体系，探索支撑创新发展的知识产权运行机制，推动形成权界清晰、分工合理、责权一致、运转高效、法治保障的体制机制。

保护：探索建立自贸区跨部门知识产权执法协作机制，完善纠纷调解、援助、仲裁工作机制。

运用：探索建立自贸区重点产业专利导航制度和重点产业快速协同保护机制。建立长江经济带知识产权运营中心，积极推进高校知识产权运营等特色平台建设。建立知识产权质押融资市场化风险补偿机制，按照风险可控、商业可持续的原则，开展知识产权质押融资。

服务：搭建便利化的知识产权公共服务平台，设立知识产权服务工作站，大力发展知识产权专业服务业。加快建设武汉东湖国家知识产权服务业集聚区。加快建设现有国家技术标准创新基地和国家宽带网络产品质量监督检验中心。

9. 重庆

综合管理：紧扣创新发展需求，发挥专利、商标、版权等知识产权的引领作用，打通知识产权创造、运用、保护、管理、服务全链条，建立高效的知识产权综合管理体制，构建便民利民的知识产权公共服务体系，探索支撑创新发展的知识产权运行机制，推动形成权界清晰、分工合理、责权一致、运转高效、法治保障的体制机制。

保护：探索建立自贸区跨部门知识产权执法协作机制，完善纠纷调解、援助、仲裁工作机制。

运用：探索建立自贸区重点产业专利导航制度和重点产业快速协同保护机制。

服务：搭建便利化的知识产权公共服务平台，设立知识产权服务工作站，大力发展知识产权专业服务业。

10. 四川

综合管理：紧扣创新发展需求，发挥专利、商标、版权等知识产权的引领作用，打通知识产权创造、运用、保护、管理、服务全链条，建立高效的知识产权综合管理体制，构建便民利民的知识产权公共服务体系，探索支撑创新发展的知识产权运行机制，推动形成权界清晰、分工合理、责权一致、运转高效、法治保障的体制机制。

保护：探索建立自贸区重点产业专利导航制度和重点产业快速协同保护机制。探索建立自贸区跨部门知识产权执法协作机制，完善纠纷调解、援助、仲裁工作机制。

运用：探索开展知识产权、股权、探矿权、采矿权、应收账款、订单、出口退税等抵质押融资业务。依托现有交易场所开展知识产权跨境交易，推动建立市场化运作的知识产权质物处置机制。支持和鼓励商标品牌服务机构在品牌设计、价值评估、注册代理、法律服务等方面不断提升服务水平。扩大对外文化贸易和版权贸易。创新文化服务海外推广模式，支持发展以传统手工技艺、武术、戏曲、民族音乐和舞蹈等为代表的非物质文化遗产与旅游、会展、品牌授权相结合的开发模式。建立完善技术类无形资产交易制度，制定技术类国有无形资产管理办法。

服务：搭建便利化的知识产权公共服务平台，设立知识产权服务工作站，大力发展知识产权专业服务业。

11. 陕西

综合管理：紧扣创新发展需求，发挥专利、商标、版权等知识产权的引领作用，打通知识产权创造、运用、保护、管理、服务全链条，建立高效的知识产权综合管理体制，构建便民利民的知识产权公共服务体系，探索支撑创新发展的知识产权运行机制，推动形成权界清晰、分工合理、责权一致、运转高效、法治保障的体制机制。

保护：探索建立自贸区跨部门知识产权执法协作机制，完善纠纷调解、援助、仲裁工作机制。探索建立重点产业快速协同保护机制。加强自贸区内重点产业知识产权海外布局和风险防控。保护和传承中华老字号，大力推动中医药、中华传统餐饮、工艺美术等企业"走出去"。加强对非物质文化遗产、民间文艺、传统知识的普查、保护和合理利用，振兴传统工艺，推进文化创意、设计服务与相关产业融合发展，打造"国风秦韵"等具有国际影响力的文化品牌。

运用：及时总结推广"双创"示范、系统推进全面创新改革及知识产权保护的经验，推动有条件的地区建设具有强大带动力的创新型城市和区域创新中心，培育一批知识产权试点示范城市和知识产权强市、强县。创新军民融合发展机制，建立军民成果双向转化"人才池"和"专利池"。积极推动国家军民融合知识产权运营工作，依托国家知识产权运营军民融合特色试点平台，探索国防专利横向流通转化、国防专利解密与普通专利跟进保护有机衔接、普通专利参与军品研发生产等机制，促进军民科技成果共享共用。

服务：支持知识产权服务业集聚发展，完善挂牌竞价、交易、信息检索、政策咨询、价值评估等功能，推动知识产权跨境交易便利化。建立重点产业专利导航工作机制，建设国家知识产权服务业集聚区。

12. 海南

综合管理与保护：推进知识产权综合执法，建立跨部门、跨区域的知识产权案件移送、信息通报、配合调查等机制。建立包含行政执法、仲裁、调解在内的多元化知识产权争端解决与维权援助机制，探索建立重点产业、重点领域知识产权快速维权机制。探索建立自贸区专业市场知识产权保护工作机制，完善流通领域知识产权保护体系。

运用：支持建立知识产权交易中心，推动知识产权运营服务体系建设。探索建立公允的知识产权评估机制，完善知识产权质押登记制度、知识产权质押融资风险分担机制以及方便快捷的质物处置机制，为扩大以知识产权质押为基础的融资提供支持。鼓励探索知识产权证券化，完善知识产权交易体系与交易机制。深化完善有利于激励创新的知识产权归属制度。

服务：搭建便利化的知识产权公共服务平台，设立知识产权服务工作站，大力发展知识产权专业服务业。支持引进国际化的规划、建筑工程、建筑设计、仲裁、会计、知识产权、医疗健康、影视、会展等专业服务机构，推进服务要素集聚。

(二) 我国自贸区知识产权制度创新试验现状分析

总体来看，我国自贸区还是新生事物，对自贸区知识产权制度试验的研究文献还不多，由于上海自贸区起步早，文献略多❶❷❸，开展自贸区比较研究的很少❹。

（1）四个批次的自贸区梯次推进，内容逐步丰富，体系更加完善。第

---

❶ 尹锋林，张嘉荣. 上海自贸区知识产权保护：挑战与对策 [J]. 电子知识产权，2014（2）：34-39.

❷ 赵杰，满丽娟，张丽. 上海自由贸易试验区知识产权问题探析 [J]. 科技管理研究，2015，35（23）：151-154，174.

❸ 彭辉，张虹. 加强自贸区知识产权保护为科技创新保驾护航 [J]. 华东科技，2015（7）：66-69.

❹ 李晓锋. 全面推进我国自贸区知识产权改革创新的对策与建议 [J]. 中国发明与专利，2018（2）：40-44.

一、二批四个自贸区全部位居东部沿海区域，第三、四批次推进到中西部内陆地区、东北和海南，同时，在知识产权制度创新的内容上逐步丰富，向更加完善、更加系统的方向发展。

（2）改革共性内容较多，个性内容较少。各自贸区知识产权改革与创新内容，涵盖知识产权创造、运用、保护、管理和服务全链条，包括：综合管理体制改革试点（除海南外，基本都涉及行政管理和保护综合化改革）；综合执法机制建设；建立知识产权运营中心或交易中心，构建运营服务体系；多元化知识产权争端解决与维权援助机制；快速维权或快速审查机制；完善知识产权投融资机制；完善知识产权公共服务平台；发展知识产权服务业等。而围绕自贸区所在区域特色和重点产业开展个性化知识产权制度创新涉及内容少，各自贸区重点产业不明确，重点产业的需求不清晰。

（3）知识产权行政管理改革告一段落，但仍有深化改革的空间。在自贸区和全面创新改革试验区开展的专利、商标和版权"三合一"或"二合一"行政管理改革试验，随着从中央、省级乃至市县党政机关改革的全面推进，大局已定，全国在政府机构设置层面全面实现专利、商标的"二合一"管理，新的知识产权局更加强调保护功能，并划归市场监管系统统一管理。

但是在知识产权行政管理方面，自贸区作为海关特殊监管区，知识产权制度创新也要把握自贸区自身建设的需求，尽管自贸区及其片区存在功能、产业构成上的差异，但自贸区的贸易特色和服务产业特征是显著的。因此，至少在当前阶段，自贸区内的知识产权保护对象仍然是以商标、版权、品牌保护、打击仿冒山寨产品为主，而发明专利等类别的保护占比较小。因此，一方面，自贸区知识产权行政管理改革仍有继续整合专利、商标和版权管理职能进行综合管理和服务的需要；另一方面，为了满足众多企业开展商业运营时的多样化需要，应逐步扩大海关保护的知识产权类别，强化对过境货物实施知识产权海关保护职能。这也是国际通行做法，包括完善海关知识产权保护法律法规，包括定牌加工和平行进口及海关介入其知识产权纠纷的基本原则等问题❶。

（4）政府组织社会力量参与知识产权制度创新有待加强。从上海自贸区发展实践看，随着自贸区知识产权纠纷类型和数量逐渐增多，存在知识产权侵权处理周期偏长、维权成本过高、违法成本较低等问题，不利于知识产权成果的运用和保护❷。事实上，各自贸区都将构建多元化知识产权纠纷解决机制作为自贸区知识产权保护的重点，但在多元化机制中，社会力量特别是市场化力量参与仍然不够。因此，需要构建更加开放、高效、便捷的知识产权社会化保护、运用、服务体系，对相关知识产权制度创新需求仍然十分迫切。

（5）及时推广自贸区知识产权制度创新成果。在党政机构改革中的知识产权局的改革落地，是建立在自贸区知识产权"三合一"改革的实践基础上的。其他改革成果也分别在中央和省级层面组织进行了及时推广。如福建自贸区在前期工作探索基础上，首批公布了16项福建省自贸区知识产权工作可复制可推广创新经验，其中包括建立"三合一"知识产权综合管理模式、开展"存证云"服务有效衔接公力保护与私力救济、以"互联网+知识产权"方式创新知识产权公共服务等内容❸。

二、我国自贸区（自贸港）建设中知识产权制度创新重点方向及内容建议

党的十九大报告指出，赋予自贸区更大改革自主权，探索建设自贸港。随着对外开放的不断深化，在自贸区（自贸港）进一步深化知识产权制度创新，除了适应自贸区（自贸港）内全面铺开贸易、投资和金融政策创新，构建国际化法治化营商环境的需要，也是新时代进一步提高知识产

---

❶　徐枫. 自贸区知识产权海关保护制度解析：兼论知识产权海关保护制度的完善 [J]. 电子知识产权，2018（3）：27-34.

❷　彭辉，张虹. 加强自贸区知识产权保护为科技创新保驾护航 [J]. 华东科技，2015（7）：66-69.

❸　本刊编辑部. 福建积极推广自贸区知识产权工作创新经验 [J]. 河南科技，2017（18）：7.

权管理、创造、保护、运用、服务水平，适应我国经济转型升级的内在要求，继续深入推进自贸区知识产权制度创新势在必行。

1. 坚持提高治理体系与治理能力现代化方向，在知识产权管理改革上，由注重专利、商标、版权等知识产权合一管理体制改革试验，转向更加注重知识产权全社会参与的现代化治理机制构建

按照现代社会治理理念，知识产权管理与治理的主要区别在于，从一元化的政府管理主体走向各种利益相关者共同参与的多元化治理，即从政府内部管理范畴转向社会治理的范畴，从政策供给为主转向营造法制化的生态环境为主，从知识产权保护与运用为主转向知识产权创造与保护、服务、运用协同发展，更加注重各类利益相关者的广泛参与。基于此，我国自贸区（自贸港）建设良好的知识产权治理体系是综合管理改革的新方向。要在进一步完善知识产权综合管理改革试点、深化知识产权行政管理体制改革、建立与现代知识产权发展相适应的政府管理体制的基础上，加快推进知识产权行业全方位社会化治理机制创新，不断完善大服务、大保护、大生态、大运营、大数据的知识产权现代治理体系，提高知识产权治理能力，为知识产权强国建设提供制度保障。主要内容包括：

一是进一步完善以公共服务为引导、产业化服务为主导的知识产权社会化大服务体系。由于知识产权服务业涵盖了知识产权确权、用权、维权的各个环节，其市场化产业化成熟程度越高，知识产权社会化大服务体系的完善程度就会越来越高，现代知识产权治理能力也会随之提高。随着移动互联网和人工智能技术的快速进步，知识产权服务业的加快扩张，"互联网+"和"人工智能+"知识产权服务业发展、知识产权服务业集聚区建设、知识产权服务业政策等创新发展潜力很大，也是未来自贸区创新发展的重要内容。

二是进一步完善以司法保护为主导、行政执法与司法保护有机衔接、社会各界广泛参与的大保护体系。知识产权保护体系是知识产权治理体系的核心内容，是知识产权发挥对创新激励作用的关键。在我国司法制度和现实的信用体系下，我国知识产权保护体系建设客观上需要强调社会各界广泛参与的必要性。从保护现实需要出发，知识产权治理体系要积极探索

建立司法保护、海关等行政保护、行业自治自律保护、民间社会参与的多主体、多元化的知识产权大保护体系。

三是进一步完善以企业为主体，知识产权创造者、运营者、服务者、管理者协同发展、共赢共生的知识产权行业大生态。随着我国转型步伐的加快，知识产权行业发展逐步迈向成熟，其中标志之一是知识产权行业生态系统的完善。与任何一个行业一样，知识产权行业生态系统包括知识产权管理创造、保护、运用、服务的各个环节，包括企业、高校、科研院所、各类服务机构，以及政府知识产权管理部门、社会组织等多元化的利益相关者，只有这些行业参与者利益相关者形成分工更加专业化、合作更加常态化、知识更加共享化的责任共同体和利益共同体，良好的行业生态系统才会有序运行。在知识产权行业生态的完善过程中，在微信群落等网络社区的支持下，需要自发建立更多的产业知识产权联盟、知识产权服务联盟、知识产权区域联盟来支撑一个共治、共赢、共享的良好的行业秩序。

四是进一步完善以专利组合运用联盟为基础、兼顾知识产权多种运营方式，着力提高创造主体运营能力的知识产权大运营体系。知识产权运营是知识产权实现资产价值的关键环节，良好的知识产权治理体系应当包括知识产权运营体系。知识产权运营制度创新的关键是提升企业、高校、科研院所的知识产权运营能力。同时，要大力发展专业化运营服务机构，特别是在我国知识产权实力还不够强的情况下，促进以专利组合运用为基础的多种运营方式结合的产业知识产权联盟的发展，对知识产权构建大运营体系十分必要。

五是进一步完善以政府数据开放整合为基础、新旧媒体为纽带、智能化互联网服务平台为支撑的大数据体系。按照当前的科技发展势头，人工智能技术很快将会应用或影响到知识产权行业的方方面面。在某种意义上，知识产权本身就是大数据行业，政府是知识产权大数据的创造者，也需要政府更加积极、更加及时地向全社会开放知识产权大数据。开放的数据包括专利、商标、版权等各类知识产权数据，这也从另一个侧面反映了知识产权综合管理改革的必要性。政府知识产权数据开放程度在很大程度上影响着知识产权大服务、大保护、大生态、大运营的效率。要依托大数据大力发展各种市场化的交易平台、数据分析服务平台、运营平台，整合知识产权资源，集成知识产权服务能力。

2. 坚持遵循知识产权国际协定和适应新科技革命的大方向，在知识产权保护上，由更加注重司法保护、行政保护及其联动，转变为更加注重全社会大保护

知识产权保护制度创新始终是知识产权制度创新的核心。政府行政管理和行政保护制度建设重在完善，重在效率；司法保护重在体现知识产权法律的特有属性，重在建设依法保护，重在公正公平，把好最后一关，重在从严保护的适度渐进标准的形成。社会化保护制度建设重在满足市场需求和尊重国际规则的探索创新。社会化保护要发挥市场机制的决定性作用，充分发展知识产权服务业和发挥民间力量，开展更多保护制度创新试验。

一是进一步拓展社会化保护制度改革创新。主要内容包括：要发挥行业协会商会的作用，建立行业协会商会的知识产权协同保护机制、行业联合保护机制与行业自律机制；建立企业及其他民间力量参与打假和侵权监控的机制；专业市场经营主体保护机制；大型展会主办主体的保护机制；与国际接轨的知识产权纠纷仲裁机制；各类知识产权纠纷的社会调解机制、协商式维权机制；鼓励民间志愿组织参与保护和宣传制度；建立社会化知识产权守信激励与失信惩戒机制；建立知识产权申诉专员制度等。知识产权保护创新方面要先行先试，形成可推广的知识产权制度措施❶。

二是围绕新科技革命与产业变革重点领域开展社会化保护制度创新。要探索适应未来新经济条件下知识产权保护的新制度供给，包括基于网络科技和智能科技快速进步基础上的专业化自动化侵权网络监测跟踪机制；人工智能与数字经济环境下的数据保护制度；互联网平台型企业知识产权保护责任与平台监测保护机制；着眼于行业特点的人工智能、生物医药、3D 打印等重要行业的知识产权保护制度创新等。

---

❶ 杨燃，吴国平. 广东自贸区知识产权保护探析 [J]. 知识产权，2016 (5)：95-98，103.

三是借鉴发达国家特别是美国法律保护机制方面，开展更多社会化制度创新试验，如公众参与的专利评审制度试验等。

3. 坚持市场化、产业化方向，在知识产权运营上，由更加注重政府资金扶持，转变为更加注重政策引导、发挥市场激励机制的作用

知识产权制度是市场经济的产物，知识产权的法律价值、战略价值、资产价值、信息价值最终取决于市场。因此，自贸区要建立市场主导型激励知识产权运营的机制，完善以促进知识产权市场化运营为取向的制度体系。

一是加强知识产权转让、交易、许可、转化市场化制度创新。让知识产权流动起来和实现知识产权转化产业化是知识产权运营的基本方式。完善交易平台、转移转化的市场化机制，使知识产权能够产生效益，仍有许多难题需要克服，如建设国际认可的知识产权转让通行制度等。

二是加强市场化知识产权金融创新。除知识产权质押贷款外，投资基金、运营基金、融资租赁、证券化、信托等新型知识产权金融形态正在涌现，内涵不断丰富。对市场探索的深入，将催生出中国知识产权金融模式的新变革。未来需要进一步探索多元化知识产权质押融资风险分担机制；探索专业化知识产权银行等金融服务新模式；在海南自贸区知识产权证券化试点基础上的知识产权证券化模式创新等，不断探索知识产权金融产品与服务模式，解决知识产权金融创新特有难题❶。

三是加强知识产权组合化运营。在企业、高校、科研院所、专业化运营机构等多主体开展高价值专利布局与专利组合运营试点；鼓励在区域层面开展产业专利联盟制度与运行机制创新，增强产业走出去的话语权，为企业参与国际竞争提供知识产权护航。

4. 坚持有特色、可复制的大方向，在知识产权制度创新试验内容布局上，由更加注重全面试验，转变为更加注重体现地域特点、区域产业特色的知识产权制度创新

与自创区不同，由于各自贸区产业特色不甚突出，以及各自贸区知识

---

❶ 范建永，丁坚. 知识产权金融服务的变革与创新［N］. 中国知识产权报，2019-02-13.

产权改革与发展涉及内容未形成区域特色，因此自贸区初期知识产权制度创新的内容特色不突出，处于你有我也有，大同小异的状态，降低了试验区结合各自特色的试验价值，强化了试验共同内容的局面，好处是有利于比较、借鉴和学习，不足之处是试验深度不够。在新科技革命与产业变革大踏步到来时，自贸区下一步要突出"新"，即更多在服务新产业、新业态上开展更多制度创新试验。

一是注重根据区域发展水平和地域特色开展知识产权制度创新试验。要把握各自贸区自身建设的实际需求，把握自贸区及其片区在功能、产业构成上的差异，特别是自贸区的贸易特色和服务产业特征，如自贸区内的知识产权保护对象仍然是以商标、版权、品牌保护、打击仿冒山寨产品为主，而发明专利等类别的保护占比较小，按照不同阶段需要突出制度创新重点，不强求一致，开展各具特色的制度创新试验。

二是注重根据区域产业发展需要开展知识产权制度创新试验。要把握新经济发展大趋势，为培育未来原创性、控制力强的新兴产业提供知识产权制度保障，客观上需要各地自贸区围绕各区域特色支柱产业开展有特色的产业知识产权创造、保护、运用与管理服务制度创新，特别是一些新兴产业，如新媒体产业、人工智能产业、3D打印、大数据产业、云计算产业等，知识产权制度面临许多新的理论与实践挑战，为知识产权制度创新提供了更大舞台。

三是注重知识产权制度创新实效和改革措施的落实。自贸区的知识产权制度创新不应是为制度创新而制度创新，知识产权制度创新的目的不是政府设计和完成了多少项制度创新，制度创新的对象显然不是政府自身，而是自贸区内的企业和产业创新发展的需要，是更好引进来、走出去的需要，是企业国际化经营中解决知识产权合规问题的需要等。

第八章

知识产权运用与保护政策协同

随着经济的发展，驱动经济发展的动力必然发生转换，知识产权保护力度也需要渐次加大，这种变化是经济体转型的内在需要，外部压力并不起决定性作用。

在知识产权创造、保护、运用、管理、服务的体系中，知识产权运用得好不好，在很大程度上依赖于知识产权保护的力度大小。知识产权保护力度越大，对知识产权创造和运用的主体的激励作用和保障权益作用越大，知识产权创造和运用的主体的积极性就会越高。逐步严格起来的知识产权保护政策乃大势所趋。

政府加大知识产权保护力度，既是国家内在发展的需求，也是进一步融入经济全球化，不断深化改革开放的需要。

一、充分认识更加严格保护知识产权是国家发展战略导向和政策方向，是我国经济转型产业升级的内在要求

我国现代知识产权保护制度主要是改革开放 40 多年来逐步建立的，特别是从 2008 年《国家知识产权战略纲要》颁布到现在，不过才刚 10 多年，我国的知识产权法律法规不断完善，保护水平不断得到全面提升，全社会知识产权保护意识不断强化。可以说，我国知识产权保护制度取得可与发达国家近 200 年相媲美的成就是在很短的时间内发生的。

以党的十九大召开为标志，我国经济社会发展进入新时代，经济由高速度增长转向高质量发展。要建设以科技强国、知识产权强国为重要支撑的社会主义现代化强国，知识产权保护水平必然需要与之相适应。一方面，实施创新驱动发展战略、保护企业家创新精神和产权，严格保护知识产权都是很重要的内容；另一方面，继续维护全球化和国际贸易多边体制也需要同时维护相关知识产权国际规则。

2012 年 2 月 20 日，习近平对爱尔兰进行正式访问。习近平在都柏林出席中国—爱尔兰经贸投资论坛时表示，中国将更加重视保护知识产权，继续为包括爱尔兰企业在内的境内外投资者营造更加公开透明的法律政策环境、更加高效便捷的融资环境和平等竞争的市场环境。

2013 年 3 月 4 日，习近平在参加全国政协十二届一次会议科协、科技界委员联组讨论时的讲话指出，要建立健全优先使用自主创新成果的机制，实行有针对性的优惠政策，促进自主技术、自主品牌、自主标准的成果优先为我国所用。

2013 年 6 月 8 日，习近平在美国加利福尼亚州安纳伯格庄园同奥巴马举行中美元首第二场会晤。关于知识产权保护，习近平强调，中国高度重视知识产权保护，认为知识产权保护不仅是中国履行国际义务的需要，更是中国构建创新型国家、实现自身经济社会发展目标的需要。中国遵守国际条约义务，依法加强知识产权保护。

2013 年 9 月 30 日，习近平在十八届中央政治局第九次集体学习时的讲话指出，要加强知识产权保护工作，依法严惩侵犯知识产权和科技成果的违法犯罪行为。

2014 年 5 月 23 日至 24 日，习近平出席亚信上海峰会后深入中国上海自由贸易试验区，深入企业、园区、科研基地，考察调研经济社会发展情况。习近平指出，当今世界，科技创新已经成为提高综合国力的关键支撑，成为社会生产方式和生活方式变革进步的强大引领，谁牵住了科技创新这个牛鼻子，谁走好了科技创新这步先手棋，谁就能占领先机、赢得优势。要牢牢把握科技进步大方向，瞄准世界科技前沿领域和顶尖水平，力争在基础科技领域有大的创新，在关键核心技术领域取得大的突破。要牢牢把握产业革命大趋势，围绕产业链部署创新链，把科技创新真正落到产业发展上。要牢牢把握集聚人才大举措，加强科研院所和高等院校创新条件建设，完善知识产权运用和保护机制，让各类人才的创新智慧竞相迸发。

2014年8月18日，习近平在中央财经领导小组第七次会议上的讲话指出，科技部要会同相关部门加快研究提出创新驱动发展顶层设计方案，全面分析影响创新驱动发展的体制机制因素，以建设创新型国家为目标，在构建国家创新体系特别是保护知识产权、放宽市场准入、破除垄断和市场分割、建设协同创新平台、加大对创新型小微企业支持力度、完善风险投资机制、财税金融、人才培养与流动、科研院所改革等方面提出长远的政策方案。

2014年8月18日，习近平在中央财经领导小组第七次会议上的讲话还指出，要抓紧修改完善相关法律法规，尽快完成促进科技成果转化法的修订，加快标准化法、反垄断法、公司法以及知识产权保护等方面的法律法规修订工作，研究制定商业秘密保护法、职务发明条例、天使投资条例等。

2015年11月18日，亚太经合组织工商领导人峰会在菲律宾马尼拉举行。习近平应邀出席并发表题为《发挥亚太引领作用　应对世界经济挑战》的主旨演讲指出，我们将更加注重对外开放。我们将实行更加积极主动的开放战略，努力构建开放型经济新体制，提高开放型经济水平。我们将加快推进高标准自由贸易区建设。中国—东盟自由贸易区升级谈判已接近完成，即将发挥其积极效应。中澳、中韩自由贸易协定有望于年内生效，成为推动经济增长的新动力。我们还愿同各方一道尽早完成区域全面经济伙伴关系的谈判，加快中日韩自由贸易区谈判进程。我们将继续推进外商投资管理体制改革，大幅减少外资准入限制，加强知识产权保护，营造公开透明、高效平等的市场环境。

2016年1月18日，习近平在省部级主要领导干部学习贯彻党的十八届五中全会精神专题研讨班上的讲话指出，当今世界，经济社会发展越来越依赖理论、制度、科技、文化等领域的创新，国际竞争新优势也越来越体现在创新能力上。谁在创新上先行一步，谁就能拥有引领发展的主动权。当前，新一轮科技和产业革命蓄势待发，其主要特点是重大颠覆性技术不断涌现，科技成果转化速度加快，产业组织形式和产业链条更具垄断性。世界各主要国家纷纷出台新的城乡战略，加大投入，加强人才、专利、标准等战略性创新资源的争夺。

2016年3月4日，习近平在参加全国政协十二届四次会议民建、工商联界委员联组会时的讲话指出，国家保护各种所有制经济产权和合法利益，坚持权利平等、机会平等、规则平等，废除对非公有制经济各种形式的不合理规定，消除各种隐性壁垒，激发非公有制经济活力和创造力。十八届四中全会提出要"健全以公平为核心的产权保护制度，加强对各种所有制经济组织和责任人财产权的保护，清理有违公平的法律法规条款"。

2017年7月17日，习近平主持召开中央财经领导小组第十六次会议。习近平指出，产权保护特别是知识产权保护是塑造良好营商环境的重要方面。要完善知识产权保护相关法律法规，提高知识产权审查质量和审查效率。要加快新兴领域和业态知识产权保护制度建设。要加大知识产权侵权违法行为惩治力度，让侵权者付出沉重代价。要调动拥有知识产权的自然人和法人的积极性和主动性，提升产权意识，自觉运用法律武器依法维权。

2018年4月10日，习近平在博鳌亚洲论坛2018年年会开幕式主旨演讲中说，加强知识产权保护，这是完善产权保护制度最重要的内容，也是提高中国经济竞争力最大的激励。对此，外资企业有要求，中国企业更有要求。今年，我们将重新组建国家知识产权局，完善执法力量，加大执法力度，把违法成本显著提上去，把法律威慑作用充分发挥出来。我们鼓励中外企业开展正常技术交流合作，保护在华外资企业合法知识产权。同时，我们希望外国政府加强对中国知识产权的保护。

2018年3月7日，习近平参加十三届全国人大一次会议广东代表团审议时强调，要着眼国家战略需求，主动承接国家重大科技项目，引进国内外顶尖科技人才，加强对中小企业创新支持，培育更多具有自主知识产权和核心竞争力的创新型企业。

2018年4月20至21日，习近平在全国网络安全和信息化工作会议上强调，要加强集中统一领导，完善金融、财税、国际贸易、人才、知识产权保护等制度环境，优化市场环境，更好释放各类创新主体创新活力。要培育公平的市场环境，强化知识产权保护，反对垄断和不正当竞争。

2018年5月28日，中国科学院第十九次院士大会、中国工程院第十四次院士大会在人民大会堂隆重开幕。习近平讲话指出，要加大知识产权保护执法力度，完善知识产权服务体系。

2018年8月28日，2018年"一带一路"知识产权高级别会议在北京开幕，习近平向会议致贺信。习近平强调，知识产权制度对促进共建"一带一路"具有重要作用。中国坚定不移实行严格的知识产权保护，依法保护所有企业知识产权，营造良好营商环境和创新环境。希望与会各方加强对话，扩大合作，实现互利共赢，推动更加有效地保护和使用知识产权，共同建设创新之路，更好造福各国人民。

2018年11月5日在首届中国进口博览会开幕式上，习近平明确指出，中国将尊重国际营商惯例，对在中国境内注册的各类企业一视同仁、平等对待。中国将保护外资企业合法权益，坚决依法惩处侵犯外商合法权益特别是侵犯知识产权行为，提高知识产权审查质量和审查效率，引入惩罚性赔偿制度，显著提高违法成本。

2018年11月17日，习近平在巴布亚新几内亚首都莫尔兹比港出席亚太经合组织工商领导人峰会并发表主旨演讲指出，中国将继续大幅放宽市场准入，加强知识产权保护，主动扩大进口。

当前，根据党的十九大要求和习近平总书记的关于知识产权保护的讲话精神，意味着中国知识产权保护进入新时代，有了更高要求。因此，无论是国内高质量高水平发展，还是扩大国际交流合作，都要求对知识产权保护水平有相应提升。换言之，适度匹配的知识产权保护就是在知识产权保护水平与经济发展水平的匹配、知识产权保护与产业升级的互动匹配、知识产权保护的国内与国外的互动匹配、知识产权保护的政府与社会各界的互动匹配等方面，都将进入一个新的发展阶段，需要达成一个新的平衡。

二、积极调动全社会参与知识产权保护的积极性，形成多种途径多方式的知识产权大保护格局

建设多利益主体参与的知识产权保护体系是国家和地区知识产权治理体系的核心内容，是知识产权发挥对创新激励作用的基本政策导向。

不论是企业家还是普通公民，不论是拥有知识产权的自然人还是法人，都需要全面提升产权保护意识，包括知识产权等无形财产意识，既要做到有信誉、不违法、不侵权，也要做到未雨绸缪，加强监测预警等，把知识产权保护纳入企业的经常性日常性工作；还要在自己的知识产权受到侵权时，主动运用法律等武器，保护自己应有的产权利益。以下笔者整理归纳的八种保护知识产权途径，构成了以司法保护为主导、行政执法与司法保护有机衔接、社会各界广泛参与的大保护体系。

在我国司法制度和现实的信用体系下，我国知识产权保护体系建设客观上需要强调社会广泛参与的必要性。因此，从知识产权保护的实际状况、现实需要出发，知识产权保护的治理体系、纠纷解决机制，需要在知识产权保护的公平与效率之间寻求各方可接受的平衡。

1. 司法保护

所谓知识产权司法保护是指通过司法途径对知识产权加以保护，包括知识产权审判、刑事侦查、公诉以及法院享有终裁权的行政行为等一切保护手段与环节。也有人认为司法保护主要是指人民法院通过知识产权民事、行政或刑事案件的司法审判实现对知识产权权利人合法利益的保护，也就是我们俗称的上法院"打官司"，特别是通过诉讼的形式，取得法律上的有利地位，让侵犯知识产权者停止违法甚至是犯罪行为，严重的侵权者还会得到相应的惩罚。

知识产权制度首先是一种保护知识产权的法律制度，也就是通过国家立法，给予知识创造者、生产者以财产权利。所以知识产权司法保护是主

体保护渠道，居于知识产权保护的重要位置。知识产权侵权特别是专利技术侵权的技术性、专业性很强，需要树立知识产权司法保护的权威性和严肃性，所以司法审判客观上成为司法保护的主导力量，这也正是我国逐步建立起以知识产权法院、知识产权法庭为主干的知识产权司法保护体系的原因。

随着严格保护知识产权政策的落实，知识产权司法保护特别是司法审判方式的保护，将会在整个保护体系和科技创新法治信用体系建设中起到基础性作用，而且预计将逐步加大对恶意侵权的赔偿惩处力度；查处大案要案的示范作用更明显。

2. 行政保护

行政保护是以司法保护为主、行政保护为辅的我国知识产权双轨制保护模式的组成部分，行政保护在我国知识产权保护中一直占有比西方发达国家更大的比例。其实，像海关知识产权保护等行政保护，也是西方发达国家普遍在使用的知识产权保护方式，只是因为我国国家和地方知识产权行政机构如国家知识产权局、原国家工商行政管理总局、国家版权局、海关总署等具有行政执法职能，或比西方国家更多采取与专门执法机关共同行使知识产权保护行政权维护知识产权权利人的合法权益，使得我国行政保护更为突出和频繁而已。我国行政保护在打击假冒伪劣产品维护市场竞争环境、维护进出口秩序、展会知识产权保护等场合发挥的作用更为突出。

行政保护存在的合理性在于：一方面，知识产权保护专业性极强，涉及面很宽，我国行政权力长期相对较大，加上知识产权的司法保护体系建设、能力形成需要较长的过程，所以长期以来，知识产权的行政性保护如集中性打假打非等仍然起到抑制大规模严重侵权行为的作用；另一方面，知识产权权利人特别是专利权人，通过司法途径保护自身合法权益时，仍面临着取证困难、诉讼周期长、成本高等问题，同时，专利权及其市场价值具有很强的时效性，这种矛盾使得不少权利人怕打官司、打不起官司，或出现"赢了官司、输了企业"的局面，而行政保护则具有相对快速维权的特点。

国家知识产权局在全国各地开展针对区域重点产业的知识产权保护中心建设，这对于提高专业化的行业知识产权保护水平，有效保护重点产业、重点企业的知识产权利益，可能成为一种重要的行政（公共）保护措施。同时，结合自贸区升级版建设，结合自贸港建设，进一步加强海关知识产权保护；在知识产权保护领域深化放管服改革，营造更好的知识产权保护氛围和营商环境；推进自贸区"三合一"知识产权综合管理改革试点，为建设推进知识产权保护行政管理新机制提供支撑。

3. 专业化企业保护

除了司法保护和行政保护的两大主流渠道外，动员社会力量参与知识产权保护工作，未来需要引起更为广泛的关注。总的导向是，在政策上，要鼓励动员更多社会力量参与知识产权保护体系的建设，为各类民间力量发挥主动性、积极性、创造性，留有更广阔的发展空间，共同构建社会化保护体系和多元化知识产权纠纷解决机制。

在社会化知识产权保护体系方面，首先值得重视的，是以知识产权保护为主要盈利业务的专业化知识产权保护企业的发展。一般而言，从知识产权的权利视角，可以将知识产权服务分为获权服务、用权服务和维权服务，形成一个完整的权利服务链。所谓知识产权专业化的企业保护就是鼓励企业利用新科技、新模式，通过市场机制，为其他知识产权主体提供专业化知识产权保护服务，包括提供知识产权法律服务的律师事务所、提供品牌保护的品牌假冒行为网络监测服务、提供数据检索分析的知识产权预警服务等。

专业化企业保护是纯市场行为，随着大数据技术、智能科技的广泛应用，许多知识产权保护事务将逐步走向网络化、智能化，一大批知识产权保护服务企业的发展前景看好，保护服务成为知识产权服务业的一个重要组成部分。

4. 纠纷仲裁调解

纠纷仲裁与调解是有赖于建立对第三方保护机构信任的知识产权快速保护机制。在国家层面，近年来，国家知识产权局开展了知识产权纠纷仲裁调解试点工作。按照国家知识产权局的要求，地方知识产权管理部门要会同相关部门做好各个环节的衔接配合，进一步完善知识产权纠纷仲裁调解工作模式，为权利人提供高效、便捷的知识产权纠纷解决路径。

建立知识产权纠纷的仲裁调解机制，是一种与国际接轨的知识产权纠纷处理制度安排。许多知识产权纠纷的当事方乐于选择仲裁机构，除了不愿意费时费力费钱去走法律程序，还在于仲裁调解机构具有中立性、保密性、高效专业、节约时间和费用等优点，给纠纷双方更多选择，尤其对商业秘密纠纷的解决带来更好选择。

在我国，人民调解组织、社会团体、律师、专家、仲裁机构都可以在纠纷仲裁调解中起一定作用。中国国际商会和各地都设立了仲裁委员会或仲裁中心，扩展知识产权纠纷仲裁业务水到渠成。

人民调解委员会的设立则是一种具有中国特色的知识产权纠纷快速处理制度安排。中国专利保护协会成立人民调解委员会的简介介绍，设立人民调解委员会的目的是完善知识产权纠纷多元化解机制，着力破解知识产权保护周期长、成本高等难题，为知识产权纠纷提供快速、灵活的解决渠道，作为构建知识产权"大保护"工作格局及知识产权纠纷多元解决机制的重要一环，与知识产权行政、司法保护等途径形成合力，为相关产业的发展保驾护航。调解委员会的调解工作将以专利、技术秘密等为重点，并兼顾相关领域知识产权案件，努力为企业解忧，为创新添力。

5. 平台企业保护

随着互联网技术的不断进步，互联网平台型企业在经济发展方方面面的作用与影响日益突出。平台型企业成长为新的经济体，演变为一种产业生态、网络社区形态，在很多方面已经超出了传统企业的功能。由平台型企业对平台生态系统相关主体的知识产权进行自我监测、自我约束、及时提醒和限制知识产权违法违规行为等，成为一种必然，也是政府对平台企业的监管要求。对于提供内容服务、自营商品的网络平台企业更是负有保护知识产权的义务。

以阿里巴巴集团成立阿里巴巴知识产权研究院为标志，平台企业将在未来新经济条件下知识产权保护中发挥越来越大的作用。阿里巴巴知识产权研究院发布的第一份研究报告——《中国电子商务知识产权保护回顾与展望》，指出电子商务所特有的广域性、即时性、虚拟性、互动性等特点给知识产权保护带来了巨大挑战，为应对这些挑战，包括司法机关、行政机关、电子商务平台、权利人、消费者等在内的相关主体积极探索符合市场规律、创新、高效、多方共治的知识产权保护模式，实现了数据时代知识产权保护的变道超车，形成了具有鲜明特色的中国经验。其中将平台列入保护主体。

6. 联盟保护

通过构建专利组合形成产业知识产权（专利）联盟，或通过构建专利池尤其是标准专利池形成的产业知识产权（专利）联盟，是今后产业知识产权保护的重要方向。前者一般适用于产业竞争实力不强，属于在全球或区域性竞争中比较弱小的行业。后者强调权利集合基础上的对外授权，是专利联盟的高级阶段，一般只有具有核心技术的标准专利才能进入专利池，并由此形成一个公开的许可交易平台。

2015 年 4 月，国家知识产权局印发了《产业知识产权联盟建设指南》。以此为开端，为促进知识产权与产业发展深度融合，深化产业专利协同保护运用的产业知识产权联盟建设被提升到一个新的高度。到 2016 年 1 月，经有关省、自治区、直辖市知识产权局等单位推荐，国家知识产权局集中审核，有 56 家联盟符合以上指南有关要求，予以备案。

我国产业知识产权联盟这一协同创新、协同保护方式得到企业的广泛关注，但仍处于发展起步阶段。通过各级政府的引导和支持，产业知识产权联盟对于中小企业有效解决专利积累不足、企业支付的专利许可费过高、遇到专利纠纷常常孤军奋战、生产制造面临的侵权风险等问题，与产业内的骨干企业、高校与科研院所构筑有效的产学研协同研发、知识产权的协同保护与运营，都具有重要作用。

7. 公益组织的保护

我们知道，知识产权除了市场价值、经济利益，还兼具社会价值。政府作为知识产权的立法主体，知识产权法律也要体现政府意志和导向，既要保护知识产权权利人的利益，起到激励创新的作用，也要保护公共利益以及知识产权使用者、消费者的利益。在知识产权国际化的环境下，还要考虑对外贸易与合作各方的利益，促进知识产权各种利益平衡发展，是知识产权制度的重要功能之一。正是由于知识产权具有多重价值属性，加上知识产权事业发展时间不长，社会尊重产权、尊重创造的意识普遍缺乏，所以关心、关注知识产权保护的主体也必然会是多元的，社会公益组织包括社会志愿组织在内，也就有了参与知识产权保护的动力和愿望。

早在 2008 年，北京市保护知识产权举报投诉服务中心就组建了首都保护知识产权志愿服务总队（以下简称"服务总队"），主要面向全市企业、高校、街区，开展保护知识产权宣传培训、法律咨询、专项援助等志愿服务活动。服务总队由志愿专家、大学生、街区工作者三支分队组成，志愿者人数超过 1500 人。知识产权志愿组织等公益组织的活动多集中在宣传、普及相关法律法规、知识产权知识等，在保护领域的深度服务，如更多公益组织参与打假、参与侵权监控、参与侵权举报举证等还较欠缺。

8. 行业协会保护

行业协会、各种商会组织作为自律、互助、互惠的组织，也可以通过建立共同章程，在会员中形成尊重保护知识产权的自律机制；政府也可以充分信任和发挥行业协会、商会等行业组织的自律自治保护、共同保护、协同保护的作用。

三、企业"走出去"与知识产权护航

1. "走出去"企业面临的主要问题及知识产权保护需求

根据天津市科学学研究所的问卷调查，天津市企业"走出去"面临的问题包括：

一是企业不熟悉海外知识产权法律。普遍面临不熟悉产品输出地的知识产权相关法律、知识产权标准等非关税壁垒，缺乏权威专业机构的咨询指导，遭遇海外知识产权诉讼，缺乏专业化的知识产权运营团队等各种问题。其中，50% 的"走出去"企业都面临不熟悉产品输出地的知识产权相关法律问题，这也是"走出去"企业在海外面临的主要问题、共性问题。

二是天津市高水平的海外知识产权服务机构少。天津市服务于企业海

外知识产权保护、侵权纠纷、维权等业务的专业机构很少，38.04%的"走出去"企业缺乏专业化的知识产权运营团队，35.87%的"走出去"企业缺乏权威机构的咨询指导，并且绝大多数知识产权服务机构的服务水平远未达到国际服务水准要求，许多服务机构甚至还从未接触过海外知识产权保护案件。

三是知识产权政策支撑条件不足。天津市尚未明确出台服务于"走出去"企业的知识产权保护政策。目前的政策主要是支持企业海外知识产权申请方面，对于海外维权、诉讼等还没有明确的政策文件支持，缺乏对"走出去"企业进行海外知识产权保护的系统化支持政策布局。

"走出去"企业的主要需求包括：

一是企业国际化发展需求旺盛，是转型发展的必然。95%的企业认为有需求，其中，26%的企业认为有较多需求。

二是企业对专业机构咨询服务需求尤为迫切。50%的企业认为需要专业机构的咨询服务，其他依次为海外知识产权保护培训服务、专业化的知识产权人才引进、知识产权保护信息服务、知识产权海外申请代理、知识产权海外预警战略制定、知识产权海外运营管理服务。

三是不同领域的企业需求重点差异较大。高端设备制造领域企业主要需求是海外知识产权保护培训服务和专业机构的咨询服务；新材料领域企业主要需求是海外知识产权保护培训服务、专业机构的咨询服务和专业化的知识产权人才引进；电子信息领域企业主要需求是专业机构的咨询服务和专业化的知识产权人才引进；生物与新医药领域企业主要需求是海外知识产权保护培训服务和专业机构的咨询服务。

四是部分企业希望进一步加强对"走出去"企业海外专利申请的资助支持额度，减少海外专利申请负担；与国内高校、科研院所加强合作，开展知识产权人才联合培养，共建研究生实习基地、博士后工作站等，解决企业海外知识产权人才短缺的问题；希望放宽对"走出去"企业高新技术企业认定、技术先进型企业认定等条件限制，进一步降低企业的税负。

2. 知识产权为"走出去"企业护航的方式

一是战略先行，制定企业"走出去"知识产权战略。知识产权的战略性涉及知识产权管理、运用的全局，体现了知识产权运用对运用主体的统领意义，具有最高利益特性。知识产权具有战略性，显然是由于知识经济兴起，知识产权作为无形资产价值不断提升的结果。无论是一个国家、一个地区还是一个企业，创造财富、获取经济效益的核心都正在由有形资产逐步转向无形资产，知识产权资本崛起并成为经济竞争的焦点。企业"走出去"知识产权战略是企业整体战略的一部分，是企业知识产权战略的一部分，没有战略，"走出去"面临的不确定性与风险是难以控制的。

二是预则立，做好知识产权预警预判。各类主体特别是企业"走出去"，要树立全方位知识产权风险意识，积极建立专利预警制度，开展专利预警分析评议。要主动了解和熟悉国际贸易与知识产权规则、"一带一路"沿线国家的知识产权制度，以及潜在主要的竞争对手知识产权储备情况。

三是创新为本，知识产权布局是根基。海外知识产权布局是知识产权战略的一部分，需要从一个项目的整体目标或者企业发展的商业目标出发，考虑知识产权申请、保护如何帮助企业实现商业目标。在战略导向下，布局工作越早做越好，如全球主要国家的专利申请都采用"先申请原则"。在哪些国家和地区进行布局需要考虑主要目标市场国家和生产地、竞争对手目标市场和生产地、当地国家的专利制度是否健全、货物的运输途径、展会所在地等因素综合分析决定，在"一带一路"沿线大国和技术先进重要国家更为有效，如印度、俄罗斯以及新加坡等东盟重要国家。

四是价值获取，通过知识产权运营获取最大利益。通过转让、许可、产业化、出资等方式，获取最大资产价值权益。遇到侵权和被诉，要积极应对，用法律保护自身权利，在竞争中获得有利地位。

3. 知识产权为"走出去"企业护航的策略

一是知识产权专业化服务护航策略。包括聘请专业化知识产权服务机构，开展专业化尽职调查与预警分析评议；聘请律师事务所开展专业知识产权法律咨询服务；聘请智库开展专业化战略策略咨询服务，如"一带一路"沿线国家的知识产权政策等相关信息是我国企业参与"一带一路"建设的重要资源，专业化智库了解信息，可以为我国企业咨询政策等信息提供便利。

二是借助政府和公共服务资源与力量。一旦产生纠纷，政府部门和公共服务机构是企业在海外市场处理纠纷的坚强后盾，如北京市保护知识产权举报投诉服务中心（北京 12330）的企业海外知识产权维权援助项目。在人员培训、专业化服务、信息支持等方面，也可以更多借力政府的帮助和公共服务机构的支持。

三是商标与品牌保护先行。大数据显示，从公开的裁判文书来看，"一带一路"相关知产类案件，涉及商标权、专利权、反不正当竞争、著作权、计算机网络域名五个领域，其中商标权纠纷占比高达88%，专利权纠纷约占 7.4%，反不正当竞争与著作权纠纷仅占 3% 和 1.6%。2016 年才出现第一例计算机网络域名纠纷。

四是适度借助本土力量化解风险。对不少法律不健全、知识产权保护薄弱的国家和地区，需要用本土力量的影响力来达到调解纠纷的目的。

四、知识产权运用与政府知识产权保护的公共职能的协同

2018 年 11 月 21 日，国家发展改革委联合人民银行、国家知识产权局、中央组织部等 37 个部门、单位共同印发《关于对知识产权（专利）领域严重失信主体开展联合惩戒的合作备忘录》的通知（以下简称《通知》），对知识产权领域严重失信主体开展联合惩戒，构建知识产权保护信用体系。该《通知》明确了联合惩戒的严重失信者对象及其失信行为、联合惩戒的实施方式、惩戒的措施有 38 条之多，可以说失信者将付出前所未有的代价，所以，惩戒措施多，侵权、失信须停止。要点包括：

（1）无论是法人、非法人组织，还是个人，都可能成为被联合惩戒的严重失信者对象。

（2）明确了六类知识产权（专利）领域严重失信行为，包括：重复专利侵权行为；不依法执行行为；专利代理严重违法行为；专利代理人资格证书挂靠行为；非正常申请专利行为；提供虚假文件行为。

（3）38条联合惩戒措施，包括国家知识产权局采取的惩戒措施5条，跨部门联合惩戒措施33条。

第九章

知识产权运用与科技创新政策协同

知识产权得到使用者的价值尊重并实际运用，为使用者带来经济与社会效益，最终改进社会福利，其前提是建立在社会重视创新、尊重创造的基础上的。换言之，高质量知识产权来源于高水平知识产权创造，来源于高水平原创成果的生产。

总体来看，知识产权与创新的关系是天然密切的，但在政策上的协同一直是未得到重视的。

不过，这一问题的学术研究并不少见，近年来也开始得到世界知识产权组织的关注。例如，英国曼彻斯特大学曼彻斯特创新研究所受世界知识产权组织（WIPO）的委托，于2015年7月发布了知识产权与创新政策制定关系的文献（2000—2015年）综述，主要发现如下：

有关知识产权与创新关系的文献量是巨大的，但文献对知识产权与创新的关联度的研究并没有明确的聚焦点。可以识别出知识产权与创新政策关系的三种类型：一是制度变革，即通过知识产权制度变革旨在强化创新及其商业化，例如《拜杜法案》。二是作为一种有效政策工具，即把知识产权作为创新政策设计的重要因素，例如所谓的专利盒（在欧洲国家的一种税收优惠，即在研发成果转化阶段优惠政策制度，一般规定企业转让知识产权等取得的收入适用较低的税率或者是免税）。三是知识产权对创新政策的偶发性的、非预期影响，主要发生在提供知识产权管理支持时，包括知识产权与公共采购、改进创新主体之间联系互动等。

该报告建议：一是在强化大学的创新及其商业化与大学拥有专利所有权积极影响之间寻求平衡；二是为更好理解专利盒作为创新政策工具提供支持；三是为中小企业的知识产权管理、法律问题，以及如何用好数据检索提供支持；四是支持成员国理解知识产权对于公共采购的重要性；五是为理解知识产权与网络、协作、集群创新政策，知识产权与研发合作政策、知识产权与开放创新政策等方面提供支持；六是创新政策制定者与知识产权的政策制定者需要相互深入理解对方领域的细节。

近年来，我国在科技创新政策制定中，知识产权特别是体现关键核心技术的发明专利得到重视，在国家高新技术企业认定、重大科技项目支持、研发经费加计扣除、企业在资本市场融资等方面都设置了相应的条件，对引导企业重视知识产权创造起到了积极作用。

本章以科技成果转化政策、建立增加以知识价值为导向的激励机制政策为例，显示知识产权运用与科技创新政策的协同之必要、协同之方法。

一、科技成果转移、转化与知识产权运营的协同

许多人可能会有疑问，为什么一个地区设立了技术交易所，又会设立知识产权交易所；为什么已经有了成果转化服务中心，又会出现知识产权运营中心；为什么已经有许多科技风险投资基金、天使基金，又会设立许多知识产权风险或天使基金。这难道都是政府管理上的部门分割所带来的，抑或还有其他缘由？

长期以来，科技成果转化与技术转移一直就是一个中国科技体制改革和创新发展的热点问题，而知识产权运营则是随着 2008 年颁布《国家知识产权战略纲要》并提出"激励创造、有效运用、依法保护、科学管理"的 16 字方针后逐渐成为新的热点的。

科技成果转化、技术转移与知识产权运营的异同，不仅仅是称谓不同、所属管理部门不同这么简单，这里笔者试着就三者之间的异同做一些

比较。只有把它们之间的关系理清楚，才能了解其相互协同的必要性。

1. 词义上的比较

科技成果转化：按照 2015 年修订的《中华人民共和国促进科技成果转化法》，科技成果是指通过科学研究与技术开发所产生的具有实用价值的成果。科技成果转化，是指为提高生产力水平而对科技成果所进行的后续试验、开发、应用、推广直至形成新技术、新工艺、新材料、新产品，发展新产业等活动。

技术转移：依据 2013 年《深圳经济特区技术转移条例》的表述，技术转移，是指将制造某种产品、应用某种工艺或者提供某种服务的系统知识从技术供给方向技术需求方转移，包括科技成果、信息、能力（统称技术成果）的转让、移植、引进、运用、交流和推广。

知识产权运营：知识产权运用是一个更广泛的概念，包括知识产权运营在内。而知识产权运营，则主要指发挥知识产权的资产价值，实现知识产权的经济功能。国家知识产权局在部署知识产权运营试点企业工作时给出的知识产权运营的定义是，知识产权运营强调实现知识产权经济价值为直接目的，是促成知识产权流通和利用的商业活动行为。具体模式包括知识产权的许可、转让、融资、产业化、作价入股、专利池集成运作、专利标准化等，涵盖知识产权价值评估和交易经纪，以及基于特定专利运用目标的专利分析服务。

从以上比较权威的定义可以看出，三个词语在词义上还是有一定差别的，在实践中也是各有侧重的。科技成果转化强调科技成果变为生产力的过程，是科技成果本身的商业化和产业化过程，是创新的过程；技术转移强调的是知识从甲方到乙方的转移，或者是从甲地到乙地的转移，统称为供方向需方的转移；知识产权运营则强调的是产权明晰的各种知识产权的多样化经济价值实现过程，产业化只是其中之一，技术转移也只是其中之一。

所以仅从词义上说，知识产权运用或运营是更为宽泛的概念，不论从主体还是客体看，特别是从主体看，知识产权运营涉及的面最大，技术转移次之，科技成果转化最小，虽然三者之间不是完全的包含关系。另外，科技成果转化与技术转移在很大程度上有重叠交叉。

《国务院关于河北雄安新区总体规划（2018—2035 年）的批复》指出："建设国际一流的创新型城市。要实施创新驱动发展战略，高起点布局高端高新产业，改革创新人才发展机制，集聚国内外高端创新要素，优化雄安新区创新创业生态，建设实体经济、科技创新、现代金融、人力资源协同发展的现代产业体系。建设国际一流的科技创新平台和科技教育基础设施，引进和培育创新型企业，推动形成以企业为主体、市场为导向、产学研深度融合的技术创新体系，推进京津冀协同创新，促进军民融合创新，主动融入全球创新。强化知识产权保护及综合运用，促进科技成果转移转化。"正式文件中，把知识产权保护及综合运用与促进科技成果转移转化放在单个句子中，且在顺序上把知识产权综合运用放在前，是具有内在合理性的。

2. **主体的比较**

科技成果转化：显然，研究开发机构、高等院校和企业是科技成果转化的主体，企业是承接和应用研究开发机构、高等院校的成果的核心主体。需要注意的是，社会各界特别是政府政策关注的焦点是政府支持下取得的科技成果拥有者，即研究开发机构、高等院校这两类主体。难点也在于如何调动研究开发机构、高等院校转化科技成果的积极性和主动性，企业作为科技成果转化应用的接受者，则被认为基本不存在科技成果转化问题。

技术转移：技术转移主体与科技成果转化的主体基本是一致的，但是社会各界特别是政府政策关注点却不一样，政策虽然也关注研究开发机构、高等院校如何把知识转移到企业，但同时也关注技术实力强的大企业如何把技术知识转移到其他小企业，关注发达地区如何把技术转移应用到不发达地区，关注如何把国外的技术转移到国内，关注绿色环保技术在全社会的转移应用，关注新兴技术对传统行业的升级提升作用等，可见技术转移在一定程度上更为关注社会公共性，注重公益性质的技术应用带来的技术进步。

知识产权运营：知识产权运营的主体仍然可以概括为研究开发机构、

高等院校和企业，但与科技成果转化及技术转移的不同在于：知识产权运营更加显示出企业的主体作用，因为企业不仅是知识产权创造的绝对主体，也是知识产权运营的绝对主体。

3. 客体的比较

科技成果转化：科技成果以其表现形式主要分为以下几种：①技术方案；②新设计；③技术秘密；④工艺图纸；⑤计算机软件；⑥论文；⑦集成电路；⑧生物品种；⑨科学发现。

技术转移：大体上，技术转移中的技术客体与科技成果转化中的科技成果客体是大同小异的，但技术转移客体一般不包括基础研究的成果形式即科学发现。

知识产权运营：知识产权运营客体包括的范围要宽广得多，且还在不断扩展。主要有：专利、商标、版权、技术秘密权、反不正当竞争保护的权利、集成电路布图设计专有权、地理标志、传统知识、植物新品种权、域名等。可见知识产权保护的客体对象包含了科技成果或技术的几乎所有的内容，还包括商标、域名等可能一般理解不属于科技成果范畴的内容。

4. 实现资产价值方式的比较

科技成果、技术及其载体、知识产权都是知识资产，是新的创新要素，从这一点看，其本质是相同的，但它们实现资产价值的方式是有差别的。

科技成果转化：《促进科技成果转化法》规定了科技成果转化的六种方式：①自行投资实施转化；②向他人转让该科技成果；③许可他人使用该科技成果；④以该科技成果作为合作条件，与他人共同实施转化；⑤以该科技成果作价投资，折算股份或者出资比例；⑥其他协商确定的方式。事实上，实践中的科技成果转化包含了广义的"四技"活动，即技术开发、技术转让、技术服务、技术咨询。

技术转移：技术转移的方式，一般理解得相对简单，以贸易化流通为主要方式，主要是转让、许可、并购、合作及作价投资，包括技术的国际进出口；但一般不包括自行转化。

知识产权运营：以专利为例，大致可以归纳为以下几类运营方式。一是产业化实施：又可以细分为知识产权转化和知识产权创业，通常来看，知识产权运营中的产业化实施与科技成果转化的范围、方式基本差不多。二是贸易化流通：贸易化流通是知识产权运营的基础性方式，主要包括许可、转让、并购、技术进出口等。知识产权运营中的贸易化流通与通常意义上的技术转移大同小异。三是货币化融资：货币化融资，是知识产权价值金融化的直接体现，主要包括知识产权出资、知识产权融资两个类别。四是组合化运用：组合化运用是将行业或产品的关联专利进行有效组合，形成专利聚合器，替代单个企业、单一技术专利的一种专利运营方式，主要包括标准必要专利组合、收购构建专利池、建立知识产权联盟等形式。五是法律维权：法律维权是指通过谈判、依法诉讼等方式，从而获得实施许可费、侵权赔偿费，一般来说，采取这种方式的多为技术实力强的大型科技公司，或专利组合多的非专利实施实体。

从商标运营角度看，其运营方式还有特许经营、定制加工等方式。

5. 管理部门的比较

从政府主管部门看，科技成果转化基本由科技、教育部门主管；技术转移除了科技、教育部门，由于其涉及国际进出口贸易，所以还包括商务部门；知识产权运营主要由知识产权部门主管，但也涉及科技、教育、商务、信息化、农林等部门。

6. 国际国内用语的比较

科技成果转化：科技放在一起使用，是中国特色的使用方式，事实上，不少科学发现即对事物规律性的认识在很长的时期内，甚至永远不能实现产业化的转化。所以国内通常使用的科技成果转化是指可以转化的科学研究与技术开发的成果。国际上相对应的用语比较恰当的可能是 commercialization of new technology。

技术转移（technology transfer）在国内外通用，争议不大。

知识产权运营：国际上笼统研究知识产权运营问题的好像也不多见。国际用语上，使用无形资产运营或管理，即 intangible assets operation or management 来交流可能容易理解一些。

二、建立以增加知识价值为导向的激励机制，促进知识要素的转化、转移与应用

综合来看，科技成果转化、技术转移和知识产权运营都属于无形资产，特别是知识性、技术性资产运用的范畴，都是知识资产的价值实现过程。知识资产在实现其价值的过程中，产权问题很重要。但三者不论在词义上，还是在各自涉及的主体、客体上，都存在很大程度的相互交叉，也存在一定的差异。弄清楚差异，有助于避免政策上的混乱，有利于部门间的协同和合作，避免重复和交叉。

但是，从根本上讲，知识资产的变现，实现其经济社会价值，都是人的主观能动行为。因此，建立以增加知识价值为导向的分配激励机制，成为促进科技成果转化、技术转移和知识产权运用的关键环节。

1. 建立以增加知识价值为导向的激励机制的重大意义

（1）建设以增加知识价值为导向的激励机制的目的是充分挖掘我国丰富的人才智慧资源。我国既是人口大国，也是人才资源丰富的国家。我国14亿多人大脑中蕴藏的智慧资源是最宝贵的。要着力完善人才发展机制，最大限度地支持和鼓励科技人员创新创造。知识就是力量，人才就是未来。加快实施创新驱动发展战略，人才是第一资源、第一要素。2015年3月5日，习近平参加全国两会上海代表团审议时表示，功以才成，业由才广。人才是创新的根基，创新驱动实质上是人才驱动，谁拥有一流的创新人才，谁就拥有了科技创新的优势和主导权。可见，习近平总书记高度重视知识的力量，高度重视人的智慧，把挖掘14亿多人大脑中蕴藏的智慧资源作为治国理政之利器。

（2）建设以增加知识价值为导向的激励机制的核心是充分体现人才的知识价值。习近平总书记高度重视从增加知识价值角度激励人才，并体现在收入分配上。2013年12月10日在中央经济工作会议上的讲话中，习近平指出，要强化激励，用好人才，使发明者、创新者能够合理分享创新收益。2016年4月19日，习近平主持召开网络安全和信息化工作座谈会并

发表重要讲话指出，要建立灵活的人才激励机制，让作出贡献的人才有成就感、获得感。要探索网信领域科研成果、知识产权归属、利益分配机制，在人才入股、技术入股以及税收方面制定专门政策。从一点而观全面，习近平总书记这一论述不仅适用于网信领域，对其他各行各业无疑都是适用的，体现了知识经济时代，人才的知识资本化、知识资本产权化的发展大势。反过来，提高分配结构中知识价值的比例、重视知识产权制度在分配和激励中的法律保障作用，才能充分体现知识经济和智慧社会中的人才价值，建立完善增加知识价值为导向的激励机制就理所当然成为人才激励机制建设的核心内容。

（3）建设以增加知识价值为导向的激励机制的关键是完善以增加知识价值为导向的分配政策。2016 年 5 月 30 日，习近平在《为建设世界科技强国而奋斗》的讲话中强调，要改革科技评价制度，建立以科技创新质量、贡献、绩效为导向的分类评价体系，正确评价科技创新成果的科学价值、技术价值、经济价值、社会价值、文化价值。在这篇重要文献中，习近平进一步强调，要加强知识产权保护，积极实行以增加知识价值为导向的分配政策，包括提高科研人员成果转化收益分享比例，探索对创新人才实行股权、期权、分红等激励措施，让他们各得其所。可见，习近平总书记不仅高度重视创新的多种价值，也是知识创造的多种功能与价值，而且高度重视知识参与分配的政策导向，明确提出了要积极实行以增加知识价值为导向的分配政策，提出了包括股权激励在内的多种分配措施。

（4）建设以增加知识价值为导向的激励机制的保障是充分落实党和国家的各项体制机制改革措施。2016 年 5 月 6 日，学习贯彻《关于深化人才发展体制机制改革的意见》座谈会在京召开，习近平就深化人才发展体制机制改革作出重要指示时指出，要加大改革落实工作力度，把《关于深化人才发展体制机制改革的意见》落到实处，加快构建具有全球竞争力的人才制度体系，聚天下英才而用之。要着力破除体制机制障碍，向用人主体放权，为人才松绑，让人才创新创造活力充分迸发，使各方面人才各得其所、尽展其长。可以说，中央在创新和人才体制机制改革方面发布了一系列政策文件，创新驱动与创新改革措施的"四梁八柱"已经基本建立起来了。习近平总书记多次强调，改革一分部署，九分落实。落实的关键在于认识到位，在于解放思想，在于更新理念，在于措施到位。

2. 建立以增加知识价值为导向的激励机制是新时代调动创新创业人才积极性主动性创造性的根本途径

（1）知识要素是新时代新生产要素的不可或缺的部分。我们所处的新时代是知识经济时代，新的科技革命和产业革命正在加速孕育，以新知识生产为核心的新技术新理论及大数据等新生产要素必将成为人类经济社会发展的新动能。国务院办公厅出台的国办发〔2017〕4号《关于创新管理优化服务 培育壮大经济发展新动能 加快新旧动能接续转换的意见》，提出"培育新动能需要新的要素支撑。要加快相关领域改革，促进知识、技术、信息、数据等新生产要素合理流动、有效集聚，充分发挥其放大社会生产力的乘数效应"。知识等新生产要素不仅是社会生产力必不可少的有机构成，而且具有放大社会生产力的乘数效应。因此，加快用人才、技术、知识、数据、信息等新生产要素置换传统的土地、矿产、劳动力等生产要素，是适应新时代生产力发展必然要求，是加快推进供给侧结构性改革的主要内容。知识是看不见摸不着的，知识蕴藏在人才的头脑中，要把人才与知识作为生产要素发挥出来，就需要有与之相适应的激励机制。

（2）知识资本是知识经济社会越来越重要的资本构成。知识经济社会最重要的特点是知识人格化、人才资本化、知识资本产权化。以增加知识价值为导向的激励机制的建立，充分反映了知识资本参与分配，体现知识的生产价值的分配导向。中共中央办公厅、国务院办公厅发布《关于实行以增加知识价值为导向分配政策的若干意见》（本章以下简称《意见》），是我国全面创新改革特别是科技体制改革和人才体制机制改革的一项重大政策性改革，充分体现了党中央对知识价值和智力劳动的尊重，对知识资本在分配体系中处于不可忽略的重要地位的认可。世界知识产权组织总干事Francis Gurry在一次演讲中指出，财富500强企业的资产构成中，1978年为有形资产占95%，无形资产仅占5%，但到了2010年，有形资产降低到20%，而无形资产则提高到80%，这代表了企业投资的趋势，企业竞争优势也体现在知识资本上，尤其是体现在技术、设计等创新方面。劳动创造价值是马克思主义的基本观点，智力劳动是劳动的重要形式。按照多劳多得分配原则，付出的智力劳动越多，创造的知识价值越大，理当获得更多收入分配。正像国务院新闻办公室于2016年11月10日举行新闻发布会所解读的，当今世界已经进入知识经济时代，中国也正在加快实施创新驱动发展战略，这个文件是顺应世界潮流，契合我国发展的阶段性特征的一个文件。

（3）知识价值是当今双创型新经济时代人才价值的主要体现形式。毋庸置疑，在移动互联网、智能化社会新时代，创新创业型新经济正在改变我们对人才价值的认知。平台型企业、具有互联网基因的新企业发展迅猛，占据行业市值前列的不再是传统的石油、零售巨头，而是苹果、谷歌、特斯拉、亚马逊等新经济领头羊。独角兽企业的出现改变了人们对企业成长的传统认知。以科学为导向的创业，以技术创业为导向的创新，在以创新创业为特征的新经济中，人才的知识价值不断被重估。因此，我们必须不断适应创新创业新经济的发展趋势，以《意见》的精神为指引，采取技术入股、人才干股等多种方式体现知识、技术、人才的资本价值，以分红权、期权等多种形式给人才以最大激励，把人才的创造活力充分发挥出来，把人才的知识价值充分展示出来，形成良好的创新创业大氛围大环境。

（4）实行以增加知识价值为导向的分配机制是加快创新创业发展、培育创新型经济的迫切需要。总体来看，科技人才成为中国双创生力军，创新创业加快发展，推动了一批新产业、新业态快速发展，近年来我国新一代信息科技、航空航天科技、生物医药产业、新能源、新材料等新兴产业加快发展，新经济发展活力显著提升。但是，在实践中仍然存在一些制约科研人员创新创业的制度因素，如科研人员创业动力不足，激励机制有待加强；受工资总额限制，不少科研院所和高校难以将以增加知识价值为导向的激励机制真正落到实处。这就需要对症下药，深化改革，加强服务，给科研院所和高校、国有企业更多自主权，解决其后顾之忧和政策不配套的制约。

3. 落实以增加知识价值为导向的激励机制的对策措施

《意见》重点明确了国家设立的科研机构、高校和国有独资企业科研人员的收入分配政策。社会各界对此反响热烈，各级政府十分重视，此新政落地，标志着各类人才的收入分配结构与机制将发生重大变化，人才收入分配的"老大难"问题有望破解。《意见》发布后，各级政府高度重视，大力推动政策落实，各省市、各部门不断研究出台相应的实施意见。重点包括：

一是提高社会对知识资本价值及其作为分配依据重要性的认知。我国创新驱动发展战略纲要正式颁布，建设世界科技强国的目标已经明确，真正实现发展动能从传统要素和投资驱动为主向新要素和创新驱动为主的战略转变，必须进一步提高全社会对创新是第一动力、人才是第一资源的认知，进一步提高对"知识就是力量""人才就是资本"的理念和实践的重要性的认识。同时，要求全社会必须在创新人才发展体制机制及激活人才、加速创新上下功夫。建立和完善以增加知识价值为导向的分配机制，十分紧迫，刻不容缓。在社会意识层面，需要加快发展创新创业型经济、构建知识资本型社会体系、完善知识价值导向的人才评价导向和分配制度。

二是加大相关政策的分类落实力度。根据不同的创新主体、创新领域、创新环节智力劳动的特点，需要根据《意见》精神，制定有针对性的分配政策的实施细则。例如对基础研究、软件开发和软科学研究等对试验设备依赖程度较低、试验耗材较少，但对个体知识更为依赖的智力劳动密集项目，就需要建立符合自身特点的劳务费和间接费的管理方式。《意见》提出了对社会科学研究机构和智库，推行政府购买服务制度，因此建议对公益类科研类事业单位，特别是公益类智库单位，在参与政府战略决策研究与科技服务采购、对社会提供服务等方面要继续开放，不宜管死，对政府部门的战略研究、重大规划、决策研究经费全面推行政府购买服务。对承担政府采购服务项目的结余经费可以用于弥补单位收支缺口或奖励科技人员。

三是对纵向课题和横向课题的经费使用政策要鼓励各地各单位加大落

实力度。在我国科技人才普遍工资水平不高的情况下，应当适度打破工资总额限制，明确中央和地方财政科研项目与横向课题研究项目的界限，制定落实横向课题激励措施的实施细则。一些地区通过允许向课题承担单位的课题组成员发放劳务费或加大间接费支出比例等办法，对课题研究人员给予更大的激励，符合《意见》精神，值得鼓励。

四是打消单位一把手落实相关政策措施的顾虑。应当说建立以增加知识价值为导向的激励机制，主体责任在科研院所、高等院校、国有企业等各类创新主体，能不能落实到位，关键在各单位的一把手能否放下包袱。但同时，各部门各行业各地区需要制定实施细则，特别是建立落实主要政策措施的程序性细则，只要各单位一把手坚持民主集中制决策原则，按照程序办事，就可以获得尽职免责的对待，彻底消除其后顾之忧。

五是树立对管理和创新团队以增加知识价值为导向的考核激励办法。《意见》提出加大对做出突出贡献的科研人员和创新团队的奖励力度。要落实好相关政策要求，需要加强对科研院所管理团队和创新团队建立以增加知识价值为导向的考核与奖励机制作为保障。建议在对科研院所考核达标或考核优良的前提下，允许用自有资金或横向课题资金，奖励做出突出贡献的管理团队和科研团队。

六是给予科研院所和高校更大自主权。建立与岗位职责目标相统一的收入分配激励机制，合理调节教学人员、科研人员、实验设计与开发人员、辅助人员和专门从事科技成果转化人员等的收入分配关系。给予用人单位岗位设置的调节权，用人单位根据国家有关规定，结合不同大小不同类型创新机构实际需要，合理确定岗位等级的结构比例，建立各级专业技术岗位动态调整机制。例如对智库型机构，岗位设置在一定条件下实现自主设置。

三、创新扩散与科技成果转化、知识产权运用

E. M. 罗杰斯所著的《创新的扩散》一书所阐释的创新扩散理论，被誉为传播效果研究的经典理论。《创新的扩散》作为一本新闻传播学的著

作，从传播学或营销学的视角研究创新是如何扩散的，也就是说其研究的对象仍然以创新为核心，这就使得做知识产权运用、做成果转化研究、做技术转移扩散研究的读者读起来并不觉得陌生，甚至还有一种亲切感。

这是一部很厚重的专著，虽然该书作者于 2004 年去世，但笔者粗读之后并不觉得有什么过时的感觉，反而觉得书中有些观点和理念仍然是值得我们现在做知识产权运用、成果转化、技术转移工作重视的。

1. 成果转化和知识产权运用主要是科学家、发明家的事情吗？

《创新的扩散》的作者将创新扩散定义为创新在特定的时间段内，通过特定的渠道，在特定的社会团体成员里传播的过程，认为创新的扩散本质是人们对新事物主观评价的交互的社会过程，是社会变迁的普遍过程。所以在作者的理论体系中，创新扩散除了创新本身的因素外，还包括沟通渠道因素、时间因素和社会体系因素共四大因素，因此，创新扩散也是一个相当复杂的过程。

成果转化应用、技术转移、知识产权运用实质也是一个创新扩散过程，所以成果转化、技术转移、知识产权运用显然不仅仅是科学家、发明家自己的事情，甚至主要不是科学家、发明家的事情。一项科技成果、专利技术转化应用的成败、快慢，除了科学家、技术专家，还需要企业家、创业家、投资家、金融家。从社会传播学视角，还需要得到社会认可，或通过营销推广让用户接受，甚至还要考虑创新成果对社会价值、社会福利的正负面影响。

2. 成果转化和知识产权运用中的信息沟通作用

《创新的扩散》的作者明确指出，一项技术通常由两部分组成：硬件，实现此项技术的物理工具或材料；软件，提供给工具的信息。正是在这个定义的基础上，作者强调技术除了被物化的硬件部分，主要是由信息构成的，所以技术转让其实就是一个信息沟通的过程，而且这种信息沟通是双向的过程，双方或多方都应当参与到信息交换中去，以便建立对该项技术的相互认知和不断双向反馈。成果转化应用、技术转让、知识产权运用的过程，就是减少技术的不确定性的过程，就是减少信息不对称的过程，这也正是成果转化和知识产权运用中不仅需要重视物化的硬件技术，更需要重视软件作用和信息沟通的原因。

2017 年国家质检总局、国家标准委批准发布的《技术转移服务规范》国家标准，进一步明晰了技术转移概念，指出技术转移是指制造某种产品、应用某种工艺或提供某种服务的系统知识，通过各种途径从技术供给方向技术需求方转移的过程。可以看出，技术转移被定义为系统知识，也就是系统化的信息，内容包括科学知识、技术成果、科技信息和科技能力等。这也说明，技术转移能否成功，在很大程度上取决于这种系统知识能否为双方所理解，所以国家寄希望于通过各种技术转移服务减少双方的信息不对称，起到帮助信息沟通的作用。

3. 成果转化和知识产权运用就是硬科技成果、专利的转化吗？

《创新的扩散》的作者认为，提到技术创新，人们往往只是想到硬件部分。事实是，软（技术）的创新，包括思想观念的创新、社会技术的创新、管理技术的创新等，虽然可观察性略低，社会接受起来的速度可能相对较慢，但却是广泛存在的，创新的重要性和社会经济价值也不一定低。

不仅一项技术创新或科技成果包括了软件和硬件两大部分，而且现代社会中人们越来越意识到许多软科技创新本身就是可以独立存在的技术创新，软科技成果的转化和应用不仅成为科技成果转化应用的重要内容，而且在硬科技成果的转化应用中的作用也变得越来越关键。

在成果转化和知识产权运用的政策实践中，不少地方也开始认可软科学研究、软件开发、科技咨询、哲学社会科学成果的转化应用是科技成果转化的内容，把横向知识性、智力型的服务收入视同科技成果转化收入。其实，这种对科技成果转化内容范围的新界定，也是符合科技成果转化法的立法精神的。

4. 成果转化和知识产权运用中再创新的作用

在对创新扩散的研究中，一直到 20 世纪 70 年代，再创新的概念才开始得到关注。过去很长时期内，人们认为创新在扩散过程中是保持不变的。但越来越多的研究表明，在实施一项创新和用户在采用一项创新的过程中，有两点是非常重要的：一是对原有的创新进行修改和修正是十分常见的。大量的案例表明，在创新得到传播时，创新会得到不断改变和演化。较高程度的再发明会使得创新具有较高程度的延续性。而且，随着创新本身的加快和应用周期的缩短，再创新更加重要了。二是创新扩散的有关活动及决策，实际上在扩散发生前就已经存在了。

所以，把这样的认识放到成果转化和知识产权运用中，也是适用的。一方面，成果转化和知识产权运用从发现问题、决定投入资源开展研究、产生科技成果、开展成果转化与应用，到与潜在用户的交流，就始终是伴随着成果转化的过程。换言之，成果转化和知识产权运用并不是从产生科技成果之后才开始的，这也正是许多产学研合作从大学、科研院所的科研立项就开始了，许多投资机构从基础性研究便开始介入的原因所在。另一方面，成果转化和知识产权运用从商业化开始的一系列后续过程中，成果或专利技术的成熟化、工程化、市场化的适应性再创新再开发再发明并不鲜见，而且也成为一个成果转化受让方、受让地区转化体系的能力的体现。

5. 成果转化和知识产权运用中个体重要还是体系重要？

《创新的扩散》一书对创新扩散的研究中一些偏见进行了批判，指出其中许多创新扩散研究存在对个体指责的偏见，换言之，人们倾向于个体对创新扩散出现的问题负责，而不是个体组成的体系对此负责。

实际上，这种指责的偏见，也常常出现在对成果转化的社会认知中。如经常会出现对成果转化失败归咎于成果所有者不配合，指责科学家、发明家提供的信息不对称不真实，指责成果所有者不守信用等。同样，也常常会出现对成果转化失败归咎于成果受让者不讲信用等情形。人们对成果转化中供需双方关系的复杂性、社会经济系统是否有能力吸收新技术往往缺乏足够的认知。在创新研究中，人们越来越认识到，这种对某个单独因素指责的偏见已经严重制约了创新的实现，诸如创新生态系统等理念及其实践，更符合成果转化的实际需要。

第十章

知识产权运用服务与新技术新模式的协同

新的技术和商业活动正在挑战传统知识产权保护和运用发展范式，而这种范式是在上一次工业革命时代形成的。在新的科技革命与产业变革大踏步到来的新时代，知识产权运用面临着"互联网+"和"人工智能+"带来的全面变革的影响，智能科技、生物科技、商业模式与方法，以及标准的制定、战略性专利和非专利实施实体，都影响着知识产权制度的功能发挥。

一、知识产权运用服务要全方位适应新技术新模式

传统的建立在台式电脑基础上的"固定式"互联网，正在越来越迅猛地转向以手机（未来就是功能强大的个人计算机）为基础的移动互联网，并开始进入万物互联的工业互联网、智能互联网新时代，这将要或已经在根本上影响和改变着世界的生产、服务乃至生活方式，不管你愿不愿意，你已经离不开手机，或者说你已经离不开互联网，并开始离不开智能化世界。

几年前，网络上广为传播的一篇文章，题目叫《互联网将如何颠覆17个传统行业？》，相信给很多人都留下了很深的印象。且不说哪个行业会被

颠覆，但大概已经很难找到哪个行业可以置身于互联网的影响之外，也很难找到哪个企业的发展、管理可以不受互联网思维的影响。知识产权运用作为一种智力性、知识性、专业性行业，当然也不可避免且越来越大地受到互联网的影响。

那么，在互联网时代，在智能化社会，"传统"的知识产权保护与运用行业，将会发生哪些改变？

1. 新的商业模式将不断涌现

免费模式和注重用户的体验，是互联网时代赢得用户，并被互联网企业广泛采用的撒手锏。知识产权服务行业用免费颠覆传统的知识产权服务模式，已经有了尝试者，如知果果网。可以预见到，免费只是知果果网这样的知识产权服务企业探索新的互联网时代商业模式的一个起点，只是互联网环境下商业模式的一个吸引眼球的引爆点。最终，它还需要找到盈利点，是靠广告还是靠后期的增值服务或其他，每个企业自有其道，否则就不成为商业模式，也就难以长久生存和发展。

2. 线上线下结合（O2O）成为服务模式必选项

O2O 即 Online To Offline（线上到线下），是指将线下的商务机会与互联网结合，让互联网成为线下交易的前台，这个概念最早来源于美国。O2O 的概念非常广泛，既可涉及线上，又可涉及线下，在电商领域是一种互联网商业模式，但在知识产权服务行业，我们倾向于把它作为服务模式的必选项。知识产权服务的线上与线下服务功能不同。知识产权服务企业的线上服务功能在于通过交流连接、维系已有用户，保持服务用户的黏性；由于知识产权具有高智力的专业性服务的特点，知识产权服务企业的线下与客户的面对面交流、沟通、启发、传递是必不可少的环节，是创造价值的核心所在。换言之，知识产权服务新用户的获得根本上不是靠线上服务，而是靠线下用户的口口相传。

3. 网上集成服务平台初现曙光

由于移动互联网的迅猛发展，智能终端用户数量的大幅度增加，带动了知识产权服务需求方、供给方在网数量与时间的剧增，更重要的是，可以随时随地在网上开展业务。互联网的巨大变化，给知识产权服务机构，通过建立网上集成化服务平台，开展网上知识产权服务业务，如网上知识产权的交易、知识产权评估、知识产权的融资、知识产权信息服务、知识产权法律咨询等成为可能。随着大数据技术、区块链技术的不断发展成熟，可能从根本上缓解知识产权服务供需双方的信息不对称问题，改变交易双方以及中介方的信用不足问题等，过去各类知识产权或技术交易网站仅仅起到宣传作用的状况可能得到根本改变。

4. 新媒体成为行业的连接者和传播者

互联网给知识产权服务行业带来的另一个重要变化是新媒体的崛起，这里的新媒体我们采用了广义概念。知识产权新媒体已经逐步成为知识产权服务行业的新领域，同时也是知识产权服务业发展的新力量。包括三个方面的新媒体力量：一是一批主要依托互联网特别是移动互联网创业的新锐知识产权新媒体，如思博、优智博、IPRdaily等；二是传统知识产权媒体纷纷转型，基本上所有传统媒体都开办了相关的新媒体；三是一大批具有较强实力的服务机构或企业开办了自媒体，既是线上线下的服务模式，也在行业的交流、用户连接中发挥着媒体的传播作用。

5. 知识自动化技术进步的影响开始显现

计算机人工智能技术的不断进步，特别是知识工作自动化技术等新技术的成熟与应用，将为知识产权服务行业提供更高效的服务手段，大大提升知识产权服务业的效率，这是网络时代知识产权服务从业者必须面对的技术变革。例如，在服务手段方面，知识工作自动化技术等新技术的应用，为企业提供专业性知识产权数据库的开发与维护将更高效、更快捷；拥有更加智能化、更加强大分析工具的检索分析平台将在竞争中为用户提供更好的信息服务；一些过去靠人工开展的数据处理、信息获取，甚至部分分析工作，可能被机器所取代。例如，今日头条就是基于海量数据深度挖掘的新媒体，取得了成功。

二、知识产权运用服务要适应平台化发展大趋势

平台原意指计算机硬件或软件的操作环境，现在已经成为人人都离不

开的通用词，在无线互联网环境下，没有多少组织或个人可以离开微信公众平台、电子商务平台、互联网金融平台，这充分表明了在新的技术革命的影响下，平台的作用之大之深远。

知识产权行业也不例外，平台的影响也已经无处不在。大致可以分为三种情形：一是政府推动的知识产权服务平台，典型的如国家知识产权局会同财政部以市场化方式设立的全国知识产权运营公共服务平台，在西安、珠海建设两大特色试点平台，这都将为知识产权运营提供新的平台支撑。二是过去相关部门建立的知识产权信息服务、交易服务、转移转化服务的事业单位向平台化的深化转型，在新的技术环境下，成功的可能性大大增加了，这是因为移动互联网带来"互联网+"和智能互联网带来知识自动化，为运营平台的商业化提供了技术条件，例如可以让需求与供给进行低成本的甚至自动化的匹配等。三是各类民间举办的综合性、专业性知识产权服务平台、知识产权新媒体平台呈现方兴未艾之势，这完全符合平台型企业发展的新潮流。因此，未来知识产权平台化发展仍会继续热下去。

为什么过去的技术交易或知识产权交易所（市场）等平台都不成功，现在则有可能成功？这是因为移动互联网带来"互联网+"和智能互联网带来知识自动化，为运营平台的商业化提供了技术条件。可以大幅度减少交易双方信息不对称带来的不信任与风险。上海民间力量创办了一个名叫"科创365"的专利平台，就有可能是一个走向成功的例子。

从2014年开始，国家知识产权局会同财政部以市场化方式开展知识产权运营服务试点，确立了在北京建设全国知识产权运营公共服务平台，在西安、珠海建设两大特色试点平台，并通过股权投资重点扶持20家知识产权运营机构，示范带动全国知识产权运营服务机构快速发展，初步形成了"1+2+20+N"的知识产权运营服务体系。同时，以股权投资方式扶持10个省份的知识产权运营机构，引导10个省份设立重点产业知识产权运营基金，支持4个省份设立知识产权质押融资风险补偿基金，有效促进了知识产权与创新资源、产业发展、金融资本融合，初步形成了"平台、机构、资本、产业"四位一体的知识产权运营服务体系，为专利的转移转化、收购托管、交易流转、质押融资等提供了平台支撑。

平台就是生态系统，如苹果手机、阿里巴巴电子商务平台。平台经济代表未来的发展趋势。华北知识产权运营中心也是一个平台，需要思考的问题是，知识产权运营平台和运营试点企业要着力解决三个关键点：一是运营特色；二是运营机制；三是运营模式，线上为主，完全市场化的子平台为主。从现在市场热点看，知识产权运营大趋势体现在：要么做平台，要么做基金。

三、知识产权保护和运用要适应移动互联网发展大趋势

这里网络知识产权是指与互联网相关的知识产权问题。网络知识产权之所以会成为 2017 年的热点，笔者觉得，随着互联网技术的加速应用，互联网在知识产权创造、运用、保护、国际竞争中占有更大的重要性。多年来信息网络产业一直是知识产权争夺的热点行业。可以预见，未来相当长时期内申请量居前的大科技公司仍将是信息网络业的巨头们；知识产权保护的难点仍将是与互联网企业相关的侵权问题；知识产权保护遇到的新问题、新挑战也多与互联网有关；通过网络窃取商业秘密仍会成为国际纠纷的一个热点。另外，互联网技术的进步也为知识产权保护、运用提供了新的工具、手段和途径。

◇ **案例：《浙江省电子商务领域专利保护工作指导意见（试行）》的解读**

据新闻报道，2014 年 11 月，浙江省人民政府新闻办公室官方微博发布消息称，浙江出台全国首个电商领域专利保护指导意见，并将于 2014 年 12 月 15 日起正式施行。作为国内首个电商领域的专利保护的政策性文件，《浙江省电子商务领域专利保护工作指导意见（试行）》（以下简称《意见》）的颁布和实施，其政策含义体现在互联网时代的知识产权保护新模式。

解读一：《意见》的出台是浙江省多年来加强电商领域知识产权保护

实践经验积累的新发展。浙江省知识产权局自 2010 年就率先在国内探索电子商务领域专利保护工作，2011 年省知识产权局与阿里巴巴公司、淘宝网签订了知识产权保护合作备忘录。《2013 年浙江省知识产权发展与保护状况》显示，为促进电子商务行业健康发展，浙江省高院发布了《电子商务平台中知识产权保护问题的纪要》；省知识产权局、版权局、文化厅、工商局、食药监局等与阿里巴巴、淘宝等重点网络平台建立了沟通交流机制，共同做好打击互联网侵权假冒工作；义乌市检察院联合当地法院、公安、工商、电商办等四单位出台了《关于建立电子商务领域知识产权联合保护工作机制的若干意见》。2014 年 4 月，浙江省知识产权局又印发《浙江省电子商务领域专利保护专项行动实施方案》，率先在全国知识产权局系统中开展电子商务领域专利保护专项行动。

解读二：《意见》的出台是浙江省作为电子商务发达地区加强知识产权保护的现实需要。浙江省电子商务发达，电商规模大，占全国份额高。有数据表明，浙江将领中国互联网经济之龙头，全国约有 85% 的网络零售、70% 的跨境电商交易和 60% 的企业间电商交易是依托浙江的电商平台完成的。浙江全省电子商务交易总额约占全国的 1/6，网络销售额约占全国的 1/5，第三方网络零售平台总数约占全国的 1/7。与此同时，2012 年年底确定的 6 个国家首批跨境贸易电子商务服务试点城市中，浙江占了两席，分别是杭州和宁波。电子商务企业中，除了阿里巴巴，还有网盛生意宝、5173 等知名企业继续在同行业领先，销售超亿元的网络零售企业达 80 家以上。作为地方政府，当然既希望电商产业越做越大，又不希望电商领域成为知识产权侵权和假冒伪劣产品泛滥的重灾区，因此，顺应电商产业规范健康发展的需要，加强电商领域知识产权保护也就顺理成章了。政府的政策与行动也得到产业界的积极响应，浙江省开展电子商务领域专利保护专项行动以来，仅 3 个月，共调处电子商务领域专利侵权投诉案 2518 起，涉及专利 343 件。

解读三：《意见》的出台适应了互联网技术不断进步与互联网产业高速发展带来的知识产权保护的新要求。从更大的范围看，《意见》的出台反映了知识产权保护面临新技术革命和产业革命带来的新挑战，同时也对未来知识产权保护提出了许多新要求。无论《意见》在今后的实践中起到多大的作用，这种探索和尝试代表了一种努力、一种态度，也代表了一个方向。仅就互联网技术领域来看，随着网络技术的快速发展，特别是新一代移动互联网技术和社交媒体的普及，集成电路布图设计、计算机软件、数据库、数字音像制品版权、网络域名、电子商务方法等知识产权保护问题也大量涌现出来。据 2012 年英国年度《知识产权犯罪报告》显示，知识产权侵权者越来越多地利用互联网和社交媒体网络作为销售假冒产品的途径。我国互联网用户超过 6 亿，网络中小服务企业数量也越来越多。如何保护网络环境下的知识产权，严厉打击网络侵权、窃密等违法犯罪行为，既是互联网产业发展的需要，也是知识产权保护的责任。

解读四：浙江省在电商领域的知识产权保护经验对全国有借鉴意义。笔者觉得，浙江的做法其借鉴价值体现在：一是结合各地的重点产业实际需要，地方的知识产权行政保护、司法保护，甚至行业利益相关者的自律或参与，对促进当地经济发展可能更有意义，更值得关注，也更易于推动。二是新技术条件下的新兴产业培育与知识产权保护如何形成良性循环，在区域产业聚集程度更高的地方，可能便于发现问题和找到解决问题的办法。三是类似电商、基因工程、新媒体等新领域、新产业、新模式发展中的知识产权问题，技术性强，并无放之四海而皆准的保护规则，需要在保护机制、保护规则方面，进行有针对性和更加专业化的探索，积累经验教训。国家知识产权局对浙江省电子商务领域专利保护工作给予肯定。国家知识产权局在《电商领域专利执法维权工作取得阶段性成果》一文中指出，"浙江省知识产权局，积极组织本辖区内各市级知识产权局及有关维权中心人员 280 余人（次），直接进驻阿里巴巴公司电商平台，现场处理专利侵权纠纷投诉 2600 余起，对创新电商领域专利执法维权工作机制做出了有益探索。"可见，浙江的做法具有一定程度的普遍意义。

四、知识产权运用服务要适应智能科技发展大趋势

以天津为例，知识产权运用服务要结合新科技革命和产业变革的发展

大趋势，构建智能科技产业与智能知识产权服务业互动发展机制。

2018年5月4日，天津召开市委常委会议，对发展智能科技产业做出全面部署，指出大力发展智能科技产业，是深入贯彻落实习近平新时代中国特色社会主义思想，特别是习近平网络强国战略思想的重要举措，是天津推动高质量发展的战略选择，是补齐天津产业结构偏重偏旧的发展短板、实现新旧动能转换的迫切需求。要抢抓以智能科技为核心驱动力的新一轮产业变革机遇，以发展人工智能产业为旗帜、为引领，实现产业发展"弯道超车""换道超车"。要加大政策聚焦，设立专项资金和产业基金，舍得投入、精心扶持，对智能终端产品、传统产业智能化改造和智能化应用等重点领域强化支持，推进智能制造协同发展，培育壮大战略性新兴产业。常委会议还指出，知识产权保护是智能科技领域企业关注的重点。要继续以更大力度严厉打击不正当竞争行为，做到知识产权"侵权必查、有案必破"，切实维护企业权益、保护公平竞争。

结合天津智能科技产业发展规划布局与政策需要，可以部署建设智能知识产权保护聚集区为突破口，实现知识产权保护、运用和大力发展智能科技产业有机结合，相互促进，协同发展。

结合中央、市委市政府对发展天津智能科技产业的一系列部署，适应新的科技革命与产业变革特别是智能科技发展的需要，提出如下知识产权保护与运用的政策措施：

一是选择合适的区或功能区建立智能知识产权保护运用产业聚集区，加强与北京知识产权服务业协会和中关村园区的合作，把天津智能知识产权服务业培育成为自身具有产业规模，并能有效支撑智能科技产业发展的新兴行业。

第一，大力引进聚集今日头条、京东、腾讯、百度、阿里巴巴等知名平台企业及新兴的独角兽平台企业，在聚集区内建立知识产权运营保护总部。

第二，大力引进聚集智能型、专业化知识产权保护企业，培育智能化网络品牌侵权监测、智能化网络知识产权新媒体、智能化版权保护平台、知识共享平台等新兴知识产权行业。

　　第三，大力引进聚集十大知识产权企业集团来津设立智能化运营基地、大数据基地、后台中心、呼叫服务中心、客户服务中心、软件基地等。

　　二是把智能科技产业作为天津知识产权保护运用，特别是加强行政保护的重中之重的一个领域，根据智能科技产业的特点，加快滨海知识产权保护中心建设，构建以智能科技、生物技术与现代医药领域的快速确权、快速维权机制。

　　三是加强智能科技产业的知识产权保护运用理论研究和政策研究，定期发布智能科技领域的专利预警、专利地图、保护状况等方面的研究成果，引导智能科技领域的市场主体重视知识产权保护。每年在全球智能科技大会期间，设立智能科技知识产权保护论坛，为智能科技领域企业家提供知识产权保护的交流机会。

知识产权运营方式与案例

第十一章

高校知识产权运营

一、概述

近年来，随着我国建设创新型国家的不断深入，我国高校科研投入不断加大，科技创新能力逐渐增强，国家知识产权战略深入实施以及促进科技成果转化法的修订，使得知识产权得到了前所未有的重视，各省市不断出台政策措施促进高校知识产权发展。1986—2018 年，我国高校累计专利申请总量为 2205452 件，其中发明专利申请 1270710 件（占 57.6%），实用新型专利申请 767079 件（占 34.8%），外观设计专利申请 167663 件（占 7.6%）。截至 2018 年，我国高校专利的总授权量达 1111837 件，其中发明专利 475669 件，占总数的 42.8%❶。然而，由于高校普遍存在"重论文轻知识产权、重增量研发轻存量盘活"的现象，使得高校专利数量快速提升的同时，真正转化为现实生产力的却少之又少，高校亟须充分利用专利技术，开展专利运营工作，让"躺在实验室"的专利真正实现其现实价值。

（一）高校知识产权运营的内涵

高校知识产权运营是指高校根据企业、科研院所、中介服务机构以及

---

❶ 资料来源：国家知识产权局，《2018 年中国专利统计年报》。

高校自身发展战略的需要，结合自身的科研、人才、管理方面的资源优势采取的对专利权等知识产权进行转化应用的过程。高校知识产权运营的主要形式有专利实施许可、专利转让、专利技术入股、专利技术产业化、知识产权资产证券化、专利诉讼等。

（二）高校知识产权运营的形式

1. 专利实施许可

专利实施许可也称专利许可证贸易，是指专利技术所有人或其授权人许可他人在一定期限、一定地区、以一定方式实施其所拥有的专利，并向他人收取使用费。专利实施许可仅转让专利技术的使用权利，转让方仍拥有专利的所有权，受让方只获得了专利技术实施的权利，并没拥有专利所有权。

2. 专利转让

专利转让是指专利权人作为转让方，将其发明创造专利的所有权或将持有权移转受让方，受让方支付约定价款并订立合同。通过专利权转让合同取得专利权的当事人，即成为新的合法专利权人，同样也可以与他人订立专利转让合同。专利转让合同包括专利申请权转让，其特点是指将专利权完全转让给他人，自己不再享有专利的权利。

3. 专利技术入股

专利技术入股是指以专利技术成果作为财产作价后，以出资入股的形式与其他形式的财产（如货币、实物、土地使用权等）相结合，按法定程序组建有限责任公司或股份有限公司的一种经营行为。

4. 专利技术产业化

专利技术产业化是指高校科研人员将本人及其所在团队的专利技术通过创办企业的方式转化为现实生产力的行为。

5. 知识产权资产证券化

将缺乏流动性，但能够产生可预见的稳定现金流的专利或专利集合，通过一定的结构安排，对资产中风险与收益要素进行分离与重组，进而转换成为可自由流通的证券的过程。

6. 专利诉讼

专利诉讼是指高校在人民法院进行的与专利权及相关权益有关的各种诉讼，包括在专利申请阶段涉及的申请权归属的诉讼、申请专利的技术因许可实施而引起的诉讼、发明人身份确定的诉讼、专利申请在审批阶段所发生的是否能授予专利权的诉讼，以及专利权被授予前所发生的涉及专利申请人及相关权利人权益的诉讼等。

7. 专利质押融资

专利质押融资就是指借款人以其拥有的专利权为质押物，向银行、其他金融机构或投资公司借款，当借款人在合同规定的时间内没有偿还借款债务时，债权人有权依法以该专利权折价或拍卖、变卖所得的价款优先受偿的一种融资方式。简单说，专利权人将自己的专利权以质押的方式来获得资金，质押的目的是获得资金，也就是所说的融资。专利质押是方式，融资是目的。

二、案例

（一）专利实施许可

◇ 案例1 中国农业大学动物皮炎疫苗专利实施许可

1. 案例背景

中国农业大学是一所以生命科学、农学和农业工程为特色和优势的全国重点大学，是国家"985工程""211工程"重点建设大学，由教育部直属，水利部、农业部和北京市共建。经过百年发展和积累，中国农业大学形成了特色鲜明、优势互补的生命科学与农业、资源与环境科学、信息与计算机科学、农业工程与自动化科学等学科群。在生命科学、农业科学、环境生态学等领域具有突出影响力。

广东大华农动物保健品股份有限公司（以下简称"大华农公司"）是一家专注于兽药的研制、生产和销售的高新技术企业，其产品主要有兽用生物制品、兽用药物制剂以及饲料添加剂等，是农业部指定的高致病性禽流感疫苗定点生产企业，高致病性猪蓝耳病灭活疫苗、活疫苗定点生产企业。其产品销售网络已覆盖全国各省市，同时出口埃及、印尼、越南等国家和地区。

2. 主要过程

中国农业大学王宾教授在研究提高 DNA 疫苗效果的过程中，发现了一种新的技术可以诱导产生免疫耐受技术，进一步利用这种称为"共免疫"的方法制备了针对跳蚤过敏性皮炎的"共免疫"治疗疫苗，可以有效治疗跳蚤叮咬引起的过敏性皮炎。该项成果在 2010 年公开并获得国内发明专利的授权"一种过敏性反应抑制剂"，专利号为"200510132381.X"，专利授权日为 2008 年 3 月。

2011 年 10 月，中国农业大学与大华农公司签署协议，大华农公司获得该动物皮炎疫苗专利的独占实施许可，中国农业大学拥有实施该专利所涉及的技术秘密及技术工艺。根据达成的协议，这项专利独占许可使用费为 200 万元人民币，外加 1% 销售额提成，在中国范围内许可给大华农公司。双方约定专利独占实施许可费 200 万元，并按标志性阶段分次支付：合同签字生效之日支付 50 万元、完成农业部生物安全审批支付 30 万元、获农业部临床试验批文支付 40 万元、提交新药证书申请支付 40 万元、获得新药证书支付 40 万元，大华农公司在以上列举的任何一项标志性阶段完成之日 15 天内，向中国农业大学账户支付到位约定数额的专利独占实施许可使用费。合同产品销售额提成为每一个由大华农公司销售的中国农业大学特许许可产品的销售额的 1%，包括任何独立承包商、代理商或甲方分支机构所出售的产品。大华农公司在当年 12 月 31 日起 30 日内支付到位专利使用费。同时，协议约定大华农公司自合同生效日期起 3 年内上临床试验、5 年内获得新药证书，若超出最低使用进度，专利许可将自动调整为普通实施许可。

3. 运作模式

专利实施许可是指专利技术所有人或其授权人许可他人在一定期限、一定地区、以一定方式实施其所拥有的专利，并向他人收取使用费用。专利实施许可仅转让专利技术的使用权利，转让方仍拥有专利的所有权，受让方只获得了专利技术实施的权利，并不拥有专利所有权❶。

专利实施许可有多种类型，分类的依据主要有：实施期限、实施地区、实施范围、实施用途、实施条件，因此需要在专利实施许可合同中明确提出实施的范围。依据实施期限，可以选择在专利整个有效期或者有效期间的某一个时间段实施许可；依据地区，分为我国境内和特定地区；依据范围，分为制造、使用、销售或者是三者全部的许可；依据用途，分为一般和特定实施许可；依据条件，有普遍实施许可、排他实施许可、独占实施许可、分售实施许可和交叉实施许可。

4. 主要成效

对于大华农公司来说，如果开发一项新的兽药，前期往往需要比较多的资金投入和较长的时间成本，但是利用现有的专利技术获得其专利实施许可，在一定程度上能够整合优势资源，缩短新药的开发时间周期，降低开发风险。对于中国农业大学来说，实施专利许可可以推动科研成果尽快实现社会和经济价值，同时为后续研发带来持续的经费支持。

5. 案例点评

在进行专利实施许可时，高校需要注意如下几方面的问题：

第一，应当对被许可方的资产状况、信誉状况等进行调研，包括被许可方的履约信用、协作精神及保密能力，被许可方的技术水平、技术消化能力等。如果需后期投入大量精力指导，则应事先在合同中对这方面的报酬适当约定较高的数额。

第二，在支付方式上，当约定提成支付方式时应明确约定提成标准、比例，应在专利实施许可合同中约定查阅有关会计账目的办法，无论采用何种方式交付，均应保存交付的证据。高校应当按照约定提供必要的技术指导，相关费用及支付方式应约定清楚，提交相关资料的清单、份数时应保存履行证据。同时，积极应对他人提出宣告专利权无效的请求。

第三，专利实施许可合同中约定按照实际销售数额结算专利使用费

---

❶ 穆旭东，马丽丹，李洋，等. 办理专利实施许可合同备案手续介绍 [J]. 中国发明与专利，2013（4）：60.

的，应同时约定被许可方有向高校通报产品的经营情况的义务。高校应对被许可方在转让合同终止后继续使用专利技术的行为提出承担侵权责任的主张，而不能主张违约责任。专利实施许可合同应当明确约定，在何地区范围内使用该专利、专利实施许可的期限、被许可方按照合同约定实施专利技术侵害他人权益时由何方承担责任。

（二）专利转让

◇ 案例2　西南大学自适应变速系列专利转让[1]

1. 案例背景

西南大学智能传动工程技术研究中心主要从事机械智能传动、链传动方面的研究。曾多次承担完成国家级、省部级科研和产业化项目。在学术界首次提出了数字智能传动传感的全新概念和系统理论，挑战了现有汽车控制理论和方法，开创了将智能传动传感技术运用于车辆和机械动力设备的先河，解决了汽车、摩托车等相关产业"空心化"无核心技术的问题。因此，中心主任薛荣生研究员于2006年被国家信息产业部评为国家信息产业优秀创新个人。中心研制的"包容包络传动技术"项目，成功地解决了链传动效率低与寿命短的世界性难题，"是链条传动技术百年来的一次真正的革命"。2007年被中国科学院、中国工程院、国家知识产权局、中国科学技术协会和中国科技馆评为中国杰出创新专利。

2. 主要过程

1985年，自西南大学薛荣生研究团队开始研究"智慧平衡自适应自动变速技术"（即AAT技术）以来，已经有超过10家企业通过购买专利的方式获得了80多项专利的使用权，由此缴纳的技术使用入门费上亿元。

2010年，立马车业集团有限公司以1200万元获得AAT技术的使用权，2014年该公司将这项技术用于国内电动车领域，并进行了产业化生产。立马车业集团有限公司生产的具有这项技术的轻型电动车价格是普通车的两

---

❶ 张红梅，李星婷. 西南大学薛荣生团队自适应变速系列专利挣回转让费上亿元［N］. 科技日报，2015-04-08.

倍，每台售价高达 8000 元。

2012 年 4 月，西南大学智能传动工程技术研究中心薛荣生研究团队研发的"摩托车智能化自动变速发动机技术"与重庆渝南科技发展有限责任公司实现了成功转让，转让费达 2400 万元，另加每台提成 20 元。西南大学智能传动工程技术研究中心自 1988 年获得第一个发明专利以来，在汽车、摩托车、电动车、金属切削机床和农业机械等领域获得发明专利 60 项、实用新型专利 37 项、外观专利 3 项、国际发明专利 1 项；申请国际专利 1 项，申请中国发明专利 59 项，共计 160 多项。技术转让合同金额累计达 8100 多万元。

2015 年 3 月，雅迪科技集团有限公司以"技术使用入门费 1200 万元以及每台车销售提成 10 元"的价格获得"凸轮自适应自动变速轮毂"国际专利技术。该专利由薛荣生团队研发完成，并于 2012 年获"中国专利优秀奖"。薛荣生团队从研发一开始就瞄准了市场需求，注重科技技术向产品的转化。

AAT 技术是指一种智能化的自动变速器，不同于传统的液压系统、离合器系统、手动操纵机构和换挡等器件，借助于多轴框架平行自适应传动传感自动变速机构，依据外界实际路况的不同自动识别出上下坡和阻力等信息，在短时间内控制发动机输出最恰当的转矩和转速，更高效、更智能、更节约。

这种"凸轮自适应自动变速轮毂"外观与普通轮毂差不多，但它装有采用信息和物理技术融合的 AAT 技术系统，该系统集成了中央控制器、电机、凸轮自适应自动变速机构、负荷自适应传动传感机构、速度传感器、制动机构和轮毂等模块。在输出功率一定的情况下，输出转矩和实际速度成反比关系。该系统一方面通过控制改变动力输出转矩方式，降低电机的速度，从而增大了牵引力，由此可以很好地解决电动车动力不足、不能爬 30°角斜坡这个世界难题；另一方面，高度集成的系统通过中央控制器接收到的不同路况信息，在 0.01 秒内"指挥"电动车完成输出牵引力的变化。由于此系统能根据路况调整转矩，在一定程度上使得智能自适应变速电动车比普通车更节能，成本只有国外同类产品的 1/3。

围绕 AAT 技术，西南大学智能传动工程技术研究中心已经共计申请和获权国内专利 206 项，其中国际专利 2 项，2014 年获美国发明专利、2015 年获得欧盟专利，专利交易额达 7876 万元。该专利发明摘要中指出："本发明能使电机输出功率与车辆行驶状况始终处于最佳匹配状态，实现车辆驱动力矩与综合行驶阻力的平衡控制；在不切断驱动力的情况下自适应随行驶阻力变化自动进行换挡变速，利于车辆和机械动力设备高效节能，同其他自动变速器相比，本发明体积小、重量轻、结构简单、结构紧凑、制造成本低，适合于轮毂处安装，适合电动自行车体积小轻便的特点。"雅迪科技集团有限公司因为看好其市场前景，所以早在 8 年前就开始跟踪该项目，并最终选择斥巨资获得该专利在电动车领域的海外使用权。双方已就加强合作，搞好产品设计，加快产品开发，尽快将产品推向市场达成共识。学校与雅迪科技集团有限公司签订合同以来，经双方共同努力，产业化样机各项性能指标均达到国际领先水平，完成了专用设备、模具、刀具、工具和夹具等制造，建设了多条关键零部件的生产线，初步形成 10000 台/月以上供货生产能力。2016 年 5 月 19 日，雅迪科技集团有限公司在我国香港成功上市，拥有天津、江苏、浙江、广东四大生产基地及一家工业设计技术中心，总占地面积约 1200 亩，年产能逾 600 万台，年销量 400 万台以上，销售网点遍布全国，全国有 1000 多家分销商、1 万多家高标准的终端门店，渠道覆盖率居行业首位。

（三）专利技术入股

◇ **案例 3　东华大学地毯装备研究中心专利技术入股❶**

1. 案例背景

东华大学地毯装备研究中心是国内唯一从事地毯装备的研究、设计与制造的专业机构，拥有纺织机械设计、地毯织造工艺研究、电气控制与软件设计领域的专家，具备新机研发、旧机改造和升级的综合能力。中心由孙以泽教授领衔，孙教授分别于 1982 年、1989 年毕业于哈尔滨工业大学

---

❶ 李建强，等. 创新视阈下的高校技术转移［M］. 上海：上海交通大学出版社，2013.

本科、硕士，曾为哈尔滨工业大学汽车工程学院教授，2003 年 11 月调到东华大学，被聘为学科带头人。

2. 主要过程

作为机械工程领域的专家，孙以泽教授在 2003 年调入东华大学后，敏锐地捕捉到了地毯业的几个基本情况：一是地毯作为家居和办公的装饰材料，已成为欧美发达国家重要的民生产品，产业规模达数千亿美元。簇绒地毯及装备在地毯产业中占绝对主导地位，拥有近 90% 的市场份额。二是在中国，地毯生产是小行业，占纺织品的比重小，国产地毯的总量不足世界总量的 3%。美国人均地毯使用面积是 5.4 平方米，世界平均地毯使用面积是 0.54 平方米，而中国只有 0.03 平方米，中国的地毯市场前景非常广阔。三是国内地毯产业近年来尽管以每年两位数的高速增长，但因为地毯装备产业和技术被少数发达国家垄断，国内自主研制的地毯制造成套设备几乎一片空白，装备落后，进口设备又非常昂贵，严重影响地毯产业的发展和技术进步。孙以泽意识到，要想推动中国地毯业发展，必须研发出拥有自主知识产权的地毯制造成套设备，打破国外企业对这方面的技术垄断。

技术研发的过程是漫长的，企业一般不会为一个还停留在概念阶段的技术买单，孙以泽教授深知这一点，因此，他和团队从依靠自己的投入开始。经过两年多的坚持不懈，2005 年，第一代拥有自主知识产权的"数字化地毯簇绒系列成套设备"试验成功。中国纺织工业协会对该项目鉴定为"填补了国内高档地毯簇绒成套装备的空白，达到国际领先水平"。2006 年，已经垄断了世界地毯织机行业几十年的英国 Cobble 公司和美国 Tuftco 公司派人到东华大学试探协商，试图买断东华大学"簇绒地毯织机系列成套装备技术"的全部知识产权，而孙以泽教授的回答是否定的。

项目中试成功后，孙以泽教授认为，教授是企业创新的动力源，但直接经营企业不是教授之所长，因此，项目组马上与相关企业接洽，由企业负责产业化。利用这种模式，东华大学与企业合作，先后创立了多家地毯企业。数字化簇绒地毯织机属大型光机电一体化的纺织类装备，资金门槛很高，国家部委支持的经费不足项目总经费的 20%，学校也不可能投入很多的资金，大量科研经费来自企业，项目成果是产学研合作的结晶，因此，知识产权由东华大学和企业共享。孙教授以自己的技术成果入股企业，既破解了与企业合作进行研发的难题，又很好地解决了成果推广过程中人力、资金、工艺、中试、场地、市场等诸多问题，使自己的专利发明很快形成了生产力。

3. 运作模式

专利技术作价入股：以高校单项科技成果及相关的知识产权为基础，以研究开发的关键人员为骨干，与社会上已有的企业合作，扩张或组建新的科技型企业，实现成果转化。

该模式的优点是由于知识产权作价入股，学校和企业的合作关系更加紧密，有利于校企双方相互沟通，发挥合作双方各自的技术和经营管理优势。

该模式存在的问题是：第一，知识产权仅仅作为股权作价入股，参与研发的相关技术骨干人员并未真正进入企业，或没有较深地介入企业的后续技术开发，高校和企业的合作难以深入持续，也使技术可能和潜在的效益由此受限。第二，由于技术成果的垄断性和对未来市场的不同判断，技术专利的作价没有一定的标准，常常成为校企合作中争议的焦点，由于权益得不到保障，往往会造成合作双方的分歧，进而影响到校企合作的进一步深入和持续发展。

4. 主要成效

在利益分配机制方面，孙教授团队注重与合作企业在不同时段的利益分配。技术初研阶段，不拿企业的钱；技术成熟后，合作企业获得使用权，产权归科研团队；进入使用阶段，技术产生的经济效益归合作企业，产生的社会效益，包括成果、获奖、专利、论文等归科研团队；技术作价入股后，企业定量为科研团队提供研究经费，使双方最终实现"双赢"。

在知识产权方面，在设计开发初期，研究团队就考虑到知识产权保护的问题；在研发技术时，就系统地考虑了知识产权布局问题，使得技术转移之后不容易被复制和模仿；知识产权作价入股，使得双方利益捆绑在一起，为此后产业化设备的技术升级奠定了坚实的基础。

5. 案例点评

在专利技术入股的操作中需要注意如下几方面的问题：

第一，在实践中以专利技术入股的形式，包括用专利权入股的、以专利实施权入股的，还有把专利申请权也视为专利技术作价入股。根据《公司法》的规定：股东可以用货币出资，也可以用实物、知识产权、土地使用权等可以用货币估价并可以依法转让的非货币财产作价出资；但是，法律、行政法规规定不得作为出资的财产除外。实践中对于用后两种方式入股的，在一些问题的处理上还是存在一定的法律障碍，比如将来出资转让的问题等。所以首先应该明确以专利技术入股的形式，当然，为了减少将来不必要的纠纷，首推以专利权入股。

第二，注意以专利权入股须完成以下出资手续方可认定出资无瑕疵，首先须对专利的价值进行评估，然后专利权人依据设立公司的合同和章程到专利局办理专利权转移至被投资的公司的登记和公告手续，工商登记机关凭专利权转移的手续确定以专利技术入股的股东完成股东投资义务的履行。

第三，在使用专利技术入股时，还必须注意技术资料的交接和权利的移交，专利入股方的技术培训和指导，后续改进成果的权属和各方的违约责任。

第四，还有一个特别需要强调的问题，就是入股后涉及的公司治理问题，我国《公司法》规定全体股东的货币出资金额不得低于有限责任公司注册资本的 30%，也就是说知识产权的出资比例最高可达 70%，可成为绝对的控股股东。

（四）专利技术产业化

◇ **案例 4　华南理工大学 VitaFiber（维他糖）重大产业化项目❶**

1. 案例背景

广东省政府办公厅印发了《关于深化广东高校科研体制机制改革的实施意见》，允许高校科研人员利用本人及其所在团队的科技成果在岗创业

---

❶　吴少敏，王丹平，祝和平. 华工专利技术转让指标全国高校第一［N］. 南方日报，2015-12-31.

或到科技创新型企业兼职，甚至可离岗从事创业工作。这一重磅政策的出台，为广东高校科研人员创新创业"松绑"。长期以来，受到编制、身份、工资标准和职称评定等因素的影响，高校科研人员待遇没有得到很好保障，对创新创业心存顾虑，从而影响了高校科研人员的创业热情。早在十多年前，理工特色鲜明的综合性研究型大学华南理工大学（以下简称"华工"）就已率先探索科研体制机制改革，出台了一系列利好创新创业政策，主动为科研人员"松绑"。如今，华工每年授权专利 2000 多项，十几年来一直位列全国高校前列，而且专利技术转让指标排名全国高校第一。华工一系列政策被认为是高校科研体制机制改革的"华工模式"，得到广东省、广州市的肯定推广。

华工早在 2003 年就出台《关于科技人员创办科技企业的若干规定》，鼓励学校的科研人员以科研成果入股公司，规定"以职务发明科技成果作价入股创办科技企业，主要科技人员所占的股份最高可以达到 50%"。2006 年，华工下发《科技创业岗实施办法（试行）》文件，进一步对科技创业人员"松绑"。一系列的利好消息，让创新创业的体制瓶颈得到突破，激发了科研人员的创业热情。

华工科技处负责人马卫华说，学校超过 50% 的专利技术得到直接或间接的应用。在中国管理科学研究院"中国大学评价"课题组 2015 年公布的中国大学综合实力排名中，学校专利技术转让指标表现突出，排名全国高校第一位。学校还重视涉外专利的申请和维护，以对学校重大发明创新成果形成更大范围的保护。这促使一些华工人，主动走出国门，拿国际专利去赚外国人的钱。

2. 运作模式

华南理工大学积极探索专利成果转化新方式，推动专利技术有效实施和产业化应用。

（1）加大知识产权工作支持力度。完善知识产权保护、专利工作管理等规定，与广东省知识产权局签署《共同推进知识产权强校建设的协议书》，完善和细化知识产权服务流程，健全知识产权管理与政策体系，推动知识产权学院建设。修订教学、科研与学科建设奖励、专业技术职务评审等规定，将专利指标作为重要参数列入考评体系。出台促进科技成果转化若干意见，完善科技成果转化管理机制，鼓励科技人员创新创业。

（2）推动专利技术成果转化应用。发挥科研平台作用，借助建筑、材料、机械、生物、造纸等 107 个省部级以上科研平台，对专利技术进行工程化和系统集成；与广州、东莞、珠海共建 3 个研究院，强化孵化辐射功能，加快专利技术转化进程。发挥科技人员作用，通过派驻科技特派员深入企业共同研发等合作模式，将学校具体专利技术与企业需求相结合，使超过 50% 的专利技术得到直接或间接应用，促进了知识产权的有效转化。

（3）促进知识产权创造能力提升。2014 年专利申请量 2214 件，发明专利授权量 651 件；至 2014 年年底有效发明专利量 2749 件；学校专利申请量占广州市高校总量的 42%，授权量占 47%，其中发明专利授权量占45%。重视涉外专利的申请和维护，蔗糖制糖成套技术与设备输出项目依托学校中美功能糖合作研发中心国际科技创新平台构建，相关成果荣获2014 年中国专利奖等 7 项省部级以上奖励。高值化糖品项目为缅甸建立首个糖品绿色加工示范工程，促进制糖技术创新和产业技术升级。

3．主要成效

华工化学与化工学院教授钟振声 VitaFiber（维他糖）重大产业化项目，顺利通过美国食品与药品管理局（FDA）安全和功效审查的最后程序，正式获得食品安全证书，并作为安全和具有特殊生理功效的新型食品原料被批准在美国市场上销售。VitaFiber 是世界上同类产品中第一个，也是唯一一个通过 FDA 审批的，等同于拿到了进入世界市场的通行证。2014年 3 月，VitaFiber 项目被广州市政府选定为引进南沙国家级开发区的优质产业化项目，在广州市 2014 年重大项目招商推介会上现场签约，总投资1.538 亿元。按照可行性研究报告，预计 2020 年全面达产后可实现不低于8.92 亿元的年产值。

（五）知识产权资产证券化

知识产权资产证券化是金融资本与知识资本的一种有效结合，是以金融技术为依托，以知识产权的价值为担保，以证券化为载体的融资方式。

知识产权资产证券化的一般交易结构与传统的应收账款资产证券化、住房贷款抵押证券化等资产证券化类似，其参与主体一般也会包括发起人（原始权益人）、特设载体（SPV）、投资者、受托管理人、服务机构、信用评级机构、信用增强机构、流动性提供机构，一般也是通过信托或特别目的公司的形式建立起证券化的通道，也要运用风险隔离和外部及内部的信用增级方式，来提高证券化产品的市场吸引力。

世界范围内最早的一例知识产权资产证券化实践是音乐版权证券化。在铂尔曼集团的策划下，英国著名的摇滚歌星大卫·鲍伊（David Bowie）将其在 1990 年以前录制的 25 张唱片的预期版权（包括 300 首歌曲的录制权和版权）许可使用费证券化，于 1997 年发行了鲍伊债券（Bowie Bonds），为其筹集到 5500 万美元。Bowie Bonds 的成功发行起到了很好的示范作用，为知识产权运营探索出一条可行之路。美国、英国、日本等国家的知识产权资产证券化实践发展迅速。在美国，知识产权资产证券化的对象资产已经非常广泛，从电子游戏、音乐、电影、娱乐、演艺、主题公园等与文化产业关联的知识产权，到时装设计的品牌、最新医药产品的专利、半导体芯片，甚至专利诉讼的胜诉金，几乎所有的知识产权都已经成为证券化的对象。在日本，经济产业省早在 2002 年就声明要对信息技术和生物领域等企业拥有的专利权实行证券化经营，并成功地对光学专利实行了资产证券化。基于知识产权资产证券化的迅速发展，美国投资银行界与知识产权界将其作为未来重大的资产证券化项目，就连世界知识产权组织也将其作为未来的一个"新趋势"。

◇ 案例5　耶鲁大学专利许可费收益权证券化❶

1. 案例背景

生物医药产业是世界各国争相发展的战略性新兴产业，具有研发周期长、投资大、收益高、风险大的特点。通常情况下，开发新药存在前期投入大、开发周期长、企业风险大等问题，例如平均开发一种新的药物需要

---

❶ 邹小芃，王肖文，李鹏. 国外专利权证券化案例解析［J］. 知识产权，2009（1）：91-95.

耗资 25 亿美元，而药物从开始研发到临床应用的时间为 10 年，并且药物的最终效果也会影响企业的生存发展。当然，高投入也必然有高回报，新药一旦研制成功并投入使用就会产生巨大的收益。统计数据显示，一种成功的新药年销售额可以达到 10 亿~40 亿美元，世界范围内排名前 10 位的药企利润在 30% 左右，药品在申请了专利保护后，在保护期内对市场的垄断，使得其垄断利润额更大。同时，由于药品上市后可能发生存在严重的副作用、药效提升有限以及被新药取代等风险，该产业也是高风险产业。正是生物医药产业研发投入大、收益高、风险大、依赖知识产权保护等特点，使得生物医药产业成为知识产权资产证券化的重点领域。资产证券化公司从药品研发机构类似高校或者制药公司等获得药品专利收益权，并通过资产证券化手段形成不同的资产组合分散风险、获得资金，为药品研发机构提供研发资金的同时，从药品未来收益中获得盈利。

美国药业特许公司（Royalty Pharma）是美国最早一家将专利证券化的公司，始终处于行业领先地位，总资产超过 120 亿美元。自 1996 年成立以来，该公司就开始从大学、制药公司、生物技术公司等处购买药品专利许可费收益权，重点关注已经开始销售或处于开发后期的生物制药产品。这家公司并不从事药品的开发、研究、制造和销售，而是为药品专利所有人筹集资金，并且承担药品专利未来所带来的风险和回报。公司包括两方面业务：获取药品专利许可费收益权和以这些收益权为担保发行证券融资。同时，该公司成立了药品最后阶段临床试验基金，以换取其专利收益权。

司他夫定（Stavudine，药品名称 Zerit）是一种抗艾滋病药物，属于核苷逆转录酶抑制剂类的艾滋病毒药物，主要是通过阻止艾滋病毒改变健康的 CD4 细胞的遗传物质，来防止细胞产生新的病毒和减少体内的病毒数量。该药物由耶鲁大学 Lin Tai-Shun、William Prusoff 博士等研究人员于 20 世纪 80 年代早期开发，耶鲁大学将他们作为发明人申请了专利（见表 11-1）。2000 年，耶鲁大学校内正在搞基础设施建设，因此急需一批资金。当时，耶鲁大学已经将 Zerit 获得的药品专利许可给了百时美施贵宝公司（Bristol-Myers Squibb），由百时美施贵宝公司运用专利方法对药物进行大批量生产。

如果按照许可使用合同的支付惯例，耶鲁大学获得全部许可费收入需要漫长的时间。为了尽快获得资金，2000 年 7 月耶鲁大学将其药品专利的许可使用费收益权（包括美国的两项专利，分别为 1986 年 9 月 24 日发明的 911200 号专利和 1986 年 12 月 17 日发明的 942686 号专利，有效期至 2008 年 5 月 24 日；以及几项非美国专利，有效期至 2011 年）卖给了美国药业特许公司。美国药业特许公司为了支付这笔费用，对 Zerit 药品专利许可收益权进行了证券化处理，并为耶鲁大学成功融资 10031 万美元。Zerit 药品专利许可费证券化是美国药业特许公司开展的第一起专利资产证券化业务。

表 11-1 耶鲁大学围绕"司他夫定"申请并授权的专利

序号	专利号	申请日	申请人	专利名称
1	US046043829	1983-01-17	Research Corporation (New York, NY)	3′-amino-2′,3′-dideoxycyticine and the pharmacologically acceptable salts thereof NCL 5 ECL 1, 3, 4 COD 02 CLAS EDF 4
2	US046005730	1985-04-03	Research Corporation (New York, NY)	Compositions and method for alleviating the toxic effects of 1,3-bis(2-chloroethyl)-1-nitrosourea NCL 2 ECL 1 NDR 2 NFG 2 COD 02 RLAP COD 72 APN 458334 APD 19830117 PSC 03 CLAS EDF 4
3	US050990101	1986-05-15	Research Corporation (New York, NY)	Intermediates in the preparation of 3′-amino-2′,3′-dideoxycytidine and the pharmacologically acceptable salts thereof NCL 3 ECL 1 COD 02 RLAP COD 74 APN 458335 APD 19830117 PSC 01 PNO 4604382 CLAS EDF 5
4	US049786555	1986-12-17	Yale University (New Haven, CT)	Use of 3′-deoxythymidin-2′-ene (3′deoxy-2′,3′-didehydrothymidine) in treating patients infected with retroviruses NCL 8 ECL 1 COD 02 CLAS EDF 5

序号	专利号	申请日	申请人	专利名称
5	US047104929	1986-06-23	Yale University（New Haven,CT）	3′-azido-2′,3′-dideoxy-5-halouridine and its use in treating patients infected with retroviruses NCL 19 ECL 1 COD 02 CLAS EDF 4
6	US060018186	1991-07-03	Yale University（New Haven,CT）	Use of 2′,3′-dideoxycytidin-2′-ene（2′-,3′-dideoxy-2′3′-didehydrocytidine）in treating patients infected with retroviruses NCL 7 ECL 1 COD02

2．主要过程

美国药业特许公司于 2000 年 7 月专门成立了一家远离破产风险的特殊目的机构——BioPharma Royalty 信托，并将许可使用费收益权以真实销售的方式转让给了该信托。BioPharma Royalty 信托随后对该专利许可使用费收益的 70%进行证券化处理，发行了 7915 万美元的浮动利率债券和 2790 万美元的股票，并向耶鲁大学支付了 1 亿美元的对价。所发行的债券和股票以耶鲁大学专利许可使用费收益的 70%作为担保。

信用增级和评级。标准普尔根据 Zerit 专利使用费的历史数据，对其未来收入情况进行了测算，并在此基础上进行压力测试。压力测试中假设的情况有：①医学研究上的突破带来新药物的发明从而导致 Zerit 的市场份额下降；②药物目标使用者人数的下降；③价格波动。除了超额抵押外，BioPharma Royalty 信托还对证券化交易进行了优先/次级债券的内部增级，将所发行的债券分成两部分：5715 万美元的高级债券和 2200 万美元的次级债券。百时美施贵宝公司和耶鲁大学"AAA"的信用级别在评级机构评定债券的投资级别时也起到了很大的作用。其中，5715 万美元的优先债券被评为"A"，其偿债覆盖系数为 1.6。2200 万美元的次级债券虽然其偿债覆盖系数只有 1.3，但得到了"AA"的投资级别，原因是 Certer Re 的一个下属保险公司 ZC Specialty 以第三人身份提供了市值为 2116 万美元的股权担保。该证券化交易还有一个信用增强条件，即 BioPharma Royalty 信托，而非耶鲁大学在无法维持偿债覆盖系数的目标水平时，需要立即对债券进行提前摊还。

债券的发行和偿付。除了债券外，BioPharma Royalty 信托发行的 2790 万美元股票分别由美国药业特许公司、耶鲁大学以及 Banc Boston Capital 持有。在该次证券化交易中，美国药业特许公司与 Major US University 分别作为债券的承销商和分销商。BioPharma Royalty 信托于每个季度直接从百时美施贵宝公司获得许可使用费收入，在收到资金后按照协议将收益支付给服务商和投资人，在交易结束时将余额平均分配给三个股东。交易结束时，耶鲁大学收到了现金和信托中的股权。

自 2001 年第四季度起，由于百时美施贵宝公司销售额下降，专利许可使用费锐减，此次专利资产证券化交易失败，但这次证券化交易的最大赢家就是耶鲁大学。吸取这次专利证券化单一专利授权许可的教训，在耶鲁大学专利许可费收益权证券化交易结束后，美国药业特许公司又于 2003 年夏季进行了另一起专利许可费收益权证券化交易，将 13 种药品的许可使用费收益权进行了债券化，以此为基础发行了 2.25 亿美元的循环融资债券，并获得成功。

3. 主要成效

该案例具有非常重要的意义，是专利权证券化的典型案例，为以后的类似交易设定了一个标准的模式，使得后来的专利权资产证券化交易有章可循。药品市场的快速增长不但为药品专利证券化提供了更多的资产，而且制药商对研发资金的巨额需求也为药品专利权证券化提供了更多的用武之地。

4. 案例启示

知识产权资产证券化让传统资产证券化延伸到专利领域的同时，也对制度进行了创新。具有复杂的结构和法律关系特点，基本的当事人包括发起人、发行人和投资者，是整个融资过程的主轴。本案例中，耶鲁大学为发起人，出售的是专利许可费收益权；发行人为 BioPharma Royalty 信托，从发起人处购买专利许可费收益权，然后发行资产证券。

结合本案例可以分析出，知识产权证券化对于发起人而言具有以下几个优势：

第一，证券化可以迅速融资。不同于周期比较长的通过专利许可获得许可费，将知识产权资产证券化可以让专利权人在短时间内获得大笔资金。第二，证券化确保了融资安全。将知识产权资产证券化使得投资者购买的证券不撤回，形成了对专利许可费的未来收益的保障。第三，募得的资金无须纳税。对于发起人来说，在受让收益权的时候，需要签署一个转让协议，因为受让的是专利收益权而不是专利本身，不需要做产权变更登记，所以没有税收。第四，专利权人依然拥有专利权。专利资产证券化受让的是专利许可未来的收益权，不改变专利权的归属，因此专利权人依然拥有本专利的专利权，也可保留部分专利许可的现金收益。

知识产权证券化交易主要包括以下几个部分：①许可使用收费权的转让。知识产权所有者将知识产权未来一定期限内的许可使用收费权转让给特设机构，即 Special Purpose Vehicle，简称 SPV，是以资产证券化为唯一目的的实体。②资产抵押债券的内部信用评级。SPV 聘请信用评级机构进行资产抵押债券（ABS）发行前的信用评级。③信用增级提高 ABS 信用级别。SPV 根据信用评级结果和产权所有者对于融资的要求，采取一定的信用增级技术提高 ABS 信用级别。④SPV 请信用评级机构对发行信用再次评级。⑤由 SPV 向投资者发行资产抵押债券，获得的发行收入作为向知识产权所有者支付未来许可使用收费权的购买价款。⑥由知识产权所有者或者其委托服务人收取被许可方的使用费，并且把这部分费用放入 SPV 指定的收款账户中，交由托管人负责管理。⑦投资者本息和信用评级机构等中介机构的费用由托管人按期支付。

专利评估在专利资产证券化中扮演着非常重要的角色，但是专利许可独特的结构使得对专利许可费的评估存在很多困难，造成在高达 90% 的许可交易中许可费收入不确定，影响了许可双方对基础专利价值的评估，阻碍了将专利许可费证券化，增加了对专利许可费收入流监管成本和对相关各方的管理成本。存在争议的评估方法可能会影响人们对潜在专利证券化交易稳定性的信任，因此专利评估有待发展，如果能在许可交易中对基础专利的市场价值达成一致意见，更加具体地约定许可费，将会加速专利资产证券化的推广。

（六）专利侵权诉讼

◇ **案例6　卡耐基梅隆大学诉美满电子侵权案**

1. 案例背景

卡耐基梅隆大学（Carnegie Mellon University），坐落在宾夕法尼亚州的匹兹堡（Pittsburgh），是一所美国著名的研究型大学，该校拥有全美顶级的计算机学院。

美满电子科技公司（Marvell，以下简称"美满电子"）创立于1995年，总部位于美国加利福尼亚州的圣塔克拉拉（Santa Clara），公司是由印尼华侨周秀文博士及妻子戴伟立女士、胞弟周秀武共同创办的，并于2000年成为美国纳斯达克的上市公司，市值大约100亿美元，作为一家顶尖无晶圆厂半导体公司，2012财年的收入为34亿美元，每年销售的芯片达到10亿颗，已经与全球知名的领导厂商和服务提供商建立了稳定的合作关系。

2. 主要过程

卡耐基梅隆大学于2009年、2012年起诉美满电子，称后者侵犯了自己的硬盘专利。美国宾夕法尼亚西部地区法院一审判处美满电子赔偿11.7亿美元。卡耐基梅隆大学一直寻求37亿美元赔偿的诉求，考虑到美满电子的生存和案件的公平性，当地法院的法官并没有接受卡耐基梅隆大学有关赔偿费用方面的请求。而卡耐基梅隆大学认为：在时间上，美满电子侵犯专利时间久，早在2009年首次提出诉讼的时候，自己的专利已经被侵权使用7年之久；在数量上，美满电子至少有9种芯片涉及对卡耐基梅隆大学专利技术的侵权。美满电子对审判结果不满，进行上诉，联邦法院二审判处美满电子赔偿15.4亿美元。

对于二审判决，美国联邦巡回上诉法院于2015年8月裁决，否决了原来15.4亿美元的赔偿数额，并判美满电子制造和销售的芯片侵犯了卡耐基梅隆大学的相关专利，需要赔偿卡耐基梅隆大学至少2.784亿美元。但同时三名法官组成的审判小组也表示，额外的惩罚并不必要，因为美满电子的专利无效辩护是客观合理的，因此其侵权并非故意所为。美国联邦巡回上诉法院发布的电子记事表表明：虽然芯片制造商美满电子侵犯了卡耐基梅隆大学的专利，但只应支付侵权芯片进口到美国和在美国销售的版税。关于海外生产的芯片以及还未进入美国市场的芯片，确实在美国销售成功才会被纳入损害赔偿范围。法院表示，针对进口到美国和在美国销售的芯片，过去的版税加上因侵权行为所带来的收益，美满电子应该支付2.784亿美元的赔偿。

对此，卡耐基梅隆大学称，美满电子的销售循环都在美国本土范围内发生。但联邦上诉法院表示，在案信息不足，不能判定美满电子的实际销售是否都在美国本土范围内发生。

专利律师安德鲁·奥尔顿（Andrew Alton）提到，高校由于科研能力强而可能拥有更多先进的技术，然而高校又往往不重视将先进技术转化为实际成果，卡耐基梅隆大学对于其硬盘的专利这样描述"过于复杂以至于不可能在现实世界里实现"。美满电子的上诉将被更加专业的专利法院受理，以便案件中的问题可以得到更好的解决。

3. 运作模式

专利侵权损害赔偿是指行为人实施专利侵权行为给他人造成损害应当承担赔偿损失的民事责任。专利侵权损害赔偿的原则是指侵犯专利的行为而造成损害，确定侵权人应当承担责任以后，确定侵权人应当支付的赔偿额的一般准则。一般情况下分为两种：一种是补偿性赔偿原则，即以补偿权利人全部损失为原则的专利侵权赔偿，包括直接损失和间接损失；另一种是惩罚性赔偿原则，在赔偿被侵权人的损失以外对侵权人增加一定的惩罚，增加赔偿额，旨在对故意侵权的行为加大惩罚力度，区别对待更加公平。

4. 案例点评

该专利纠纷对技术授权和商业谈判产生了广泛影响。关键点集中在美满电子是否应该支付其在海外销售的芯片的版税，因为这些芯片是在美国设计、测试和销售的。而法院的最终裁决意味着将鼓励企业把研究和测试活动移到海外。该判决可能会导致企业更加谨慎，尤其要确保它们的海外销售不至于成为美国专利法的目标。此后，许多科技公司的合同谈判很可能在美国本土之外进行。

　　根据美国联邦上诉法院判决书中的内容，卡耐基梅隆大学持有的两个专利分别是名为"用于相关敏感自适应序列检测的方法和装置"的专利 US6201839 和名为"ISI 内存通道的软硬序列检测"的专利 US6201839，这两个专利主要涉及硬盘降噪，这篇专利文献在百度学术中查到分别被引用了 79 次和 80 次，都是对应领域的最高引用文献，对一篇专利文献来说，这个数字足以说明其价值。

第十二章

创新服务机构知识产权运营

一、概述

知识产权服务业是我国服务业中的一个重要组成部分。知识产权创新服务机构则是知识产权服务体系和服务业中的主体因素，其建立和健全的状况对于我国知识产权服务业发展至关重要。在知识产权创造、运用、管理和保护的工作体系当中，知识产权服务贯穿其中。知识产权服务指对专利、商标、版权、著作权、软件、集成电路布图设计等的代理、转让、登记、鉴定、评估、认证、咨询、检索等活动。知识产权服务是一项既包含法律服务，又包含专业技术服务的特殊服务。国家知识产权局统计数据显示，截至 2017 年年底我国主营业务为知识产权服务的机构数量已经超过26000 家，年均增长 30%。创新主体的合作过程中，从合作环境的营造、合作伙伴的筛选、合作过程的管理到战略合作关系的构建等诸多过程，都离不开知识产权服务的保障。

（一）创新服务机构知识产权运营的内涵

知识产权的运营是指知识产权的运作或者知识产权的市场化运营，企业或者其他机构通过知识产权的转移、许可质押融资、管理咨询等方式，借助于市场中的交易来实现知识产权的经济价值。知识产权的运营目的是将科技成果转化为生产力，从而实现知识产权开发的投资回报和经济效益，本质上是商业活动行为。创新服务机构是为科技创新主体提供社会化、专业化服务，以促进支撑和促进创新活动的机构。创新服务机构在知识产权的运营中承担着非常重要的支持功能，在知识产权的运营中向全社会提供技术扩散、成果转化、科技评估、创新资源配置、创新决策和管理咨询等专业化服务，对创新主体和市场之间的知识产权流动和技术转移发挥着关键促进作用，有效地降低了创新的成本，化解了创新风险，加快了科技成果的转化，提高了整体创新功效。

（二）创新服务机构知识产权运营的定位

1. 知识产权自身价值的挖掘者

我国的知识产权运营市场建设刚刚起步，存在着诸多的矛盾。一方面，高校和科研院所拥有众多的拥有自主知识产权的科技成果，转化率低；另一方面，科技型企业对于科技成果的需求量比较大。但是在高校科技成果转化过程中存在着一些问题：产学研联系不紧密，高校主要是人才培养和基础研究，缺乏相关产业的从业人员；技术成熟度相对较低，理论研究成果与实际的应用还存在一定的差距；对知识产权的意识不强、重视程度不够。发掘知识产权的价值成为创新服务机构运营的一项核心能力。

2. 知识产权运营资金的渠道建设者

拥有知识产权的科技成果需要通过产业化才能转化为现实生产力，所以创新服务机构必须将知识产权的投资者、所有者和运营者引入同一个平台，在知识产权运营过程中将市场中的技术资本、金融资本与人力资本进行优化组合。

3. 知识产权运营平台的搭建者

创新服务机构在知识产权的运营过程中一个非常重要的作用就是为知识产权交易的双方提供可靠准确的信息、专业地沟通买卖双方的真实需求。所以，创新服务机构是知识产权运营平台的搭建者，创新服务机构提供从研发服务、技术供给与需求、科技金融、政策咨询及创业孵化等全链条服务。我国很多地方为了加快科技创新，建立了一大批技术转移和科技成果转化公共服务平台，并充分发挥创新服务机构集聚知识产权信息、提高运营效率、降低运营成本的效能。

4. 知识产权运营人才的培养者

知识产权运营是一项复合型的综合业务，涉及多方面业务，包括技术、金融、法律、市场、管理等，需要高素质复合型从业人员支撑。利用知识产权运营领军人才的影响力，可以影响更多的专业人才加入知识产权行业，促进行业从业人员的队伍发展壮大，从而加快知识产权运营行业的发展；另外，创新服务机构可以为创新主体提供知识产权运营的相关培训，在推动建设专业化知识产权运营队伍的同时，也提高了社会对服务机构的认可，形成了良好的社会影响。

（三）创新服务机构知识产权运营的主要服务功能

创新服务机构在知识产权的运营过程中的功能主要有以下几种：①知识产权评估功能。通过知识产权评估，可以随时决定一项科技成果是否应该继续直至市场化或是立即终止。②市场需求调查功能。作为企业与创新主体之间的桥梁枢纽，了解市场需求并为其寻找相对应的技术是最基本的职责。一方面了解市场需求；另一方面通过市场调查体系，指导高校和科研院所以市场需求为导向，使其科技成果具备产业化的市场价值和经济效益。③知识产权金融投资功能。资金支持是知识产权产业化过程中一个非常重要的环节，在配备一张完备的知识产权金融投资网络的同时，配备金融专家为保证资金的投入强度和风险保驾护航。④知识产权法律咨询功能。知识产权法律咨询功能贯穿知识产权从研发到结束的全生命周期。国家关于知识产权法律保护的制度日益健全，知识产权的法律价值是通过赋予智力成果的排他性来实现的，知识产权的法务咨询和知识产权的保护必不可少。

（四）创新服务机构知识产权运营的服务模式

从事知识产权运营的创新服务机构主要有以下几种：①以提供咨询服务为主的机构，即从事一种或多种较为复杂的知识产权咨询工作。②以提供包括专利代理、商标代理和版权代理等交易代理为主的服务机构。③以提供知识产权权利确认为主的服务机构，主要从事知识产权（专利）的许可服务，开展专利技术转让、技术中介、技术服务、可行性研究等。④从事知识产权法律咨询、诉讼代理等服务，以提供交易司法援助为主的服务机构。⑤以提供促进知识产权成果转化服务为主的服务机构。⑥以提供与投资、融资、担保、贷款相关的知识产权金融服务为主的金融机构。

二、案例

◇ 案例 1　中国技术交易所

1. 成立背景

随着经济全球化和知识经济时代的到来，市场竞争日趋激烈，"知识产权壁垒"作为发达国家维护本国竞争优势、主导全球经济市场的作用日益突出，而发展中国家对创造和运用知识产权、参与经济全球化的积极性不断提高。

"十一五"以来，我国知识产权创造活动日趋活跃，申请量和授权量都快速增长，到 2011 年，我国发明专利申请量首次超过美日，并连续 4 年保持全球第一，2014 年，我国发明专利申请量为 92.8 万件，占全球总量的 34%。

我国知识产权数量增长速度很快，但很多专利成果却"待字闺中"，我国知识产权运营的需求日益凸显，专利等科研成果转化问题亟待解决。我国陆续出台了一系列措施，从国家层面到地方层面，针对科技成果转化的问题进行了改革，目的是积极推动科技成果转化和技术交易的市场化。传统的线下交流平台服务模式难以满足市场发展需求，供需双方都需要专业性更强的知识产权中介机构提供更加专业的对接服务，从而加快科技成果的转化。

虽然社会上从事技术交易的机构很多，但是效果都很不理想，存在着交易不活跃、服务不配套等一系列问题。与实物交易不同的是，技术交易作为一种无形资产不可见，交易的过程需要尽职调查和评价分析，因而给交易的过程带来了困难。基于这样的现状，经国务院批准，北京市人民政府、科技部、国家知识产权局和中国科学院联合建立了国家级的技术交易服务机构——中国技术交易所。

中国技术交易所（以下简称"中技所"）的自身定位明确，始终坚持"发挥平台资源汇聚与服务集成优势，做第四方平台"。在政府相关部门的指导、支持下，与作为第三方中介机构的服务资源之间建立起合作关系，然后为第一方技术的产生方和第二方技术的需求方提供综合性的技术合作服务。

多年来，中技所科技促进成果产业化率不断提高、技术交易模式不断创新、技术与资本能够有效对接，成为我国技术交易市场重要的平台型服务机构。

2. 发展过程（主要做法、主要过程）

（1）打造"知识产权一站式服务平台"。2010年8月17日，中技所打造的"知识产权一站式服务平台"（Intellectual Property Onestop Service，简称"IPOS平台"）正式上线，上海电气中央研究院等12家机构在启动仪式上与中技所及IPOS平台签署了战略合作协议。

IPOS平台分为六个不同的层次，汇聚国内外一流知识产权中介服务资源，组建庞大的专家委员会，为知识产权交易双方搭建平台，提供优质的中介服务，促使交易的完成，根据客户个性化的需求，针对不同的行业、领域、企业提供知识产权一站式服务。IPOS平台的建设有利于知识产权商业化，增强了企业对知识产权的保护意识，提升了管理水平，平台解决了以往知识产权中介服务机构职能分散和服务质量参差不齐的问题，对服务模式进行了创新，促进了国内外的交流，信用评价体系也维持了良好的运营环境。

经过多年的发展，中技所IPOS平台已经建立起完善的技术交易服务体系，促成了大批项目的成功对接，推出科技成果信托产品、参与组建投资基金等，并针对科技成果产业化渠道和方式的不同需求提供高效的全流程服务。

（2）探索"专利拍卖"服务模式。专利拍卖改变了过去一对一的转让方式，以专利权作为标的，通过市场竞价来实现专利权的转移，并最终确定买方。这种交易方式是技术转移的一种有效补充手段，具有覆盖面广、公平竞价、合理出售的特点，对于专利转让人和权利受让人都有利，为促进科技成果的转移提供了市场化的流转渠道。

在实践中，越来越多的机构开始尝试采用专利拍卖的方式，得到了市场的普遍认同，从 2006 年美国 Ocean Tomo 公司举办的世界历史上第一次现场专利拍卖会开始，该公司定期组织拍卖活动，美国的航空航天局在随后也采用拍卖的方式将其专利向企业进行快速转移。2010 年 12 月 16 日，中技所筹备了 4 个多月的首届专利拍卖会在中技所大厅举行，中技所的 70 项不同领域的专利进行了公开拍卖，总成交额近 300 万元，拍卖活动受到了国内外的广泛关注。

这次拍卖活动表现出了如下特点：

1）科研机构首次批量转让高质量发明专利。此次专利拍卖的专利涵盖了比较热门的智能信息、无线通信、物联网等领域，是中国科学院专业科研机构首次对外集中公开展示，93% 标的为发明专利，66% 标的为近三年授权，26% 标的涉及标准及相关制度。另外标的授权日期也较新，其中 2009 年申请的专利占总数 47%，2008 年申请的占 19%，其他为 2008 年之前的。

2）首次尝试市场化竞价交易方式。为了盘活科研院所、大专院校等国有科研机构的存量无形资产，此次采取专利拍卖的市场化竞价交易方式，搭建了无形资产进场交易的规范化流转平台。同时这种交易方式也为科研成果服务企业自主创新开辟了新的道路，科研成果的快速转移降低了企业开发成本，缩短了开发周期，实现了转让方和受让方的"双赢"。这是一次积极的、有意义的创新尝试。

3）打造现代技术服务机构协同创新的新模式。相对于美国等发达国家成熟的技术交易模式，专利拍卖在中国并没有得到有效的利用。与传统的实物及资产拍卖不同，专利拍卖的复杂程度更高，对拍卖组织方能力的要求更高。为了保证在本次拍卖活动的组织过程中，可以高效率、市场化地开展工作，中技所大胆尝试了"一轴+二步+三制度"的联合工作机制，即以明确各个时间截点的倒计时工作时间轴为主线，目标客户细分招商与专利标的深度价值分析两步同时按阶段进行，并在以资源整合制度、信息收集反馈制度、标准化招商制度三个原则下，现实有效地融汇各方优势资源、统筹全局工作。这一共赢型联合工作机制是此次拍卖会成功举办的重要保障，同时也在实践中得到了市场的检验与企业的认可。这次拍卖充分发挥了现代服务业组织对科研技术领域自主创新、成果转化及知识产权运用的支撑与促进作用。

中技所经过多年的探索和发展，使得专利拍卖成为一项常态化业务，赢得了国内许多知名企业的青睐。中技所于2010—2012年连续三年成功举办了三届专利拍卖会，交易模式不断创新发展。第三届专利拍卖活动持续了三个月，基于来自不同地域参与主体个性化的需求，这次的拍卖活动选择了"现场叫卖""网络动态报价""现场网络竞价"三种竞价交易方式，挖掘了市场价值，加快了无形资产的转化。

拍卖会的成功进行提高了中技所的知名度，也提高了中技所的发展平台，2013年，国家知识产权局和中技所在京成功举办2013年"专利价值分析体系培训班"。同年9月，中技所与贵阳国家级高新技术产业开发区签约共建"贵阳科技成果转化服务中心"。10月，中技所承办的"2013中国科技城科技博览会科技成果和专利技术发布与交易会"——新能源新材料、节能环保专场成功举办，随后，生物医药、现代农业及食品行业专场在绵阳师范学院成功举办。通过在知识产权领域的不断摸索，中技所积极连接企业和政府，在各个行业的知识产权领域都取得了快速进展。

（3）建设运营"技E网"。技E网于2014年12月18日正式上线，它是中国技术交易所有限公司依托国家科技支撑计划打造的"国家技术交易全程服务支撑平台"，目的是为全行业搭建第四方服务平台，提供科技成果转化全流程支撑服务。中国技术交易所有限公司立足于科技服务领域的综合服务提供商，以提高全行业产业升级和创新能力为己任，全面打造为"政产学研金介"服务的市场化服务体系。

技 E 网利用了互联网技术方面的特点，对规范化的交易制度和流程、标准化的技术信息发布、集成化的中介服务和实时化的交易竞价进行了全面的提升。并且针对所有交易相关人员开放会员注册，根据人员的不同提供个性化的会员注册类型。

技 E 网在应用和技术方面比较突出的创新点是服务模式和商业模式的创新。在服务模式创新上采取集成加创新的方式，在汇聚各类技术交易资源的基础上，推出多种创新服务品种。在商业模式创新上，技 E 网选择分佣制，也就是对收取到的交易佣金，由交易所和相关中介机构等按比例分配得到相应部分的佣金，这种方式不仅降低了交易双方的成本，而且极大地激发了各机构主动参与的积极性。作为一个开放式的平台，让交易的供需双方和中介机构积极参与其中，实现了信息的沟通，集合了各方的信息资源，提供了多元化的个性服务，加快了科技成果的转化，达到了多方共赢的目的。

2015 年 12 月 18 日，技 E 网上线一周年之际正式推出 2.0 版本，从功能设计、用户体验、内容层次等方面进行了全面优化。

2.0 版技 E 网的主要亮点有：

1）专利交易定位清晰。专利超市集中展示可标准化开展竞价交易的专利项目，并通过业务的拓展进一步融合商标、版权、植物新品种权等知识产权交易内容。

2）科技融资内容丰富。知识产权融资板块集中展示科技企业股权交易与融资项目，同时提供各类科技金融服务产品的展示及咨询，逐步形成立体丰富的融资项目展示与金融服务产品综合发布平台。

3）价值评估提升效率。专利价值评估作为中技所开发和实践的特色服务内容，在新版网站中被更为清晰地展现出来，未来专利价值评估将结合互联网众包模式实现更多专家和分析师的参与，提升评估的效率和公信力。

4）地方频道清晰呈现。新增地方频道栏目，新版网站将各地方频道专门列出，访问者可以直接查找相关地区或行业的专题频道，从而获得更直接的分类信息。技 E 网与各地方频道保持后台数据资源共享互通的同时，网站设计及访问页面保持各自独立。

5）"圈子"营造专业社交。技 E 网新增"圈子"栏目，随着网站访问量的增加，越来越多的行业专家及经纪人开始加入技 E 网，为了使这部分个体在平台中获得除技术项目之外更多的专业信息，并产生专业领域的社交互动，新版网站增设了"圈子"栏目，收纳了行业相关的各类原创分析报告及专家文章等，更加突出专业交流并增加网站的用户黏性。

3. 主要成效与特点

中技所在国内首推专利拍卖，加快了专利技术向企业的快速、批量转移，技术价值实现了最大化，形成了良好的消费习惯，营造了良好的市场氛围。多家知名公司先后通过中技所开展了专利公开交易，成交总额在 2015 年 11 月已经突破了 3000 万元。

与此同时，中技所围绕专利交易实现了资源有效聚集，在摸索中搭建形成了功能较为系统的"技 E 网"，服务人员素质和团队不断提升，形成了专利价值评估、交易咨询、股权激励咨询等系列服务。

（1）技 E 网的平台作用日益凸显。技 E 网，可以说是在"知识产权一站式服务平台"建设、专利拍卖等平台和服务模式之后，发展形成的更为强大的综合型服务平台。它与行业、区域合作共建分平台，逐步建立起全国覆盖、行业深化的体系。

另外，分平台建设促进了共享共通。技 E 网依据行业或者区域产业特点，为不同的机构提供了定制化的平台建设服务，支持了创新服务体系建设，形成从线上到线下、从软件到硬件、从信息技术支持到科技成果转化的专业服务。

（2）实时在线竞价异军突起。网络竞价极大地方便了购买方随时随地在线竞买，提供在线竞价交易服务，适用于多种不同的交易产品；上线一周年，技 E 网共开设网络竞价专场 22 场，成交金额 1500 万元，为鸿海富士康集团达成的在线交易单笔超过 500 万元。

（3）"在线路演"服务功能逐步发展成熟。在线路演服务重点项目和重点合作机构，畅通交易双方的洽谈渠道，提供全面立体展示。上线一年共完成在线路演 105 场次，中兴通讯股份有限公司、中集集团、中国航天空气动力技术研究院、中国运载火箭技术研究院等在内的多家知名机构在路演中获得咨询对接。项目路演方面，为更好地服务创新创业企业，技 E 网综合视频节目录制、动画制作、文字访谈等内容，为近百个项目打造了专场项目路演，促进优质项目更加精准有效地呈现给投资人。

（4）在线展会提升对接效率。在线展会结合了线上线下的展示活动，在增加参观人数的同时也达到了很好的对接效果。上线一年共举办线上展会 21 场。中关村管委会、中关村环保科技示范园、北京市知识产权局、中国科学院物理研究所、河北省科技厅、西安交通大学等主办的线上科技成果展会，吸引了超过万人次的访问，充分放大并提升了线下科技成果项目展会的影响范围。

（5）为国有成果转化保驾护航。配合《促进科技成果转化法》的修订及国有科技成果挂牌交易与信息公示"国有科技成果交易改革试点"等若干文件的出台，技 E 网开发完成"国有科技成果挂牌交易系统"和"国有科技成果交易公示系统"，并于 2015 年 10 月正式投入使用。

"国有科技成果挂牌交易系统"为广大科研院所、高校提供规范公开的市场定价机制，促进高校科技成果与资本的高效对接。"国有科技成果交易公示系统"为了进行公允的市场化公示，采取了场内和场外的双公示系统，同时此系统还加强了监督功能，预留了第四方监管通道。

（6）围绕重点战略布局和共建。围绕京津冀协同发展战略和"一带一路"倡议，技 E 网着力发展线上渠道和线下服务的融合，线上的功能主要在于全面地展示、精准地搜索、实时地在线竞价、永不落幕的展会等。线下服务方面，通过现场技术对接、实地企业调研、重点项目走访、技术及政策咨询等服务内容，与线上服务紧密配合。以开放合作和资源共享的互联网精神，与京津冀地区及"一带一路"沿线各专业机构及地方政府、园区等打通信息、项目及服务渠道，逐步形成京津冀及"一带一路"沿线合作网络。

在服务京津冀协同发展方面，技 E 网已与河北省科技厅合作建设"京津冀技术交易河北平台",并在科技部火炬中心的指导下,通过与北方技术交易市场的合作,筹建京津冀技术交易统一平台。

技 E 网积极在"一带一路"相关区域布局,结合当地产业优势,搭建技术交易网络信息平台,促进技术资源信息的共建共享。技 E 网已建成贵阳工作站、杨凌工作站、内江科技成果转化平台。此外,技 E 网还建设了专业频道,开展中国—北欧技术合作活动,推进北欧先进技术向中国内陆地区转移。

4. 主要启示

(1)立足于形势需求,借助国家等相关部门大力支持快速深化发展。中技所成立之初,我国技术交易市场快速发展,在全国大部分省市建立起来的技术交易平台也得到了快速的发展,但是平台很少有涵盖从国家到地方层面的综合信息,平台的信息服务资源相对缺乏,技术交易环节服务功能缺位。基于这一形势,国家需要一个能够在国家(国际)层面全面整合资源、为"政产学研金介"服务的全流程、全方位的市场化服务体系,这也正是中技所的功能定位,也因此得到了国家相关部门的大力支持。

国家级技术交易服务机构——中技所,在成立过程中得到了北京市人民政府、科技部、国家知识产权局和中国科学院四个部门的支持,其"知识产权一站式服务平台"建设,正是在这种支持下得以顺利推进的;而首次专利拍卖,也得到了中科院计算所、北京市政府等部门的大力支持。随后,中技所加快了与地方、行业系统、高校、企业的合作,得到了很多地方组织和部门的通力合作。

在这方面,中技所立足需求,抓住机遇,快速深化发展。

(2)学习先进经验,不断强化人才团队,加快服务模式创新。技术交易服务是一项专业性强的业务,只有不断创新、提升服务才能获得生存和发展。中技所早在成立之初,就广泛学习国际先进经验,在一个个较为明确的创新计划的指引下,在实践中不断向前推进,优化调整,不断推动服务模式创新,做精做专,深化专营机制。从 2010 年首次推出"专利拍卖"服务,到广泛与国外机构、地方部门、行业系统、高校、企业签署战略合作协议,再到运营综合服务平台"技 E 网",开展实时在线竞价、在线路演、在线展会、专利价值评估、技术交易咨询、股权激励咨询等服务，服务模式不断升级，服务活力更加突显，这是中技所稳扎稳打，业务拓展与人才团队建设同步发展的结果。

（3）不断深化务实合作，谋求共赢发展。为解决技术成果作为无形资产出现的信息不对称问题，中技所始终保持开放合作的态度，全面广泛深入开展对外合作交流。首先，它积极构建独立的第四方平台，全面汇聚国内外一流的知识产权中介服务资源，组建了队伍庞大的专家委员会，把交易双方与各类中介服务机构串合起来；其次，它通过签署战略合作协议、建立地方工作站、共建地方技术转移中心，以及为地方政府部门、园区管委会、技术转移机构提供定制化的平台建设服务等多种方式，走知识产权综合发展之路，通过各类专项服务，与全国20多个省区市的科技厅、科技局、高新区及科技型企业开展实质性业务合作；最后，在具体项目上，中技所在牵线搭桥的同时深化服务与合作，将技术专利化、专利产品化、商品产业化有机串合起来，让专利产业化的链条清晰而有效。

通过深化合作、共赢发展，中技所不断把工作做出成效，让自身实现了较快的发展。

◇ **案例2　德国史太白**

1. 成立与发展

德国史太白为纯私营企业，民办官助，主要由非营利性的史太白经济促进基金会（Steinbeisstiftung für Wirtschaftsförderung，StW）和专攻技术转移的史太白技术转移有限公司（Steinsbeis GmbH & Co. KG für Technologietransfer，StC）构成。早在1868年，史太白的冠名创始人费迪南德·冯·史太白（Ferdinand von Steinbeis）初次成立了史太白基金会。最初成立基金会的主要任务是加强培训青少年的技术和商业能力。但好景不长，1923年德国爆发通货膨胀危机，基金会被迫解体、业务陷入停滞。1971年在巴符州经济部倡议下，史太白经济促进基金会得以重建，专注于技术咨询服务。1983年，约翰·劳恩（Johann Löhn）任巴符州政府技术转移事务专员兼史太白董事会主席，对机构内部的高校咨询处进行了调整，将其调整为技术转移中心，并且在 1998 年成立了技术转移公司，负责管理技术转移中心和运作技术转移中心市场化。同年在柏林创办史太白大学，旨在加快培养技术转移领域的专业人才。2005 年起，史太白拓展了转移公司业务，在提供纯技术转移服务的同时增加了咨询、研发业务，也因此建立了史太白咨询中心有限公司和史太白研究与创新有限公司。自 2012 年开始，史太白加快了与中国的合作，2012 年 10 月成立昆山史太白技术转移中心，2013 年 6 月为太仓开发区中德中小企业基地提供史太白大学 MBA 教育，2014 年 3 月中国部分省市的独家代表机构——中技所获得史太白的授权，开展业务、项目、渠道的开拓和对接工作。得益于德国政府的大力支持和共同创新，史太白不断取得突破，业务遍布 60 多个国家，其合作联盟已拥有 1000 多家企业，包括技术转移中心、研发中心、咨询中心、转让研究所和自主企业。毋庸置疑，史太白已成为全球最大的技术转移机构之一。

2. 主要成效与特点

（1）着眼客户需求、服务全面化。一方面，伴随着企业竞争加剧，中小企业压力陡增，刺激了中小企业在产品创新、多元经营和效率提升等方面的需求；另一方面，外部技术与知识服务供给方不能满足中小企业的全部需求。也就是说，现有技术服务对于中小企业来说并不"解渴"。史太白敏锐捕捉到这一发展契机，配置主要资源服务于中小企业这一技术转移服务的最大受众，从而帮助其适应不断变化的市场环境。

着眼于客户需求，史太白在其发展的过程中不断探索全面化的服务，以顺应市场需求的多元化趋势。在提供技术转移服务的基础上，史太白进一步拓展咨询、研发、培训业务，旨在提供综合性全方位服务，从而实现技术创新与组织管理创新的结合，最终为客户提供一体化的解决方案。

（2）约翰·劳恩法则。约翰·劳恩坚持技术转移要取得成功就必须做自己的老板，意在强调技术转移和技术人员要明确自身定位、设定合理目标、约束自身行为，从而实现技术转移模式的不断优化。史太白明确机构定位，始终坚持私募基金会非营利技术转移机构的性质，致力于架好政府与市场沟通的桥梁。

约翰·劳恩法则推动史太白不断前行，不断突破。一方面，史太白坚持市场化发展。尽管在重建之初得到政府很多优惠政策以及资金支持，但史太白并未因此放松对自身的约束，而是酝酿着市场化发展，最终实现了自我维持。据史太白年报显示，其年营业额稳步提高，营业额从 1983 年的 235 万欧元增长至 2016 年的 157 亿欧元。另一方面，史太白以争取政府项目的形式加强与政府的合作，成为州政府、德国乃至世界推动技术转移的强大力量。

（3）以人为核心的技术转移网络。史太白致力于构建以人为基础的基础转移中心，从而形成以人为核心的技术转移网络。这充分利用了各类大学和研究机构的资源，吸引了大量优秀人才、教授参与，教授占员工总数的 11.5%。此外，优秀人才的参与也提高了服务的效率和质量。与此同时，网络的构建便利了各中心间的协同合作，扩大了服务范围，使高强度、高难度服务需求得以满足。

3. 主要启示

（1）明确定位。史太白始终坚持私募基金会非营利技术转移机构的性质，明确自身服务的对象主要为科技类中小企业，一步步取得成功。反观我国，虽然我国技术转移机构数量已经很多、服务范围覆盖面也很大，但却存在着服务功能和服务对象的高度重叠，技术转移的整体效率并不高。因此，我国技术转移机构应充分明确自身定位，结合机构特点和市场痛点明确自身服务范围、服务功能。这不仅有助于发挥个体技术转移机构的优势，有利于其发展，而且也有益于我国整体技术转移服务需求的全覆盖、技术转移效率的提升。

（2）打铁还需自身硬。史太白坚持做自己的老板，不要求政府的资助，在不断完善自身服务、优化服务的过程中赢得了市场的青睐，从而实现了自我维持。而在我国，很多技术转移机构面临资金短缺的难题，并将此问题归咎于政府缺乏优惠政策。我国大多技术转移机构过于依赖政府资助、扶持，而不是靠完善自身服务在市场立足。我们应该意识到，政府扶持毕竟是有限制的，因此，技术转移机构应充分认清形势。打铁还需自身硬，技术转移机构应致力于自身服务的优化，通过提供更好的服务赢得市场。

◇ **案例 3 中知厚德知识产权运营管理有限公司**

1. 成立背景

中知厚德知识产权投资管理（天津）有限公司（以下简称"中知厚德"）是由国家知识产权局知识产权出版社、天津市知识产权局及天津市东丽区政府牵头指导并共同组织成立的一家以知识产权运营为核心业务的高端知识服务机构。该公司于 2015 年 2 月 12 日在天津市东丽区市场和质量监督管理局注册成立，注册资本为 2000 万人民币，由天津市滨海华明开发建设有限公司、北京中献电子技术开发有限公司、天津滨海新区科技创新服务有限公司为其注资成立。在随后的发展中，公司规模逐渐壮大，开始了对外投资的历程，由 2015 年年末开始，逐步对上创普盛（天津）创业投资管理有限公司、科大天工智能装备技术（天津）有限公司、天津普银天使创业投资有限公司进行投资活动，形成了以知识产权运营、规划、咨询、服务、金融等为核心业务的高端知识服务国有企业。

同时，中知厚德主要以 i-SIPO 专利运营模式为核心思想，为原创技术提供全方位的专业化服务。始终坚持落实国家知识产权战略，搭建智慧—产权—财富的桥梁，振兴民族产业，实现企业价值倍增，做可持续知识服务公益事业。充分发挥国家知识产权局人才及各类资源优势，有机结合天津经济与产业特色，全面构建知识产权价值评估、战略咨询、布局挖掘、侵权预警、交易流通、金融投资、上市辅导等全产业链运营服务体系，致力于打造华北乃至全国的知识产权高端服务品牌，并将更适合在天津市发展的知识产权商业化项目引入天津，为京津冀协同发展做出贡献。

2015 年 4 月 24 日，天津华明高新区迎来华北地区首家知识产权运营服务机构及运营联盟。在华明高新区管委会三楼会议室举行了中知厚德知识产权运营管理（天津）有限公司揭牌暨运营联盟成立仪式。联盟致力于打造天津乃至全国的知识产权高端服务品牌机构，形成涵盖知识产权价值评估、审计、金融投资等全链条的服务体系，有效解决融资难等科技企业发展常见问题，为天津市中小微科技企业保驾护航。联盟继续以高尖端的人才、专业的技术、庞大的资源、优质的服务、全方位的布局、卓越的运营模式，为知识产权华北运营中心建设及全国知识产权运营事业贡献力量。

2. 主要成效

（1）i-SIPO 专利运营的核心理念。i-SIPO 专利运营模式的核心思想就是为原创技术提供全方位的专业化服务，即原创（Innovation）、服务（Service）、产业（Industrialization）、专业性（Professional）、全方位（Omnibearing）。与传统常见的专利运营模式不同，i-SIPO 运营模式的核心在于服务性，运营过程中突出原创性、实业性、专业性、持续性、全面性和公益性。对于原创技术，除了资金支持，还从源头上组织专家队伍，进行专利布局、评估分析等，同时进行产业化全程支持，有效克服了传统专利运营服务公益性、全程性和全面性的不足，避免了单一的专利运营高风险商业模式。同时，公司在专利资本化、产业化、专利池的构建以及经纪服务等方面对我国知识产权的活动均发挥着重要的作用。

（2）投资基金。中知厚德利用自有资金建立厚德天使基金和创投基金，投资拥有原创技术的初创科技创新型公司。对外投资的主要领域有：节能环保、电子信息、生物、高端装备制造、新能源、新材料、新能源汽车等战略新兴产业；此外，公司还设立了产业基金，基金规模预计可达到5亿元人民币，坚持聚焦产业、着眼产品、落脚企业、突出重点，依托产业园区、产业知识产权联盟、龙头企业等主体，重点投向高价值专利池（专利组合）的培育和运营、产业专利导航、产业知识产权联盟建设、产业核心技术专利实施转化和产业化、知识产权重大涉外纠纷应对和防御性收购、专利的国际标准制定等。

（3）成功案例。

1）室内导航。中科劲点（北京）科技有限公司（以下简称"中科劲点"）于2015年8月12日在中关村创业核心区注册成立。公司团队依托中科院计算所，团队核心成员均来自该所，从2004年开始，在国内率先开展了室内无线定位方法与系统研发技术研究，已经拥有多项自主知识产权的核心定位方法和技术成果，申请多项国家发明专利。基于智能手机移动终端的室内定位系统已达到国内外领先定位精度，曾获得国际 Wi-Fi 定位竞赛第二名。团队已先后为高德、四维图新提供服务，主要客户包括百联集团、居然之家、华润置地等大型零售、商业地产商，以及智慧城市、智慧社区相关的 LBS 应用提供商。

中知厚德对其项目进行分析评估并与其主要团队成员接触洽谈，确认投资该项目，为其注入天使投资，并为其提供知识产权布局挖掘、价值评估、战略咨询、侵权预警、金融投资、上市辅导等全产业链知识服务。

2）移动应用。北京掌中经纬技术有限公司是一家致力于将最优异的互联网技术服务于企业信息化的软件企业。公司成立于 2005 年，通过了 ISO 9001：2008 国际质量体系认证，现注册资本 3600 万元。作为有多年移动应用开发经历的公司，有着 10 余项专利和著作权。公司为三星、华为、联想、联发科等提供手机浏览器、手机端 Java 虚拟机、协议栈等软件，对于移动应用这个技术和市场都发展最快的领域，有着长时间积累的经验和教训。掌中经纬手机浏览器荣获"金枝奖"最佳手机无线城市客户端的称号。Tailor 在移动集团 MOA 项目中使用，获得用户一致好评，并成为中国移动集团移动信息化技术标准，相继在各省推广实施。

该项目在知识产权 i-SIPO 运营团队的专业辅导和全面支持下，已进行了专利挖掘与布局 10 项、软件著作权 6 项，其产品和服务也已获得了国家知识产权局、国家气象局、国家地震局、中国移动、百度公司、中国工商银行等客户的广泛认可和赞誉。

3）智慧农业。北京中献智农科技有限公司成立于 2012 年 10 月，注册资金 1000 万元，公司核心价值观：智慧、创新、超越。公司一贯以服务现代农业为己任，使传统农业生产从根本上实现节能减排、降低污染、增效增收、降低农药残留、保证施药人员生命健康、实现施药作业的标准化和精准化，进而促进和提高我国农产品的整体质量及技术竞争水平。公司拥有一个研发中心（北京中献智农科技有限公司）和一个生产制造中心（北京中献智农科技有限公司文安分公司）。技术研发和生产装配、质量管理人员具有同类产品的开发和生产经验，相应研发、生产和检测设备设施齐全，公司已于 2014 年年底启动相关产品的 3C 认证工作。现已成功研发并试生产出第一代产品 500 台套，已推广使用用户 30 余家，推广面积近

1000 亩。产品技术水平国内领先。公司与中国农业大学、北京农业职业学院、北京市植保站、北京市海淀区农科所、北京市海淀区农机研究所、甘肃省武威农科院、浙江省宁波农科院等国内高校或研究机构建立了密切的联系，上述具有良好科研实力的院所成为与公司产学研联合的技术后盾。公司具有较强的消化、吸收、开发、创新能力，形成了贯穿市场调研、开发设计、试制生产等环节的新产品开发体系。

该项目基于发明人的创意构想，在相关部门的大力扶持下采用 i-SIPO 的专利运营模式对其进行运作，成立了科技型公司，并获得国家高新技术企业认证和 3C 认证，协助其挖掘与布局专利 22 项，公司产品已实现规模化生产，并得到专家和市场的广泛认可。该项目是将智慧转化为知识产权，最终创造财富的经典案例。

3. 主要启示

（1）强大的业务拓展能力，为其发展提供支撑。中知厚德由政府牵头成立，进而联合企业发展成为运营联盟，弥补了天津市在知识产权方向发展的空缺，为天津知识产权发展领先其他地区奠定了良好的基础。有着政府的良好基础，中知厚德在逐渐取得发展之后，没有安于现状，而是积极涉足其他领域，开始进行对外投资，形成了以知识产权运营、规划、咨询、服务、金融等为核心业务的高端知识服务国有企业。

（2）创新运营模式，努力提升服务质量。中知厚德独创的 i-SIPO 专利运营模式针对原创技术，为其提供全方位专业化的服务。其独特的运营模式以及发展理念，对公司发展起着至关重要的作用。知识产权联盟的成立更为其添加发展活力和助力。运营联盟的成立为公司的发展提供了更好的契机，作为更多知识产权相关机构的平台，有利于将资源有效整合，提高整个天津的知识产权产业发展。另外，联盟有利于更好地发挥公司的核心作用，拓展在知识产权领域的领导和业务核心能力，有利于加快引导和支持相关企业的知识产权发展，并通过与其他机构和企业的相互联系，促进自身业务水平和业务能力的提高，在天津市整个知识产权的领域内实现一个互相促进、共同发展的多赢局面。

◇ **案例 4　七星天咨询公司**

1. 成立背景

七星天咨询公司（以下简称"七星天"）由美国资深专利诉讼律师龙翔博士于 2012 年归国创立，2013 年年中开始全面运营。经过两年多的发展，七星天构建了以专利分析检索与专利价值评估、中国企业海外专利护航以及大学与科研院所发明创造的海外专利运营为主的服务产品体系。

七星天（Metis IP）是中国国内独树一帜，以涉外知识产权为核心业务对象的知识产权服务和投资机构，2015 年年底入选为国家专利运营试点企业；公司以"让中国的智力资源获得全世界的承认并实现其公允的价值"为愿景与使命。

公司以专利分析检索为核心竞争力，以中美技术转移为发展原动力，汇聚培育技术与法律的复合人才，提供全方位的高端知识产权服务。公司已确立了自身国内专利运营与投资模式创新者的市场角色，并获得了飞速的发展。

2. 发展过程

七星天于 2012 年创立，在过去几年的时间里，七星天完成了千万元级的 A 轮融资，组建了由 4 名全职美国专利律师领衔的、40 余名理工科硕博士组成的专利分析师团队。

七星天的领军团队全部为获得美国专利代理与律师资格的资深专业人士，且均有美国一流律师事务所工作的经历，累计拥有超过 50 年的美国专利申请、诉讼及运营经验。在分析师团队成员之中，100% 具有名校硕士或博士学历，40% 以上拥有海外留学背景，并经过了专业的海外专利知识与技能培训，其服务质量也经过了美国司法体系严苛质检，是一支兼具"科技法律"的精英团队。

七星天与北京大学、中科院国家技术转移中心及中科院各院所、东南大学、深圳大学、重庆邮电大学等国内大学和科研机构展开了专利投资合作，并一起开创了中国大学产学研的新模式——七星天模式。同时，七星天也为国内外一流企业，如上海联影医疗、滴滴出行、同花顺、大华安防、雅虎、美国美满电子，以及 Jones Day、K&L Gates 等知名美国顶级律师事务所提供全方位的知识产权服务和专利诉讼支持服务。

七星天已经形成了中国北京、苏州、成都和美国加州旧金山市、华盛顿特区的两国五地企业布局，构建了涉外专利领域全链条的服务体系，形成了短、中、长三期收益模式有机结合的业务体系。七星天在短短四年的时间内已经拥有一批一流的客户资源，包括有影响力的高校、政府机构、科研机构及国内外产业巨头，为几十家海内外企业、机构客户提供专业服务。

3. 主要成效

（1）2013年，七星天与重庆邮电大学（以下简称"重邮"）签署合作协议，开启双方在海外知识产权领域的合作，也迈出了中国大学智力资源向海外资本市场进发的第一步。根据合作协议，重邮与七星天将发挥各自的优势，在不影响中国境内保密制度和技术使用的前提下，在海外把重邮的技术发明申请成为海外专利，并在专利市场上进行授权或销售，由此产生的收益将在重邮、发明人与七星天之间进行分配。七星天与重邮的这种合作模式，属于直接将大学的技术发明转化为专利商品并进行市场运营，因此极大地降低了大学科研发明产学研的转化门槛，缩短产学研转化的过程，可以视为一种全新的产学研模式。

（2）2014年，依托七星天成立的中美专利战略分析与技术转移北京市国际合作基地，被北京市科学技术委员会授予北京市国际合作基地称号。七星天以中国智力资源为依托，以帮助中国在美国专利市场实现最大价值为目的。七星天基于丰富的海外专利检索、分析技术和经验，为推行"走出去"战略的中国企业保驾护航，以提供专利咨询及专利资本化为主要业务。

（3）七星天已经建立了近百人的分析师团队，横跨电子、通信、互联网、材料、生物及化工六大领域。这一团队全部具有名校理工科硕士或博士学历，多人拥有海外留学背景。团队所有成员均经过了专业的海外专利知识与技能培训，其服务质量也经过了美国司法体系严苛质检，是一支真正的精英团队。

为确保分析师队伍人才素质和专业水平能够符合公司实际需求和业务发展，七星天始终坚持国际一流水准的内部培养与教育机制。在公司资深律师、专利代理人及外籍专家团队的引导、授课下，分析师团队成员在高知识含量、高密度的培训体系中，逐步完成其知识产权相关知识体系的建构；而在公司实际的国内外业务的操作和执行过程中，分析师团队成员则有充分的机会逐步积累并锤炼其专业技能、专业素养和业务经验，使得分析师团队成员具备了应对海外专利申请、诉讼、收购等方面的丰富业务经验与优秀专业素质。这一国内理论与实践并重，打通了涉外知识产权人才"教、学、研、用"四大环节的培养体系，助力七星天形成了在国内独树一帜的人才核心竞争力，分析师团队的业务能力和水准也经过了诸多国内外客户的检验并获得高度评价。

4. 主要启示

（1）注重产学研合作，同多家知名机构和科研院所进行合作。整合机构资源和高校资源，为国内外机构进行知识产权和专利诉讼等相关服务，其独有的"七星天模式"成为连接科研院所和国内外企业的平台。高校和科研院所作为主要的研究开发创作机构，每年都有大量的专利申请，然而由于资金、人力、政策实施等问题，这些智力成果往往很难转化，七星天就是利用整合各种资源信息，在专利领域披沙沥金，既可以让大批优质发明实现真正价值，也能为中国机构的专利国际化添砖加瓦。同时，专利运营是一个极具潜能的商业领域，开发成功后会为整个社会带来巨大的好处。

（2）连接海内外专利运营，致力于将中国机构的专利引到美国，并运用美国成熟的专利商业化市场，实现这些本被用来"压箱底"的专利的真正商业价值。将中美模式进行对接比较，尤其是将大学的研究成果真正地引用到实际中，增加其成果转化率，不让专利成为纸上谈兵。

（3）一流的人才团队为其发展提供保障。七星天通过建立近百人的人才团队和分析师团队，利用其在各个方面的优势和特长，充分发挥其在咨询公司的作用，使公司业务分工具体化、明确化，不管是专利的申请、转化还是诉讼，都离不开专业型咨询人才。七星天也正是因为有了这样的人才支撑，才能在知识产权领域中占有一席之地。

◆ 案例5　上海盛知华知识产权服务有限公司

1. 成立背景

上海盛知华知识产权服务有限公司（以下简称"盛知华公司"）是在中国科学院上海生命科学研究院（以下简称"上海生科院"）知识产权与技术转移中心的工作基础上组建的，专业从事高新技术领域知识产权管理与技术成果转移的服务和咨询机构。与其他知识产权服务或专利代理公司不同的是，该公司的核心优势和独特模式在于对发明和专利进行早期培育和全过程管理，以提高专利的保护质量和商业价值为重心，在此基础上进行商业化的推广营销和许可转让，在许可转让价格和合同谈判时充分保护专利和技术拥有人的利益和规避潜在风险。由此，在上述各个环节上为专利拥有人提供高质量的增值服务，极大地提高专利的价值，并使其价值在市场中得以实现。上海生科院知识产权与技术转移中心以实际工作业绩证明了这一运营模式的优势，自2007年成立以来，上海生科院已与国内外领先企业达成了多宗技术转移合作交易，合同金额已达上亿美元。

盛知华公司由具有丰富国际、国内实战经验的知识产权与技术转移专家领军，培养了具有很高业务水平和工作能力的项目经理团队，包括科技领域的博士生导师、国内外名校博士等精英。盛知华公司名称蕴含"兴盛知识产权与科技产业，昌盛中华"之意，以提高我国知识产权管理和经营水平、促进我国科技成果转移转化为使命，以建立国际一流水准的高端服务型企业及为我国的科研机构和企业提供高质量的服务为目标，在上海生科院现有的工作体系、模式和团队的基础上，广泛吸引和汇聚国内外有志人才，大力发展我国知识产权管理和技术转移的专业化服务事业，为大学、科研单位、企业及其他社会各界提供一流的知识产权和技术转移管理经营的专业服务，为服务对象创造最大价值，为国家和社会的发展与繁荣做出贡献。

2. 发展过程

盛知华公司于2007年成立，其董事长为厦门大学生物化学学士，美国得克萨斯大学休斯顿分校生物医学研究生院生物化学硕士，得克萨斯大学奥斯汀分校商学院创业与营销企业管理硕士（MBA），得克萨斯大学休斯顿健康科学中心健康经济学、管理及生命科学博士纵刚先生。盛知华公司自成立以来，主要针对知识产权全过程管理进行服务，其中包括专利性评估、商业价值评估、营销推广、交易谈判等，随着公司的不断发展，又涉猎专利局势分析与预警、知识产权投融资项目评估，以及其他专利诉讼、专利技术转让、合同谈判等业务。

盛知华公司由于其杰出的业务水平和领先的技术能力，多次获得领导重视和批示。2011 年 1 月 17 日，刘延东国务委员批示：上海生命科学研究院的做法有利于促进科研成果的转化，有利于知识产权的保护，有利于调动广大科技人员的积极性，很具典型性和推广价值。2011 年 1 月 20 日，科技部部长万钢针对《科技成果转化中的国际职业化模式——以中科院上海生命科学研究院知识产权与技术转移中心为例》的报告做出了十分肯定的批示。时任上海市科技党委陈克宏书记也在盛知华的调研中，对其专利运营模式给予了极大的肯定，并鼓励其他相关机构甚至是高校院所进行推广和使用。

经过十几年的不断创新发展，盛知华公司与 39 家科研机构和高校院所建立了合作伙伴关系，签署了战略协议，其中包括上海巴斯德研究所、中科院电工研究所、北京生命科学研究院等知名研究所，同时也有北京大学、同济大学、上海交通大学等高等学府，甚至美国辉瑞公司、葛兰素史克公司、罗氏等知名国际企业和中粮集团、海尔集团、苏州高新区等国内知名企业也在其列。良好的经营模式加上全方位的合作体系，使得盛知华公司的发展又迈上了新的台阶。

3. 主要成效

（1）上海生科院技术转移机制揭秘。2013 年，上海生科院完成了一项价值 6000 万美元外加销售额提成的专利许可授权，成为中科院有史以来单个专利合同金额最高的一次技术转移。其价值来自于一种能阻止血管增生、抑制肿瘤生长的蛋白，该蛋白在 2003 年早就公布于众，但是却一直处于"沉默"状态。通过不断的"浪里淘沙"，终于将其挖掘出来，并激活了这一成果。这种从"树木到树林"的独特的搜索方式和对复合型人才的支持方式，也为其发现做出了巨大贡献。

（2）哈佛大学商学院案例。2011 年 1 月 14 日，哈佛大学商学院管理实践课程教授 Willy C. Shih 及 Vicki L. Sato 率博士生、MBA 学生等人访问盛知华公司，他们认为盛知华公司做的工作对中国未来的发展意义重大，随后要求用盛知华公司的工作来做一个哈佛大学商学院案例。哈佛大学商学院已完成该商业管理案例，并已用于哈佛大学商学院 MBA 学生的教学中。

（3）联合培养高层次知识产权人才合作项目。2013 年，同济大学在盛知华公司设立同济大学知识产权博士后教学研究基地，由盛知华公司挑选理工科背景的博士，在同济大学学习法律和商业课程，在盛知华公司从事知识产权管理和技术转移实践工作，以案例教学的方式，培养高层次知识产权管理实用人才。

（4）浦东知识产权管理和技术转移托管服务项目。浦东生产力促进中心设立的知识产权转移托管服务项目已经完成前期调研和立项，并于 2012 年 12 月 7 日正式签约启动。盛知华公司是本次项目托管的服务承接单位，为浦东新区内的高校、科研院所、临床医院、企业的发明和专利提供专业化的知识产权管理和技术转移服务。

4. 主要启示

（1）重视合作，支撑起发展平台。盛知华公司长期重视与国内外科研院所和高校的合作，建立了比较完善的合作体系，为公司发展和知识产权的服务打造了一个高水平的平台。盛知华公司通过建立高水平的合作平台和合作体系，业务范围涉猎各个领域，市场也遍布中外，打响了企业知名度，为后续发展奠定了良好的平台基础。

（2）政府的重视和支持打造了良好的口碑和信任。由于公司在知识产权领域的先进地位，再加上上海生科院的基础支撑，公司多次受到政府重视和领导批示。这无疑是国家和政府对知识产权工作的又一次肯定和支持。有了政府的肯定，企业的公众形象和品牌形象则更容易受到相应消费者的青睐，有利于赢得客户，占据更大的市场份额。

第十三章

企业知识产权运营

一、概述

知识产权运营是在当代知识产权制度环境下，随着知识产权作为企业资源重要性的提升而提出并适用的企业经营的新课题。知识产权运营与知识产权创造、保护、管理之间存在密切联系，其中知识产权保护与管理是知识产权运营的基础和保障，知识产权运营则是知识产权保护和管理的最终目的。企业知识产权运营也是企业知识产权经营管理的基本形式，是企业知识产权战略的重要环节，也是其实现企业技术创新的重要保障。企业知识产权运营战略的核心是运用知识产权制度的功能和特点，谋求与企业生产经营紧密结合，实现企业最佳经济效益。加强企业知识产权运营管理是实现企业知识产权管理目标的重要保障，企业知识产权运营反映了企业拥有的知识产权资产与实现企业价值的内在关联性。国外有学者提出了"潜藏价值"概念，论证了企业可以从知识产权资产中获取价值，以及知识产权资产与企业增值的关系。不过，知识产权资产价值的实现却离不开有效的运营❶。

---

❶ 冯晓青. 企业知识产权运营管理研究［J］. 当代经济管理，2012，34（10）：89-93.

1. 企业知识产权许可

企业知识产权许可有独占许可、排他许可、普通许可、交叉许可、分许可等多种形式。其中交叉许可是实践中运用较多的形式。通过交叉许可，企业可以实现知识产权的等价交换，并可以节省研究开发经费、避免市场风险。知识产权交叉许可具有互利互惠性，因此企业需要有一定数量和质量的知识产权才能实施。发达国家企业高度重视交叉许可的利用，特别是专利技术交叉许可。

2. 企业知识产权转让

知识产权转让是知识产权人以出让其知识产权为代价获取转让价金的法律行为。知识产权转让对知识产权人和受让人而言均具有独特的价值：就转让人而言，可以从转让行为中获得一次性收益，收回知识产权开发的投资，并获取预期利润；就受让人而言，则可以在不付出开发知识产权的投资和承担开发风险的情况下，直接获取他人的知识产权，并且可以利用受让的知识产权占领市场。

3. 企业知识产权专利质押

一项技术是企业所需要的，但是没有一定的经济条件去实施的时候，可以借助知识产权资本融资，根据知识产权技术的成熟度和市场竞争力，在缺乏资金的情况下，把该专利技术作为担保质押获得贷款。

4. 专利证券化

专利证券化是指发起人将缺乏流动性但能够产生可预期现金流的专利（基础资产），通过一定的结构安排对基础资产中风险与收益要素进行分离与重组后出售给一个特设机构。由该机构以专利的未来现金收益为支撑发行证券融资的过程。专利证券化是资产证券化在专利领域的延伸，也是一种金融创新。它源于人们对专利价值认识的进一步深入和对融资的进一步需求。专利证券化的实质是利用资产证券化的结构融资原理，处置专利未来一定期限的预期收入，使之立即变现取得大量现金收入。它是知识产权融资的另一种方式，使用知识产权证券化，将该项资产进行证券化，融入资金，实现技术的运用。

5. 专利投资

专利投资是指企业利用资金自行开发专利、外购专利，以及利用企业所拥有的专利进行对外投资的一项长期投资行为。随着科学技术在生产经营中的广泛应用，专利投资必将成为企业经常性的和重要性的投资行为。而专利本身所固有的高风险和高投入的特点，决定了专利投资远比其他投资复杂，投资成败的影响也更加深远。

二、案例

◇ 案例1　西雅图遗传学公司

1. 案例背景

西雅图遗传学公司（以下简称"西雅图公司"）成立于1998年，由Clay B. Siegall博士从百时美施贵宝公司离职后与他人共同创办，总部位于美国华盛顿特区的博塞尔，是一家致力于研发与销售创新型基于抗体疗法针对癌症的生物医药公司。2001年，西雅图公司在美国纳斯达克上市，募得4900万美元。

通过检索美国专利局数据库发现，截至2016年2月，西雅图公司在美国共申请197件专利，其中授权67件，处于公开状态的130件。此外，在全世界范围内也广泛开展专利布局，其中在欧洲专利局申请231件，在韩国申请37件，在日本申请15件，在中国台湾申请6件，在中国香港申请9件。

从西雅图公司在美国申请专利的趋势可以看出，公司的研发能力比较突出，专利申请量保持稳定状态，近年来每年都保持20件以上的专利申请。同时，西雅图公司的技术研发领域也比较集中，四成以上的专利都集中在A61K39/00领域，即含有抗原或抗体的医药配制品。

2. 行业背景

抗体药物在现代医学中有着广泛的应用，尤其在治疗恶性肿瘤、自身免疫缺陷等重大疾病中效果显著。抗体药物以细胞、基因工程技术为主体的抗体工程技术进行制备，然后与抗原靶向结合，具有高特异性、有效性和安全性。抗体药物的重要特点之一是可以根据需要，制备具有不同治疗作用的抗体药物，即针对特定的靶分子定向制备抗体药物，根据需要选择抗体药物的"效应分子"。随着医学的发展，效果更佳的抗体偶联药物（Antibody-Drug Conjugate，ADC）成为研究的热点，抗体偶联药物是单克隆抗体与小分子药物细胞毒素的偶联物，通过细胞毒素杀死细胞。其中赫赛汀与美登素（Maytansine）的 ADC 药物 T-DM1 成为 Her2 阳性乳腺癌的一线药物，获得巨大利润。

ADC 是一项能够控制单克隆抗体的靶向能力（把杀死癌细胞的介质运送到目标处）的技术，ADC 药物的作用机理是利用了特异性的单克隆抗体和生化毒物的结合，进入人体后直接与目标患病细胞发生免疫反应，并引导毒物杀死患病细胞。ADC 技术可以靶向定位癌症细胞，而不对非靶细胞造成伤害，因而降低了传统化疗方法的毒性作用，同时潜在提高了抗肿瘤活性。

3. 西雅图公司的核心专利

之所以把西雅图公司作为一个重点案例，是因为制药行业由巨头公司把持，并且不同于 IT 行业小公司能在数年内迅速成长为后起之秀；但是西雅图公司是一家成立仅仅 20 多年的公司，公司的成功与对知识产权的重视有很大的关系。由于在抗体类专利和对于小分子毒物化合物专利的保护范围不同，能成功申请小分子毒物的专利，将会使公司在竞争中更加占据主动地位，使得其他公司须支付高昂的专利许可费来换取小分子毒物的使用权。西雅图公司专注于开发 ADC 靶向性药物，最核心的竞争力在于其专有的小分子毒物，如 MMAE（Monomethyl Auristatin E）和 MMAF（Monomethyl Auristatin F）。

西雅图公司就针对这些小分子毒物的专利申请进行了多重保护，一方面申请发明专利，在保护这一类小分子化合物的同时，增加授权专利的数量，从而增大竞争对手对该专利申请的成本；另一方面为了从各个方面对该技术进行保护，西雅图公司基于这项专利申请提交多个分案申请，并且基于分案申请又提交多个继续申请等。数据显示，在美国申请的 10/983340 保护小分子化合物专利一共衍生了 22 个美国专利。这些专利保护了包含特定小分子毒物的 ADC 药物和基于 ADC 药物治疗不同疾病的方法，西雅图公司构筑层层堡垒，很好地保护了这些专利，各制药业的巨头公司只能选择与西雅图公司合作来获取最大利益。

4. 西雅图公司专利许可情况

2009 年武田制药向西雅图公司支付 6000 万美元以获得 ADCETRIS（一种用于治疗霍杰金淋巴瘤的药物）在美国和加拿大之外其他国家进行商业化的权利；2009 年葛兰素史克（GSK）支付 1200 万美元的前期费用以使用其专利技术。不仅如此，西雅图公司还分阶段收取相关费用，以及收取由此产生的 ADC 药物的全球净销售额中一定比例的专利权许可费；2010 年基因泰克支付 1200 万美元的前期费用，以及同意在开发药物达到某些特定条件时给予西雅图公司最多 9 亿美元的回报；2011 年辉瑞支付西雅图公司 800 万美元的前期费用以及后续生产 ADC 产品的许可费；2012 年雅培制药支付西雅图公司 2500 万美元用来扩大使用西雅图公司专利技术的权利以及其他的费用。这些收入几乎均来源于西雅图公司的专利技术许可费，专利技术的重要性可见一斑。

西雅图公司采取了这样的发展道路：利用自有或者研发获得核心技术，将这些核心技术申请专利，然后在与其他制药企业的合作中收取许可费，将许可费的收入进一步用来搞研发和投资，最终实现了产品和技术的迅速扩张，形成了良性的循环。西雅图公司在获得商业成功的同时，也引领了行业技术的发展，在竞争中占据了绝对的主动。

5. 启示

在细分领域具备全球行业领先的技术地位的中小企业，虽然在规模和产值方面缺少与行业巨头对抗的实力，但是可以依靠专利技术构筑起坚实的保护圈，获得与行业巨头进行平等对话的机会。中小企业做研发、生产和销售，资金匮乏是重要的枷锁。通过与行业巨头进行专利许可等方式的技术合作，可以快捷地获取资金支持，利用这些资金可以进一步支持研发和产品的升级换代；而本企业的专利产品也可以依靠行业巨头成熟的市场体系快速铺向市场，迅速成为市场的主导产品。

采用专利许可方式可以获得的好处：

（1）企业可以专注于技术研发领域，无须在产品生产、市场销售等环节投入过多的精力。

（2）根据许可合同内容的不同，可以快速获得专利收入以进一步支持研发，也可以长期分享专利产品的市场销售收入。

（3）通过合作获取行业发展的技术话语权。

适合采用专利许可方式的企业应具备的条件包括：

（1）具备全球领先的专利技术，竞争者少或者不成熟，专利权无纠纷。

（2）企业研发实力雄厚或特长突出，而在产品生产、销售等方面存在薄弱环节。

（3）专利产品进入流通领域一般需要较长的时间。

（4）专利产品可能会对现有产品进行更新换代，市场份额通常会非常大。

◇ **案例 2　西安中科麦特电子技术设备有限公司**

1. 案例背景

西安中科麦特电子技术设备有限公司（以下简称"中科麦特公司"）是由北京嘉乐世纪科技有限公司、青岛水建集团有限公司等多家单位共同出资组建的高新技术企业。公司从成立时起，经营范围包括电子技术生产设备、表面贴装技术设备（SMT）及表面涂装设备的开发等，是我国比较早涉足 SMT 及其系列设备制造领域的公司之一。作为 JB／T 7488—2008《无铅波峰焊接通用工艺规范》和 JB／T 10845—2008《无铅再流焊接通用工艺规范》两项行业标准的制定单位，该公司在国内外电子设备行业中享有极高的声誉。

中科麦特公司依托中国科学院西安光学精密机械研究所的技术及人才优势，曾多次承担国家创新项目，被列为陕西省首批中小企业创新研发中心，同时获得陕西省专利工作先进单位、陕西省专利产业化孵化计划重点项目单位荣誉称号，连续多次获得陕西省科学技术奖、陕西省发明奖和西安市科技进步一、二、三等奖，已获得国家授权的实用新型专利 200 多项，其生产的无铅波峰焊机、无铅回流焊机连续多年获得西安市"名牌产品"称号，公司连续多年被评为"守合同、重信用"企业。

中科麦特公司的传统产品无铅电磁泵波峰焊机、无铅回流焊机、返修工作站、高分辨率 X 光机以及各种装配生产线，拥有国内客户数千家，部分产品出口国外。公司面对新的市场需求，大步进入新能源领域，已拥有光伏发电及光电跟踪技术、LED 二次配光技术、LED 灯具检测技术等多项高新技术。公司具有丰富的光机电非标设备的设计和生产能力，现已承担聚光光伏组件成套设备和石墨烯电池非标生产线设备的研制和生产。中科麦特公司重视知识产权的创造和应用，从成立以来共申请专利 327 项，授权专利 207 项。

2. 发展过程

（1）初创阶段。2001—2010 年，公司既注重引进先进的技术，也追求掌握核心技术，自行设计、制造了一系列新产品。在电子焊接工艺、高分辨率 X 光机、BGA 返修工作站、电磁泵及各种装配生产线上进行了设计研发。

在企业管理中，我国的知识产权工作起步比较晚，但是中科麦特公司能够高瞻远瞩，在 2001 年成立之初对知识产权就非常重视。在制度的制定上，公司制定了《专利实施推广奖励办法》《知识产权保护总则（试行）》《商标管理办法》等，2007 年制定了《知识产权保护总则》，总则中对专利和对应的科技成果享受的待遇进行了政策规定。通过制定《专利管理办法》等文件，对知识产权的权属范围进行了界定，明确了权利、义务与责任等。在组织管理过程中，为了适应国务院文件的要求，于 2005 年 6 月成立知识产权办公室，进行专利管理、管理商标、科技成果管理和版权管理。该办公室挂靠总工程师办公室，并由总经理助理负责相关归口管理的工作，在公司的二级单位中建立产权工作内网，在 2009 年成立领导小组和工作小组负责"省著名商标"的工作。在人员培养上，分期分批次地培养企业专职、兼职知识产权工作者和代理人，经过一段时间的培养，公司考取专利代理人资格的有 3 人，取得省专利局颁发的企业专利工作者资格证书的有 20 多人。中科麦特公司将知识产权工作纳入公司产品开发、科研、生产经营及企业管理各个环节，依靠企业初期的技术积累获得的 2 个实用新型专利获得市场竞争优势。

（2）成熟阶段。2010 年之后，公司新产品开发进入新的时期，开发的新产品有：光伏发电及光电跟踪技术、LED 照明产品二次配光技术、LED 灯具检测技术、高倍聚光光伏组件成套设备及石墨烯电池非标设备的研制和生产等。2012 年依据"以市场为依托，寻求政策支持，加快新产品试制，促进经营订货，尽快实现产业化"的原则，公司开展了更好系列光伏产品的开发工作并取得一定的进展。

获得专利几十项，依靠企业不断地销售产品并将利润投入创新，企业产品获得了一定知名度及市场认可，形成了多项专利和产品商标品牌等一系列荣誉，同时获得了国家及省市政府一定的资金支持，引进了风险投资公司，风险投资公司投入人民币 400 万元，占股 30%。企业得到了快速成长，并拥有了一定的市场知名度。

（3）发展阶段。2014 年，公司建立了在电子制造设备、新能源电站及半导体项目方面的国内领先优势，并且开展了选择性波峰焊接机和光伏组件项目等新产品开发及市场研究；同时，积极开展了 LED 二次配光技术、LED 灯具检测技术、光伏发电及光电跟踪技术、聚光光伏组件成套设备和石墨烯非标设备等项目的市场销售工作。

2015 年，公司决定加大新产品开发，提出了"做大做强传统优势产业，积极拓展产品领域，调整产品结构，以节能产品为开发重点，带动成套设备开发，实现工程总包"的思想。在引进技术的同时，加大了对核心技术和新产品的开发研究力度，在此基础上，中科麦特公司实现了订货超过 8000 万元的目标。

随着资金的投入，不断加大加快新产品研发速度，同时获得专利几百项，中科麦特公司形成了新型高新技术产业布局，拥有了上百项专利及各类无形资产，取得产品市场年销售额 4000 万元，同时引进了战略投资者国内某知名投资公司投资人民币 4000 万元，占公司股本 20%。仅以上公司资产就达 2 亿元，其中仅无形资产总计估值达 1.2 亿元，为下一步企业上市奠定了良好的基础。

（4）多层次、有步骤的知识产权运营过程。

1）知识产权登记认定。2005年知识产权运营办公室对公司的产品图纸、专利、专有技术、注册商标，获得国家、部、省、市科技进步奖成果等进行了初步登记认定工作。

2）商标、商号管理。2005年，中科麦特公司对图标申请了商标注册，将商号作为文字商标进行了注册，分别于2006年10月和2007年5月28日获权并正式公告。在2010年，中科麦特公司的商标被认定为省级著名商标，在2002年作为省商标协会副理事单位参与了《省著名商标条例》的修订工作。

3）专利管理。2005年，公司开展"专利、成果一体化"课题研究，将专利管理工作与科技成果管理系统合并，2007年在制定的《知识产权保护总则》中规定了相应的有关专利与对应的科技成果享受同等待遇的政策。到2007年年底，公司获得了发明1项，实用新型67项。

2011年年底，公司共申请专利62项，获权11项，省级名牌1项，中科麦特商标被评为著名商标，形成了"一种分布式光伏并网发电系统""一种房屋的太阳能供热系统""一种LED植物生长灯""一种电磁泵波峰焊机"专利产品。

2011年，中科麦特公司被陕西省知识产权局评为陕西省知识产权优势培育企业。

2012年，中科麦特公司被评为全国第一批企（事）业专利工作试点单位，全面实施了国家、省、市专利工作试点方案，制定并下发了《专利申请项目评审管理办法》。

2013年，全年专利评审完成25项，获得专利权21项。

2014年，中科麦特公司知识产权办公室获省知识产权局授予的"陕西省专利系统先进集体"荣誉称号。中科麦特公司被国家知识产权局列为"专利产业化孵化计划重点项目单位"。

2015年，专利工作与技术创新有机结合，服务＋技术创新。申请专利35项，获发明专利权2项，实用新型专利权27项。

（5）版权管理。中科麦特公司重视版权的管理工作，在2010年公司对 2 项市场前景好的实用技术项目（成果文献）——《分布式光伏并网发电技术攻关》《太阳能供热系统参数研究》进行著作权申请登记。2011 年 2 项版权成果向省版权局申请登记。2012 年度完成版权项目的评审，申请获准 6 项作品，举办了版权知识培训。2013 年 5 月，制定了《公司版权管理规范》，加强规范整理进一步发展了知识产权管理工作。

3. 启示

（1）完善的知识产权管理体系。针对知识产权管理体系，中科麦特公司主要围绕以下几个方面进行布局：一是企业内部知识产权规章制度，公司及时根据自己的业务范围制定了相关的经营制度和基本规则，做好了知识产权的制度保障；二是对企业知识产权部门进行了设置，由专人负责管理知识产权的管理工作，设立相应的知识产权运营办公室，并且在各二级单位，建立了知识产权工作内网，充分体现了企业对知识产权工作的重视以及合理的人员安排；三是企业知识产权人员业务素质，公司加强对相关人才的培养，增加人力资源的投入，在早年就培养了一批具有专利代理人资格和具有不同程度专利运营水平的人才，为企业今后的发展奠定了良好的人才基础。

（2）科学的战略思想。企业战略事关全局，企业知识产权战略在各阶段具有多样性和多层次性的特点。因此企业要根据市场的导向来制定和实施知识产权战略。我国许多中小型企业，在企业整体发展战略体系中不考虑知识产权战略，缺乏发展性的眼光，由此导致企业知识产权战略实施不流畅，阻碍了企业的进一步发展。在初创期，中科麦特公司的知识产权战略思想意识不强，认识不足。经过不断的发展成熟，形成了完善的知识产权管理体系，整体的战略思想也得到了极大改善，引导着企业不断向前发展。

◇ **案例 3 华为公司**

1. 案例背景

华为技术有限公司（以下简称"华为公司"）于 1987 年在中国深圳正式注册成立，是一家生产销售通信设备的民营通信科技公司，为世界各地通信运营商及专业网络拥有者提供硬件设备、软件、服务和解决方案。

华为公司的成功伴随着其对于知识产权的重视程度的变化，公司成立之初对于知识产权并不太了解，现在的华为公司已经建立起完善的知识产权保护体系，构筑起层层壁垒保护公司的知识产权。

华为公司的知识产权发展从 1995 年开始，主要经历了三个阶段：从 1995 年到 2000 年，华为公司的知识产权管理刚刚起步；2007 年由于华为公司对知识产权的重视而得到了迅猛的发展，并且在 2007 年成为中国专利局专利申请最多的企业；2009 年华为公司以 1737 件 PCT 排名世界第一位。在现阶段，华为公司对知识产权越来越重视，WIPO 公布的数据显示，2018 年，华为公司向该机构提交了 5405 份专利申请，专利申请数全球第一，创史上最高纪录。2019 年上半年，华为公司国内发明专利授权量排名第一，专利授权量为 2314 件。

2. 主要过程

华为公司在知识产权方面的战略主要归纳为三点：一是公司以自主研发为基础，同时与其他知识产权人广泛开展合作，每年将不低于销售收入的 10% 用于产品的研发和技术创新，以此来牢牢掌握核心竞争力。二是积极参与国际标准的制定，尽力让自主技术能够纳入标准，标准本身对于企业非常重要，华为公司所从事的电信行业技术繁杂多样，需要共同的技术标准才能实现产品互联互通，华为公司积极参与国际标准制定，增加自身的话语权。三是以遵守和运用国际知识产权规则为前提，在此基础上进行专利布局，以积累和保护知识产权。

华为公司在知识产权的保护过程中注重知识产权专业部门的设置和知识产权人才的选拔培养，有专门的部门负责处理华为公司有关专利的各项工作，有专业的人员正确把握科技、经济、市场和法律领域的理论和实践。不仅如此，华为公司还对每一个刚进入公司的员工进行知识产权的培训。华为公司一直保障对自主知识产权研发、他人知识产权使用、知识产权保护的金融投入，无论在公司景气或者困难的时候，都确保研究开发的投入。华为公司对于各项知识产权的保护都有着细致具体的措施，通过建立切实可行的管理制度，保护专利、商业标识、商业秘密等知识产权。华为公司也通过与业内的主要厂商和专利人签署知识产权许可协议来加强合作，在提升企业竞争力的同时，还可以从中取得一定的收益。

总的来说，华为公司知识产权战略可以概括为：建立知识产权管理机构，完善相关管理制度；加大投入快速产出，以核心技术为依托，构筑专利防御网络；把专利权与技术标准有机结合；遵守并利用知识产权国际规则及法律法规，积极应对国际市场挑战，不断开拓发展空间❶。

3. 主要成效

（1）专利的地域布局。在地域布局方面，华为公司在中国申请的专利最多，在国外或者国际申请的专利中，华为公司所提交的专利数量也在逐年上升。

（2）专利热点技术布局。在专利的热点技术领域方面，华为公司所涉及的领域广泛，但相对集中在通信领域。

4. 启示❷

（1）核心的自主研发能力和研发投入为企业发展提供了坚实的基础。华为公司自成立以来，一直致力于自主研发，对于主营的通信业务和其他业务均投入了较大的人力、物力。根据 2017 年的数据显示，华为公司 2016 年的营收为 6036 亿人民币，而其研发投入为 897 亿人民币，研发占比大约为 14.9%，研发投入位列同年全球企业第六位，甚至比苹果研发投入还要高。而高研发投入也为华为公司带来了高额回报和竞争力，比如 5G 领域和手机芯片领域，华为公司就有可观的话语权。正是由于华为公司在研发方面的大力投入，创造出了大量的知识产权成果，为企业发展奠定了坚实的基础，才能在其他的各个领域充分发挥作用。

（2）综合性的专利运营模式创造了更多的企业价值。华为公司知识产权的地域布局，使得华为公司不仅在中国的知识产权领域取得了一定的知名度，同时也积极向国外进行知识产权的申报，在获得知识产权的同时逐渐打开了国际市场，实现了双赢的结果，不断向着国际化发展的方向前

---

❶ 李广军. 华为的专利战略及其对我国中小企业的启示与借鉴 [J]. 中小企业管理与科技（上旬刊），2015（2）：41-42.

❷ 刘芬. 华为知识产权战略及启示 [J]. 科技创新与应用，2017（13）：34-36.

进。同时，华为公司的专利布局主要聚焦在热点领域，这也与华为公司的发展方向不谋而合。经过多年的发展，华为公司仍专注于通信领域，通信技术仍是华为公司的核心领域，并且在该行业仍然处于领先地位，比如对人工智能和 5G 技术的涉猎，不仅关系到企业的专利运营和发展方向，更是中国甚至全世界的领航标。

◇ **案例 4　沃尔玛**

1. *案例背景*

1962 年，美国零售业的传奇人物山姆·沃尔顿在阿肯色州成立了沃尔玛，经过苦心经营，沃尔玛从乡村走向城市，从北美走向全球。沃尔玛主要涉足零售业，是世界上雇员最多的企业，连续五年在美国《财富》杂志世界 500 强企业中居榜首及当选最具价值品牌。1985 年，美国的著名财经杂志《福布斯》把沃尔顿列为全美的首富，他个人作为杰出的企业家在 1992 年 3 月 17 日荣获布什总统颁发授予的"总统自由勋章"。

沃尔玛获得的荣誉和成就取决于之前创业过程中的艰辛努力，面对强大对手的竞争压力，沃尔玛始终坚持"服务胜人一筹、员工与众不同"的原则，向顾客提供超一流的服务，并且推行"一站式"购物新概念；此外，沃尔玛降低成本，缩减广告的开支，但是对公益事业乐善好施，从而提高了品牌知名度，塑造了良好的形象；更重要的是，沃尔玛针对不同消费目标群体实行不同的零售经营形式，从而占领了市场。沃尔玛之所以能获得如此大的成功，不仅取决于其独特的经营方式，更与它的知识产权运营方式有关。沃尔玛由于其特殊的经营模式，需要联合众多的品牌和企业，这就使它在发展的过程中，需要不断优化自己的知识产权策略，通过品牌、商标、经营权、代理权等多方面进行整体的综合规划，来实现以知识产权为前提的市场份额扩张趋势。

2. *沃尔玛知识产权战略——联合发展的战略模式*

（1）品牌收购策略。沃尔玛收购我国台湾好又多超市并且希望借此打开我国乃至亚洲的市场。首先，沃尔玛收购好又多 35% 股权，并在 3 年内接管好又多，直接承接了好又多超市的客户资源和口碑优势，为其稳定发展奠定了良好的客户基础；其次，利用好又多在国内的品牌价值，迅速发展其品牌影响力和在中国的零售业务，在国内大型零售行业中占据一席之地；最后，收购好又多超市有利于扩大沃尔玛在中国市场的份额，有利于迅速补充完善中国地区的布局，深入了解中国市场，为进一步在中国的发展做好充分准备。

（2）个别商标战略。沃尔玛在中国市场积极开发和推广质优价更优的"自有品牌"。沃尔玛在全球的 40 个自有品牌中主打的 3 个品牌分别是包含食品和非食品的惠宜 "Great Value"，包含家居用品的 "Mainstays"，以及覆盖服装产品的 "Simply Basic"。自有品牌有着低价格、高品质的竞争优势，充分适应了市场的差异性，给予不同的产品进行准确定位，有利于消费者可以根据自身的实际情况在质量、档次和品质方面选择不同的产品。

（3）自有品牌建设战略。在沃尔玛卖场随处可见绿色悬幅标有"沃尔玛自有品牌，品质保证……"。事实上，沃尔玛一直都对其自有品牌商品的生产厂家进行严格的审核和产品检验，确保每件商品都能拥有领先同类品牌的良好品质，同时节省了中间成本使得商品更具价格优势。这样一来，沃尔玛的自有品牌商品不仅在超市出售，其他的零售行业也开始认可沃尔玛的品牌，扩大了消费群体，赢得了品牌价值的提升。而且沃尔玛通过打响自有品牌逐渐成为驰名商标，创造了更多的营业额。

（4）贴牌战略。沃尔玛的另外一项战略是贴牌战略。贴牌生产是指拥有优势品牌的企业为了降低成本、缩短运距、抢占市场等，委托其他企业进行加工生产，并向这些企业提供产品的设计参数和技术设备支持，生产出的产品贴上委托方的商标出售。沃尔玛旗下的多个商品都是通过这种方式贴牌生产的，例如"惠宜"啤酒、花生油等产品。这种方式实现了品牌与生产的分离，使生产者更专注于生产，品牌持有者则从烦琐的生产事务中解脱出来，专心去搞技术和品牌的推广。贴牌战略不仅连接了产业价值链的上下游企业，促进了上下游企业的共同发展，同时起到了为联合生产企业和自有品牌共同宣传的作用，将品牌的联合推广工作融入销售渠道中，实现了多种业务的共同发展、共建共赢。

（5）广告宣传增进品牌效用。沃尔玛为了节约成本降低费用，对广告宣传手段进行了优化，减少报纸等广告宣传手段，更多地采用成本比较低的店内展示的方式。在购物广场中沃尔玛的广告标语，"天天平价，始终如一""我们所做的一切都是为您省钱""我对您的推荐""我们争取做到，每件商品都保证让您满意！""沃尔玛始终为您省钱"等标注在价格牌或者收费小票上的标语充当了宣传牌，这种方式在宣传沃尔玛的同时，也让顾客感受到这是为他们省钱的商店。长此以往，会不断影响消费者的选择倾向，通过顾客的口碑相传，也间接地扩大了品牌效用，以品牌和商标优势来促进企业发展。

3. 启　示

（1）联合品牌的专利运营策略有利于企业合作发展。沃尔玛通过广泛的企业关系网络，与其他企业进行品牌联合，充分发挥了自己的商标权、品牌效用，通过这种联合的知识产权运营模式，与其他企业达成了共赢的局面。不仅满足了企业的产品销售渠道，同时也为合作企业打响了知名度，从而形成了有机统一、密不可分的知识产权运营模式，有利于整个价值链的良性循环，更有利于维护市场经济的稳定。

（2）专利运营和商品销售的有机结合，扩大了市场份额。沃尔玛通过创立自有品牌，将商品冠以自有品牌，将商标运营与产品销售有机结合起来。同时，由于沃尔玛对于自有品牌旗下商品的高质量要求，也获得了消费者的认可，在一定程度上也起到了品牌宣传作用。这种将商标运营、品牌效用、商品销售和消费者评价相结合的模式，有助于沃尔玛扩大市场份额，占据零售行业的龙头地位。

◇ **案例 5　加多宝和王老吉——知识产权的对抗模式获得市场份额**

1. 案例背景

在"怕上火，喝王老吉"广告铺天盖地的时候，"王老吉侵权"事件走进大众视野。2012 年 12 月，王老吉和加多宝商标之争拉开序幕。

"王老吉"究竟为何物？"红绿王老吉"之争又是为何？在外界对于加多宝和广药纷争及广告品牌纠结的时候，大家都把目光聚焦在了两大凉茶品牌之争上，却忘记了去寻求"王老吉"真正的本源，这也是为什么会发生与加多宝商标权之争的根本原因。

"广州凉茶满街巷，王老吉来三虎堂；更有神农癍痧茶，廿四味中妙药藏。王老吉，王老吉，四时感冒最使得，饮一茶啦最止咳。"是外界对于王老吉凉茶的评价。在清朝道光年间，广州有一名嗜医好药的草药医生王泽邦，他不仅医德好，而且不分贫富、不摆架子，历尽艰辛亲身试药，只为能医治更多的病人，因此得到了百姓的爱戴。由于王泽邦的乳名为阿吉，年纪大了就被百姓亲切称为"王老吉"。

道光年间，广州爆发瘴疠，疫症蔓延。王老吉为了拯救患病的百姓，历经千辛万苦寻找到一秘方，研制出一种凉茶配方，这种凉茶不仅解除了乡民的病痛，也帮助乡民躲过了天花、疫症等灾难。王老吉从此声名大振，被誉为岭南药侠，还被道光皇帝封为太医院院令。1828 年，王老吉在广州十三行开设第一间"王老吉凉茶铺"，深受街坊欢迎，被誉为"凉茶王"。1839 年林则徐在广州禁烟时也被王老吉的凉茶治好了中暑困热、咽痛咳嗽。在林则徐的建议下，1840 年王老吉首创凉茶包，方便顾客携带出门远行，从此王老吉凉茶风靡一时，热卖于广州的大街小巷。1885 年，经过半个世纪的经营，王老吉凉茶不仅盛行于国内的粤、桂、沪、湘，而且风靡海外。1925 年，王老吉凉茶参加英国伦敦的展览会，成为当时最早走向世界的民族品牌之一，经过几十年的发展，王老吉成为广东凉茶的代名词。

1956 年，社会主义改造时期，王老吉的一支由王老吉与嘉宝栈、常炯堂等八家企业合并成立"王老吉联合制药厂"，后归属于广州市医药总公司（广药集团前身）；另外有一个分支由王氏的后人带到了香港。从此以后，在内地的王老吉品牌归广药集团所有，在中国内地以外的国家和地区，王老吉的品牌被王氏后人所注册。在 1995 年以前，罐装王老吉一直由广药集团生产经营；1995 年之后，广药集团授权鸿道集团可以在一定期限内生产经营红色罐装和红色瓶装的王老吉凉茶，而广药集团则经营盒装王老吉。加多宝是鸿道集团的一家子公司，根据广药集团的特许在中国内地独家生产、经营王老吉品牌红罐凉茶，这代表着广药集团拥有"王老吉"商标所有权，而加多宝只是拥有"王老吉"商标的使用权限。随着加多宝凉茶将"王老吉"的品牌做大,对商标使用的问题,鸿道集团与广药集团发生了纠纷。

2. 发展过程

(1)"热恋阶段"——"王老吉"品牌第一次知识产权协议达成。

1995年3月28日,香港鸿道集团与广州羊城药业股份公司王老吉食品饮料分公司签订第一份商标许可合同。获得从签订合同日期起到2003年1月,使用王老吉标志在内地生产经营红色纸盒包装凉茶的权利。

1997年2月13日,双方重新签订许可协议,鸿道集团获得独家使用王老吉商标生产红罐凉茶的权利。

1997年8月28日,王老吉商标等无形资产按照有关规定归广药集团所有。

(2)"蜜月阶段"——双方共同推进品牌建设,"王老吉"开始驰名全国。

2000年5月2日,鸿道集团获得在2000年5月2日至2010年5月2日使用王老吉商标的许可。

2002年11月27日,签订的补充协议将有效期延至2020年,在协议中只是增加了许可使用费,其他内容不变。

(3)"分手阶段"——广药集团因腐败案而上诉加多宝,最终收回"王老吉"品牌。

2012年5月,由于之前加多宝贿赂广药集团而签订的补充协议,因此中国国际经济贸易仲裁委员会裁决广药集团与鸿道集团2002年11月27日签订的补充协议无效。鸿道集团没有再次使用王老吉商标的权限。

2012年5月12日,广药集团取得"王老吉"品牌所有权。加多宝称"难以接受"。

3. 诉讼过程❶

在广药集团收回王老吉商标后,加多宝(王老吉商标被许可人)通过

---

❶ 广州王老吉大健康产业有限公司. 中国红的王者之道:浅谈王老吉知识产权保护与品牌发展 [J]. 中华商标,2015(9):89-90.

使用"原来的红罐王老吉改名为加多宝凉茶""原来的红罐王老吉改名为加多宝凉茶了""全国销量领先的红罐凉茶改名为加多宝"等广告语来争夺王老吉品牌商誉，导致大量的消费者认为王老吉品牌消失了。此举被认为是不正当竞争行为，并且损害了王老吉品牌商誉。

2012年12月27日，广药集团向广州市中级人民法院提出诉中禁令申请，请求立即禁止加多宝在其广告宣传及产品包装上使用"王老吉改名加多宝"或与之意思相近似的广告语的不正当竞争行为。

2013年1月31日，广州市中级人民法院根据广药集团的申请，做出了要求加多宝立即停止前述广告行为的裁定，2013年2月28日广州市中级人民法院做出了维持原裁定的复议决定。

改名广告出现之后，王老吉一度投入大量广告告知消费者"王老吉从未更名"，试图减少加多宝广告的误导影响。然而，在"改名"广告被诉中禁令禁止后，加多宝将"改名"广告进行了变更，以期从销量上撼动王老吉的"凉茶领导者"地位。这种切换进一步加深了消费者对王老吉品牌的误认，无奈王老吉再次进行诉讼维权。

最后，加多宝通过"连续七年销量第一"以及"凉茶领导者"等广告语进行宣传，其目的仍然是不正当争夺王老吉品牌商誉，对此，王老吉只能再以诉讼方式持续维权。针对竞争对手的"改名""七连冠"等宣传行为，为最大范围保护王老吉品牌的合法权益，广药集团先后在广州、武汉、重庆、北京四个地方起诉，降低王老吉品牌价值被稀释的风险。

2017年8月16日，最高法院终审判决，双方共同享有"红罐王老吉凉茶"的包装装潢的权益，双方互不侵权，互不赔偿，至此，包装之争暂落帷幕。

2018年9月7日，最高人民法院正式驳回了广药集团提出的红罐包装装潢案再审申请。

2019年8月16日，最高法院终审判决结果公布，要求加多宝立即停止发布包含"中国每卖10罐凉茶7罐加多宝"的产品广告，停止使用印有"全国销量领先的红罐凉茶——加多宝"的产品包装，并赔偿广药集团、王老吉经济损失和合理费用共计100万元；判决结果认定，加多宝

"改名"系列广告"全国销量领先的红罐凉茶改名加多宝""原来的红罐王老吉改名加多宝凉茶了"不构成虚假宣传；此次判决结果同时驳回之前的一审、二审判决结果，驳回广药集团（广药集团系白云山控股股东）、王老吉的其他诉讼请求。

4. 启示

（1）知识产权许可对企业发展的重要性。从商标来看，加多宝在经营品牌、打造知名品牌的同时，忽视了商标许可的重要性。首先，在品牌复兴中，20年都可能仅仅是一个起飞，对于像加多宝这样的被授权方来说，在授权期限上可以有更充分的考虑。其次，对于品牌的经营来说，老字号企业并不一定必须收回品牌自己进行经营，如果被授权方能够将老品牌更好地运营，老品牌的收入也会增加，这样的激励机制也会有利于品牌的发展。最后，在知识产权的积累方面，企业应该提前布局。在加多宝对王老吉品牌的运营过程中，加多宝很明显没有进行知识产权的积累，未能把知识产权的归属明确下来❶。

（2）对抗式的知识产权运营在一定程度上扩大了知名度。加多宝和王老吉的商标之争、市场份额之争，再到多簿公堂，在一定程度上激发了社会反响，起到了品牌宣传作用，进而影响到整个凉茶市场的格局。这种社会影响力较大的诉讼案件，清晰地展现企业发展脉络和产品生产历史，从而提高了人们对于品牌、商标和产品的认识，最大限度地提供给了消费者选择的机会。也正是因为如此，二者在凉茶市场都占据了不小的份额，甚至对其他品牌产生了一定的挤出效应。但之所以能出现这种"诉讼"变"营销"的局面，还是因为有两家企业的强大实力作为基础，能够撑起市场。

◇ **案例6 宝洁——知识产权中以品牌和商标多样性来渗透市场**

1. 案例背景

宝洁（P&G）是一家于1837年在美国成立的消费日用品生产商，也

---

❶ 李立娟. "王老吉案"背后的知识产权博弈 [J]. 法人，2016（8）：70-72，96.

是全球最大日用品公司之一。宝洁公司全球雇员近 10 万人，在全球 80 多个国家和地区设有工厂和分公司，所经营的 300 多个品牌的产品畅销 160 多个国家和地区，宝洁公司的产品覆盖范围广，包括日用品、食品饮料等，2008 年的时候是当时世界上市值第六大公司，在财富 500 强最受赞誉公司当中排名第十，公司在 2017 年《财富》美国 500 强中位列第 36 位，在 2018 年世界品牌实验室编制的《2018 世界品牌 500 强》中排名第 18 位。1988 年，宝洁在中国广东设立第一家合资企业，从此开始了在中国发展的历史进程，并逐渐成为中国最大的日用消费品公司。

2. 知识产权经营过程

宝洁值得我们借鉴的是其卓越的品牌战略，宝洁的多品牌战略可以概括为"一品多牌"，这种战略被写进了教科书。从香皂、牙膏到咖啡、橙汁，从卫生纸、卫生棉到感冒药等，宝洁品牌涵盖了清洁用品、食品和药品。宝洁公司从没使用 P&G 名称推广自己产品，而是以不同产品中的不同品牌来做宣传，在广告中重在制造概念：每个品牌都被宝洁赋予一个独特的概念："飘柔"的柔顺，"海飞丝"的去屑，"潘婷"的健康等，无不体现这一策略。同时多品牌战略利于市场细分，针对不同客户的需求建立起品牌间的差异性，在满足客户需求的同时树立了良好的形象，增强了市场的竞争力。

3. 知识产权运营方式——多品牌的市场渗透

（1）品牌差异化和精准的市场细分❶。宝洁集团旗下拥有众多产品，同时也拥有众多的商标。首先，针对不同的市场和不同的消费群体，宝洁很好地利用商标来区分不同的市场和消费群体。比如，宝洁在中国最为畅销的"飘柔""海飞丝"以及"潘婷"这三大美发品牌，利用客户的不同需求，有针对性地对产品进行优化和宣传，给消费者带来了不同的体验，

---

❶ 李春飚，赵强，薛晓萌. 浅谈市场细分及多品牌战略的应用 [J]. 中国市场，2013（45）：27–28，37.

从而扩大了市场，吸引了更多的消费者❶。其次，宝洁产品涉及多个领域，比如牙膏、清洁用品和婴幼儿用品等，通过品牌渗透的模式来逐渐打开知名度。

（2）对创新和专利的重视。宝洁对于创新的重视程度之高，可以从公司对于创新平台的搭建和人员的结构比例看出来。宝洁的产品创新中心是公司进行新产品的研发和原来品牌的延伸的平台，保证了品牌组合在日化品市场上的最大覆盖化，每年在研发方面进行大量的投入，拥有超过 35 万个产品的专利。其中，位于北京的北京宝洁技术有限公司是宝洁在亚洲最大的创新研发中心。在人员方面，全球的 26 个创新中心中，博士的比例占到了 1/8，体现了宝洁注重高科技人员的引进和培养❷。

（3）知识产权管理体系。为了管理好多个品牌，让不同品牌间可以良性发展，宝洁公司在 1931 年引入了品牌管理系统。具体的就是根据不同的品牌为各个品牌选择一名品牌经理独自经营，这样既可以形成在宝洁不同品牌之间的竞争机制以促进其发展进步，也可以建立以顾客为本的品牌资产，从而让每个品牌在市场中获得更大的竞争优势。采用这种模式，让每一位品牌经理可以专注于自己的品牌建设，整体上又有利于公司的发展❸。

4. 启示

（1）全方位的商标权经营理念，占据了不同的品牌领域。多品牌的战略为宝洁集团的发展奠定了基础。基于宝洁集团这种多品牌经营，将不同的品牌和商标在各个细分市场上进行推广，既保证了不同层次消费者的需求，也保证了宝洁集团对各个细分领域市场的占领，在面临市场风险时，能够更好地维护自身的利益。

（2）品牌特色打造知名度。宝洁旗下虽品牌众多，但市场定位清晰，每个品牌都有其特色产品和特色功能，比如"飘柔"的柔顺、"海飞丝"

---

❶　菲利普·科特勒，凯文·莱恩·凯勒. 营销管理［M］. 王永贵，于洪彦，陈荣，等译. 上海：格致出版社，上海人民出版社，2012：257-260.

❷　宝洁公司 2017 年年报.

❸　张焱. 探秘品牌经理创设初衷　让自己和自己竞争［J］. 商学院，2014（9）：42-43.

的去屑以及"潘婷"的修复，这种清晰的功能差别搭配不同的品牌名称，使得消费者能够明确知道自己需要哪种产品，购买哪种品牌。长此以往，不仅能够打开品牌的知名度，也能在一定程度上促进宝洁集团的整体发展；即使某个品牌出现问题，只要在这个品牌内进行调整即可，也不会损害其他品牌甚至是宝洁公司的根本利益。

◇ 案例 7 丰田——主要是专利创造、专利许可方面

1. 案例背景

丰田汽车公司（Toyota Motor Corporation），简称丰田（TOYOTA），是世界十大汽车工业公司之一，总部设在日本爱知县丰田市和东京都文京区，属于三井（Mitsui）财阀。自 2008 年丰田汽车公司逐渐取代通用汽车公司位居世界排名第一位的汽车生产厂商。在由世界品牌实验室编制的年度《世界品牌 500 强》中，丰田的品牌从 2006 年的排名第 100 位上升到 2018 年 12 月 18 日的排名第 9 位。

通过检索德温特专利数据库发现，2017 年中国汽车发明专利企业排行榜中，丰田汽车公司专利授权量 1322 件，位列第一位；专利公开量 1671 件，位列第二位。其中丰田汽车公司专利公开量排名前十的技术领域为：新能源汽车（475）、发动机（268）、电子电器（169）、智能网联（112）、车身及车身附件（70）、变速器（64）、整车系统（53）、整车制造（41）、悬架系统（32）、基础通用（31）、传动系统（24）、制动系统（18）、汽车相关其他（17）、转向系统（13）、代用燃料汽车（7）。

2. 主要成效

（1）丰田控诉吉利❶。丰田汽车公司在 2002 年 12 月向中国有关地方法院对吉利集团提起诉讼，主要诉讼点是吉利的下属品牌对丰田商标权构成侵害和不正当竞争。丰田认为吉利对其商标存在侵权行为。侵权行为分为两个层次，第一层次是吉利旗下的美日商标与丰田相似，第二层次是丰田认为本公司拥有"丰田"以及"TOYOTA"的使用权，在未经授权时，

---

❶ 高娅. "丰田"诉"吉利"给我们的警示 [J]. 中华商标，2003（6）：11-13.

其他公司不得随意使用，但吉利集团在销售吉利产品的过程中，未经授权使用了"丰田"以及"TOYOTA"的使用权。因此，丰田诉称，吉利集团旗下的美日汽车在宣传单上的商标使用严重侵害了丰田的知识产权，丰田要求吉利赔偿人民币 1400 万元。

（2）丰田专利许可❶。燃料电池汽车以其高效、无噪声、零污染优势，体现了未来汽车能源和环保的趋势，引领汽车工业革命的新潮流。丰田于 2015 年 1 月 5 日在美国拉斯维加斯国际消费电子展的媒体预展上宣布，该公司约 5680 项氢燃料电池专利技术将免费开放给同行使用，旨在推动并主导氢燃料电池汽车产业的发展，其中，与燃料电池汽车相关专利免费开放至 2020 年。丰田免费开放氢燃料电池专利技术的举措，无疑又一次在全球的汽车行业掀起了新一轮的氢燃料汽车发展热潮。中国是丰田新能源汽车的重要市场之一，同时，丰田的燃料电池汽车技术是很多中国汽车企业借鉴和学习的对象。

丰田公开的燃料电池专利数量居世界首位，其免费开放氢燃料电池专利技术的举措，将进一步推进氢能源燃料电池汽车的产业化。从其在国内的专利分析来看，氢能源燃料电池相关专利在中国已颇具规模，且技术领域涵盖了燃料电池汽车的几个主要组成部分，而氢燃料罐的相关专利在中国的申请并未达到一定规模。涉及燃料电池汽车相关专利的免费使用是有期限的，国内企业在享受免费专利的同时，还需及时制定自身燃料电池汽车的专利发展战略。

3. 启示

（1）掌握核心技术才是关键。从汽车行业的专利数量排名来看，丰田无疑是处于领先地位的，其在汽车行业的专利数量和核心技术具有明显的行业优势和较强的竞争力。汽车制造业是一个利润很高的行业，丰田汽车公司与世界上比较著名的公司相比，在汽车的生产规模上赶不上有名的美国通用和福特，但是在人均的销售额和纯利润上，远远地超过同行。分析

---

❶ 孙晶晶，李红梅，李然，等. 丰田氢能源燃料电池及氢燃料罐中国专利态势分析 [J]. 企业技术开发（学术版），2015, 34（4）: 8-10.

丰田在这方面做出的成绩，得益于丰田比较重视内部专利的管理，注重对专利的保护和运用。

（2）严格的专利管理机制。丰田在专利管理方面，通过简化公司内部专利申请的手续、改进发明创造评议方式等来简化流程提高效率，将一些专利事务所办理专利申请的手续委托给其他的公司，在公司各个部门设置专门人员进行把关负责专利事务，把专业的事情交给专业的人来做，定期向美国轮流派遣研修生，及时了解学习《专利公报》等专利文献，或者召开全公司的专利管理者会议等，使得专利的运营管理更加有序。在新产品进行研发时，丰田也有自己的一套办法为生产新车开展一系列的活动，研究开发部门在研究阶段就会受到密切注视，最大限度地利用和保护重要技术，防止漏报专利。同时为了防止侵犯他人的专利权，制定相应的订立实施许可合同、对他人提出无效宣告请求、改变公司设计等对策。在专利评价方面，丰田从课题构思阶段到生产阶段，都对专利具有十分严格的监控和检测程序，保证了专利和知识产权的合法性和独立性。

◇ 案例8　西安西电捷通无线网络通信股份有限公司

1. 案例背景

2000 年 9 月，西安西电捷通无线网络通信股份有限公司（以下简称"西电捷通"）在文明古都西安创立，致力于可信网络空间构建所必需的基础安全技术创新。西电捷通多年来致力于网络基础安全创新，成为全球领先的网络与信息基础架构安全技术方案供应商。其在 IP 安全、有线安全、无线移动安全、近距离通信安全、数据安全与隐私等诸多领域，形成"虎符"系列基础安全技术，截至 2011 年年底，包括无线局域网在内，全球已有超过 20 亿颗芯片采用了虎符 TePA 安全解决方案。2010 年 11 月 13日，西电捷通虎符安全机制一项专利荣获国家知识产权局和世界知识产权组织联合颁发的第十二届中国专利发明金奖。西电捷通拥有的 500 余项全球专利授权或申请，见证了企业在通信和信息系统基础安全技术领域的专业水平。在此基础上，西电捷通不断积极地应对网络安全的挑战，进行技术创新。2010 年，西电捷通国际专利申请已进入全球 500 强。

2．公司知识产权运营

（1）创新创造，保护技术发明。西电捷通为保护这些领先的技术进行了巨大投入，公司已初步在全球 16 个国家完成了近 800 项高质量专利布局，且近 500 项专利已经获得授权保护。创新创造，保护技术发明，是西电捷通知识产权工作的基本原则。公司通过集成知识产权管理、专利技术授权及法务专业团队的协作，开发管理和运营以专利组合为核心的知识产权运营。专业团队占全员比例约 10%，公司 90% 的人员与知识产权运营密切相关。

（2）持续的技术研发与向国际转移的商业模式。西电捷通通过与产业合作伙伴通力协作，建立并促进全球网络安全技术标准实施，推动技术进步、改善网络空间公共安全环境。与之适应的知识产权运营、积极技术转移实现的收益，将会再投入至技术研发，以获得新一代技术创新领域，保障了公司的持续经营。

西电捷通的商业模式是研发技术并面向全球进行技术转移和知识产权运营，这种模式在陕西乃至中国都不多见，而在其国际化进程中更是面临巨大挑战。事实上，我国在基础技术领域与国际水平的差距很大。截至 2018 年 4 月 30 日，在国际标准化组织 ISO/IEC 的 3012 条专利声明中，美国 1026 条，日本 729 条，中国 30 条。中国的 30 条共涉及 23 项标准，西电捷通以 11 条和 11 项排名第一。

（3）专利许可。截至 2017 年年底，累计向 80 余家厂商发放了专利许可，发达国家企业占比近四成，发放专利许可涉及国内外专利数量超过了 200 件。包括无线安全协议技术、数字证书技术、近距离通信安全技术、光网络保密通信技术、可信网络技术和网络通用认证技术等。

（4）标准专利贡献。在当前的全球商业竞争中，知识产权尤其是专利正在成为国家间竞争的关键要素和重要资源。标准专利声明体现了技术发明者在该标准体系规制的产业范围内所做的创新性贡献，中国国家标准、中国在 ISO/IEC 国际标准中的第一项专利声明均由西电捷通完成。2017 年新增涉及标准专利的标准 4 项、国际标准 2 项、国家标准 2 项。2018 年 1 月，西电捷通研发的近场通信安全测试技术 NEAU-TEST 被纳入国际标准。

近三年来，西电捷通已有 6 项技术被纳入国际标准。

3. 主要诉讼案件：西电捷通诉索尼（中国）专利侵权

2017 年，西电捷通与日本索尼公司之间的标准必要专利纠纷受到业界广泛关注。在 2003 年 11 月，国家质量监督检验检疫总局和国家标准化管理委员会发布公告要求，从 2004 年 6 月 1 日起，我国无线局域网产品必须采用 WAPI 标准。至此，我国的 WAPI 标准成为和美国 Wi-Fi 标准共存的全球仅有的两个无线局域网安全技术标准。此案涉及西电捷通 WAPI 中的一项核心技术（一种无线局域网移动设备安全接入及数据保密通信的方法）。此项技术被采纳为国家标准时，西电捷通的相关技术也被芯片厂商、运营商、终端设备制造商以及相关合作伙伴等应用。

2015 年 7 月，因认为索尼移动通信产品（中国）有限公司（以下简称"索尼中国"）生产销售的多款手机产品侵犯其上述发明专利权，西电捷通向北京知识产权法院提起诉讼，请求法院判令索尼中国立即停止侵权，并赔偿其经济损失等。北京知识产权法院认为，索尼中国生产、销售的涉案 35 款手机均执行的是 WAPI 标准，涉案专利是该标准的必要专利，索尼中国侵犯了西电捷通的专利权。据此，2017 年 3 月 22 日，对该案作出一审判决，判令索尼中国立即停止侵权行为，法院查明了侵权产品数量，并支持了原告主张的以许可费率的 3 倍为计算基础，最终确定索尼中国赔偿西电捷通经济损失 862.9 万元及合理支出 47.4 万元。2018 年 3 月 28 日，该案二审在北京市高级人民法院终审宣判：维持一审判决。

该案是国内首例针对通信领域的标准必要专利侵权诉讼作出侵权认定并给予禁令救济的重要案例。中国专利保护协会对该案的评价是"必将成为我国严格知识产权保护的里程碑事件"。该案判决结果及所体现的裁判标准，对于完善标准必要专利的诉讼制度、平衡专利权人与标准实施者之间的利益和促进通信行业的健康发展都具有重要意义。

4. 启示

（1）技术质量是专利质量之魂。技术的先进性，有赖于公司在网络核心技术领域的长期研发投入与实践洞察。高价值技术是高价值专利之源，培育高价值专利首先要研发出高价值技术，所以要重视依赖技术的研发，特别是基础核心技术领域的研发与创新。企业有了技术实力，才会为成功挑战大企业增加信心。

（2）加强保护知识产权意识，为企业创造更多的价值。早期中小企业在知识产权维权方面举步维艰，主要因为中小企业在财力物力上都很难与大企业相抗衡，即使胜诉也未必能有效执行。西电捷通培养自身的维权意识，敢于与索尼等大企业相抗衡。加强知识产权维权意识，是企业进步与发展的重要基础。西电捷通曾表示，"打造西安内陆型改革开放新高地、营造公平有序的营商环境等政策的推出让我们备受鼓舞，同时，加强保护知识产权共识也已成为社会共识，我们企业必然会因这些进步和保障取得更好的发展。"

第十四章

科研院所知识产权运营

一、概述

习近平总书记在全国科技创新大会上指出，"到 2020 年时使我国进入创新型国家行列，到 2030 年时使我国进入创新型国家前列，到新中国成立 100 年时使我国成为世界科技强国。"这是我国科技事业近 15 年的奋斗目标，也是对广大科技工作者的殷切期望和要求。科研单位有三大主要功能：一是基础性原始创新；二是高新技术和应用技术研发；三是科技人才培养。在科技成果转化技术转移过程中处于"上游源头"位置，发挥着重要作用。企业是经济体系中最基本的元素，作为技术创新主体，在我国实现经济增长方式转变过程中起着关键性作用，而我国多数企业技术创新能力不足，依靠自身技术创新实现节能降耗，减排环保良性增长方式较为困难，需要借助科研机构和大学科技成果转化和技术转移推进企业技术创新，提高科技含量，实现企业良性增长和发展。

科研单位自身发展需要科技成果转化和技术转移，科技成果转化为生产力，是科研单位贡献国家服务社会、实现生存价值的重要体现，科技成果转化转移成功，得到社会及企业有效应用，发挥出应有的作用和效果，在收获良好社会效益的同时，经济上也得到相应回报，如国家政策惠及和资源支持，社会及企业支付成果技术费用。科研单位通过与企业合作，可以获取更多科技需求信息，从中选择新的科研课题或技术研发方向，使其不断适应社会和经济发展需要，适应市场及企业科技需要，不断注入新的动力和活力，实现良性发展。

科研单位成果转化和技术转移，是通过特定的方式和渠道，在科研单位与社会（包括地方政府、企事业单位）之间，经过协商协议，实施的一种双赢或多赢的科技合作创新活动，现阶段科技成果转化和技术转移主要有以下模式。

1. 国家实施转化转移

中国科学院山西煤炭化学研究所承担的煤基合成油科研项目，是国家863高新技术项目和中科院知识创新重大项目，该项目所取得的科技成果，就是在国家相关部委支持下，由中国科学院与山西省政府直接组织实施成果转化，总投资18.86亿元，在山西建设拥有完全自主知识产权第一条煤基合成油生产线，这对我国燃油能源发展和安全有着战略性意义。这种由国家直接组织的成果转化和技术转移模式，一般适用于关系到国计民生和国家产业战略发展的重要原始创新或重大技术创新成果，适用于有关国家安全和国防建设方面成果技术的转化转移。

2. 科研单位内部转化转移

某项科研成果和技术研发完成后，通过小试中试获得成功，科研单位自行组建实体企业，进行产品开发或产业化生产。例如中科院联想控股有限公司，是中科院原计算所（现为中科院数学与系统研究院），在1984年投资20万元，由11位科技人员创立的，开发本单位科研成果和技术，由IT行业技术开发和产品生产起步，不断发展壮大，到2005年已拥有资产622亿元，累计向国家纳税75.5亿元，成为国内IT行业排名居首的高新技术企业。这种转化转移模式的优势在于研发和再研发力量比较强，成果和技术创新发明者直接参与企业创办，精通成果和技术研究研发情况，能及时进行成果技术转化转移后的改进和升级；其劣势在于缺乏企业生产经营全过程系统化管理经验，特别在企业组建初期更为明显，形成规模化生产较慢，需要一个从小到大的发展过程。所以，这种科研机构内部转化转移模式适用于国内尚不具备生产能力的原始创新和高新技术成果。

3. 外向型市场转化转移

这是科研单位成果转化技术转移主要模式，有以下几种形式：

（1）有偿转让形式。科研机构通过某种渠道或场所向企业有偿转让科研成果和技术，企业获得成果开发和技术使用权。

（2）企业委托形式。企业根据自身发展需要，委托科研机构进行某项科技研发和技术创新，科研机构按照企业要求完成科技研发和技术创新任务，交付企业验收投入使用。

（3）合作研发形式。科研机构与企业就某个项目或某项技术进行联合研发创新，一般来说，科研机构投入科技力量，企业投入资产资金，双方风险共担，利益共享。

（4）联合共建形式。这是一种长期战略性科技合作，对科企双方发展具有战略意义，如联合建立研发中心、研究所、实验室等，双方优势互补，相互促进，共同发展。

（5）科技副职形式。为促进科技与经济结合，中组部、团中央、教育部等相关部委每年派出博士服务团，赴国家西部地区进行科技扶贫帮教，各省市自治区及科研机构、大学定期选拔优秀科技人员到地方政府或企业担任科技副职，有效促进了科技成果转化和技术转移。仅中科院从 1985 年至 2006 年就向全国 30 个省市自治区派出 1200 余名科技副职，转化转移科技成果和技术 3000 余项，取得了很好的社会和经济效益。

（6）科技咨询形式。这种转化转移主要针对大众科普知识或某一专项工作进行科技咨询交流，如科技活动周举办的各种科技咨询活动。

二、案例

◇ **案例 1 中科院计算所知识产权运营模式——综合型**

1. 背景

中国科学院计算技术研究所（以下简称"中科院计算所"）成立于

1956 年，是中国第一个专门从事计算机科学技术综合性研究的学术机构。该所主要研究的方向和领域有信息处理、信息检索、大数据处理、虚拟现实技术等，经过多年的发展，大型通用晶体管计算机、第一批集成电路计算机、"龙芯 1 号"等由中国科学院计算技术研究所研制发布，在科学研究和科技成果等方面取得了显著成就。在科技成果和专利申请方面，中科院计算所也是收获颇丰，截至 2011 年年底，已经累计申请了专利 1258 件，授权的专利数量达到了 722 项，并且大多数以发明专利为主；科技成果 735 项，39 项国家级科技奖励，院部级科技奖励达到 157 项。

2. 运作模式

（1）中科院计算所直接进行成果转化。结合中科院计算所在技术、人员和国内外市场的现状，采取多种适合计算所的技术转移方式进行技术转移和辐射，在专利许可、技术孵化、共建联合实验室、知识产权参股等方式中凝练出了三种模式，分别为共性技术辐射、专利许可/转让、企业孵化，并且成功孵化出了多家企业。

（2）注册成立技术转移中心。北京海淀中科计算技术转移中心由中科院计算所于 2004 年 8 月全资设立，运作模式为理事会领导下的独立事业部和独立创新团队，职能包括对内和对外：对内进行技术证明、市场验证、二次开发和专利保护；对外为计算所技术创新寻求合作伙伴，除此之外，对可交易专利进行专利许可和转让。技术转移中心成立以来，始终以加快技术转移、促进利用先进技术改造传统产业及加快发展高新技术产业、优化和调整产业结构为发展目标。

（3）举办专利拍卖。采用覆盖面广、公开透明的竞价拍卖方式来进行科技成果转化，依托北京海淀中科计算技术转移中心建立工作机制，让技术交易机构、知识产权服务机构和拍卖机构参与进来，集成优质服务资源搭建规范高效的拍卖平台，进行专利和技术等无形资产的拍卖。每两年举办一次拍卖活动，2010 年 12 月成功举办了中科院计算所首届专利拍卖会。

实施效果：通过拍卖，一方面增加了收入，补充了所里、课题组和发明人的科研经费；另一方面充分调动了职工的科研积极性，给发明人以成就感。

存在问题：专利是一种无形的资产，具有不可见的特点，因此对于拍卖的价格很难进行量化估计，导致企业不好判断以及结果难以预测。例如，在拍卖会前的招商阶段，市场反映很好的标，可能因为拍卖的时候底价较高而未能顺利拍出，甚至无人举牌。

（4）在全国各地建立分所，推行科技上门服务。科技上门服务是中科院计算所的一贯做法，从 2002 年开始，截至 2015 年 12 月，中科院计算所在苏州、上海等地建立了 15 个分部、16 个研究机构。由此形成了本部与多个分部组成的网络型研究所的格局，同时地方分部也能根据所在地区的特色有针对性地开展地方产业科研和技术辐射。

（5）面向职工举办技术创新大赛。中科院计算所每两年举办一次技术创新大赛，此举的目的在于帮助员工找到创业和转化的技术，让乐于创新创业的人才通过创业实现自我价值，营造良好的专利转化氛围，提高专利的展示度。

3. 案例点评

（1）专利或技术运营没有最好的模式，只有更适合自己的模式。中科院计算所因地制宜、量体裁衣、敢为人先，不拘泥于某一种模式，而是秉承"只要利于成果转化我就用"，不重手段、只看效果的灵活方式。在我国成果转化体制机制不健全的情况下，这种灵活的方式既有利于新模式探索，又有利于成果转化，还能最大限度地发挥全所积极性。

（2）科技不能高高在上，而是要深入基层、面向企业。科研工作形成的专利技术只是一个点，在企业应用转化才是目的。当下科研人员要学会转型，要充分与企业进行沟通，对企业购买专利的目的进行深入分析，针对企业的不同类型需求，对专利的先进性、技术内容和应用场景等向企业进行全面介绍，并为之提供后续配套支持。

（3）上门服务既表明了中科院计算所对于科技成果转化的服务态度，又最大限度地服务了企业。许多企业都在京外，不可能为了买一件价值几万元甚至几千元的专利，花费大量时间、精力和成本，办理各项烦琐的中间手续，中科院计算所正是站在企业的立场上思考问题，体谅企业的难处，从而获得了企业的认可。

（4）专利拍卖是中科院计算所尝试的一种新的转化模式，但是拍卖方式要求较高的专业技能，中科院计算所本身没有市场化运作的操作能力，因此首次拍卖活动中出现了好货流拍现象。痛定思痛，科研院所在成果转化时，要清楚认识自己的长项和定位，不要盲目行动，将专业性的成果转化活动交予市场第三方中介机构来做，也许是更好的选择。

◇ **案例 2　黄海水产研究所知识产权运营模式——内设技术转移机构+成立独立运作实体**

1. 背景

中国水产科学研究院黄海水产研究所（以下简称"黄海所"）系农业部所属综合性海洋水产研究机构。前身为"农林部中央水产实验所"，1947 年 1 月建立于上海，1949 年 12 月迁至青岛。黄海所先后承担并完成了 1000 多项国家和省部级的研究课题，取得了 300 多项重要科研成果，获得了 100 多项国家和省部级科技奖励，在海洋生物资源评估与生态系统、海水养殖生态与容纳量、种质资源与工程育种、海水养殖生物疾病控制与病原分子生物学、海洋产物资源与酶工程、海洋渔业环境与生物修复、水产品安全与质量检测、海水鱼类养殖与设施渔业、食品工程与营养、水产基因组与细胞工程等方面开展了许多创新性的研究，取得了骄人的成绩，对产业结构调整、渔业增产增收和社会主义新渔村建设做出了突出贡献。

2. 发展方式

为了促进科技成果转化和技术转移，1996 年 2 月，黄海所成立了科技开发处（2008 年 4 月更名为"成果转化处"），设专职部门负责全所科技成果转化项目管理。近几年，黄海所科技发展进入重要跃升期，科技成果转化步伐明显加快，直接服务于经济社会发展的创新能力大幅提高。

2011 年，黄海所创新自身成果转化途径，首次以专利投资参股企业，成立了国内第一家水产种业公司，当年被评为中国水产业最具成长性企业之一。随后，根据海洋水产科研成果多数带有很大社会性和公益性的特点，选择水产饲料与添加剂、优质养殖苗种培育重要技术的开发和产业化作为方向，相继建起了"青岛金海力水产科技有限公司""青岛润海水产科技开发中心""水产遗传育种中心""海洋酶工程中试基地"和"青岛海壬水产种业科技有限公司"等企业或基地。大大缩短了成果转化周期，有利于企业优先或直接利用合作农业科研院所的人力、物力和无形资产，为"中国设计""中国创造"提供了技术原动力。此外，黄海所鼓励和支持专利转化，制定促进专利转化意见，专利转化率提高了 10%。

黄海所设有"技术咨询和成果推广"网站专栏，编订技术手册 7 套，成立了科技服务专家队伍，连续 6 年主办水产科技周活动，每年聘派科技特派员 20 余人，近 5 年累计在山东、河北、天津、辽宁、福建、江苏、浙江等 15 个省市开展科技下乡 2000 多次，主办和参与各类培训班 300 余项（次），培训基层技术人员 20000 余人次，扶持示范户 5000 多户，辐射带动近 10000 余户，发放技术手册、图谱、新品种和新技术宣传单页 50000 余份，活动场次、培训人数、发放资料连年攀高，有力地推动了渔业经济平稳健康发展，全面提升了黄海所对产业发展的技术支撑能力。

3. 促进措施

（1）以企业需求为导向进行技术转移。信息不对称和信任度是影响农业科研院所技术转移的重要因素。健全的技术产业集群建设，应以企业需求为导向，以农业科研院所为技术支撑，以科技中介机构为桥梁，按照"优先、共享、信任、多赢"的原则，在政府机构引导和监管下，建立多方联合体系，加快科技成果转化技术转移。

（2）制定灵活的支持政策。农业科研院所技术转移绩效好坏与科研人员的主观能动性息息相关。黄海所根据国家有关法律法规制定了相关成果转化推广细则，就技术开发、技术转让、技术服务和咨询，分别制定了具体的经费分配比例和奖励办法，并允许采取科技成果入资、入股、质押、转让、许可等方式促进科技成果的应用实施，较大程度提高了科研人员从事技术转移积极性和可选择性。

（3）制定配套的技术转移信息一体化平台。黄海所基于实用性的科技成果资源、透明化的专家信息、易于掌握的成果信息简介，初步建立起成果转化公共服务平台，并配套编印了技术手册，更直观地向目标受众提供所需信息。

4．启　示

通过黄海所技术转移实践得到三点启示：

（1）农业科研院所在技术转移中因财务、管理专业人才的缺乏，处于技术转移利益保障的劣势地位，存在个别因技术转移操作不规范无法获得相应权益或遭受损失的情况。引入规范的中介结构，可以较好地解决该问题。

（2）农业科研院所成果产出量大，但是后续成果转化资金支持少，导致大量成果成为"存果"。通过完善的技术市场体系，可以在中介机构帮助下尽可能多地完成成果的中试、转化、推广。

（3）由于技术和市场的不确定性，买方很难接受卖方的高报价，卖方又担心低报价不能满足相应收益，这种不完全契约问题往往导致技术转移流产。采用买断、技术入股等弹性合作方式可以较好地改善技术转移困境❶。

◇ **案例3　中科院选矿冶金技术综合服务平台——成立独立企业化实体**

1．背　景

矿产资源是人类社会发展的重要物质基础，随着世界各国经济的发展，对于矿产资源的消耗也越来越大。矿产的全球化发展，让矿产资源在全球范围内得以再次分配，发达国家对矿产业和矿产资源控制程度拥有绝对的优势。金属矿产资源综合利用以金属矿产资源所在地为活动场所，以矿产资源的利用为目标，以综合为基本原则。我国面临的是矿产资源需求量大、储备少、消耗量大，同时我国的大矿少、共生矿多、部分矿种严重不足，以及矿种的分布不均匀，由此决定了我国对矿产资源坚持走综合利用的道路。如何适应建设资源节约型社会的要求，破解资源开发利用的"困局"，探索资源型地区矿产资源开发利用的内在规律性，保障矿产资源

❶　王晓萍，王印庚，马德林. 农业科研院所技术转移探析与启示：以中国水产科学研究院黄海水产研究所为例 [J]. 农业科技与装备，2014（8）：84-86.

开发利用与生态环境相协调，是实现矿产资源可持续开发利用的迫切需要。

中科院选矿冶金技术综合服务平台旨在集合一批先进选矿和冶金技术，广泛宣传，着力结合行政和资金的杠杆作用，充分考虑市场和经济因素，新建或改造一批选矿、冶金企业或装置。该平台综合性地帮助区域或行业，团体式地提高资源利用效能，同时扩大经济效益，制造示范效应，为我国的资源战略和青山绿水做出一份永久性的贡献。

2. 公共技术服务平台模式

公共技术服务平台指研究机构基于自身研发优势，在政府支持下构建的为中小企业提供技术开发、试验、推广、共性技术支撑、产品设计、加工、检测等服务的公共技术支持系统。基于公共技术服务平台的技术转移模式打破了科技资源分散、封闭、垄断状况，有利于促进应用技术转化。中北国技（北京）科技有限公司建设的"中科院选矿冶金技术综合服务平台"，结合了自身节能环保和材料类技术领域优势，集中整合了一批低品位、复杂难选矿产或矿业废弃物的资源化利用技术，为矿产冶金企业集中提供中科院技术服务的项目，包括浮选、磁选、湿法冶金、生物冶金等各类型的选矿冶金技术，以及为各类贫旧矿免费提供检测、实验、中试、技术指导等服务。该平台在服务过程中，通过实样示例为企业提供技术的直观展示，引导企业自愿采购技术，实现整套技术的转移❶。

3. 启示

技术集成是指按照一定的技术原理或功能目的，将两个或两个以上的单项技术通过重组而获得具有统一整体功能的新技术的创造方法。它往往可以实现单个技术实现不了的技术需求目的。

面对复杂多变的竞争环境和不断涌现的非连续性的技术变化，传统的单一研究开发模式已不能快速适应创新需要，取而代之的将是面向改略需求的集成技术创新，以客户需求为导向，整合多家专业技术研发机构，跨越多领域，实现多种功能技术的有效集成，避免了科研院所及高校等转移

---

❶ 科技部火炬中心，2013 年国家技术转移示范机构交易模式分析。

机构相对单一、间断的技术开发模式，极大地提高了客户企业技术创新绩效，增强了市场竞争能力，而且有可能成为其实现技术跨越的重要突破口。

◇ **案例 4　中科院大连化学物理研究所的大企业牵引模式**

1. 背景

中国科学院大连化学物理研究所（以下简称"大连化物所"）成立于 1949 年 3 月，当时定名为"大连大学科学研究所"，1961 年年底更名为"中国科学院化学物理研究所"，1970 年正式定名为"中国科学院大连化学物理研究所"。1998 年，大连化物所成为中国科学院知识创新工程首批试点单位之一。2007 年经国家批准筹建洁净能源国家实验室。2010 年 8 月，大连化物所在"创造 2020"发展战略研讨会中将发展战略修订为"发挥学科综合优势，加强技术集成创新，以可持续发展的能源研究为主导，坚持资源环境优化、生物技术和先进材料创新协调发展，在国民经济和国家安全中发挥不可替代的作用，创造世界一流研究所"。大连化物所重点学科领域为：催化化学、工程化学、化学激光、分子反应动力学、近代分析化学和生物技术。

2. 发展方式

大连化物所通过七大模式促成果转化，探索出多渠道、多模式、多层次的发展方式。广交朋友，接受企业委托任务：近几年来大连化物所与企业广交朋友，以其多学科综合性的优势和坚实的科研基础，赢得了企业委托的研发任务。依托企业，联合承担国家任务：对于有望实现工业化的项目，从开始列项就积极寻求企业参与合作，改变了过去那种获得成果后再去开发市场寻找企业的做法。联合企业，加速实现工业化生产：以"催化裂化干气中烯烃综合利用"项目为例，由大连化物所与抚顺石油二厂联合开发成功，在研发过程中，催化剂的研制由大连化物所负责，工艺的开发则由抚顺石油二厂承担，经过两年的共同努力，该项目获得了成功。转让技术，方便企业生产：大连化物所对技术转让提供从流程设计到设备选型、安装调试，从建设生产线到开发投产和技术人员培训的系统化服务，将二氯菊酸甲酯生产技术、甲氰菊酯新农药生产技术，分别转让给不同的企业，使得企业生产的产品替代了进口产品，获得了可观的经济效益。承包工程，实施一条龙服务：大连化物所研制成功的具有一定工程技术的科技成果，在开发前期采取工程承包的方式为企业服务。为企业提供产品，满足市场需求：针对部分高产值的高新技术成果，大连化物所积极组织力量进行小批量生产，既满足企业和社会的需求，又能获取一定的经济效益，进一步推动该所科技开发和技术创新工作的开展。满足企业要求，开展技术咨询和服务：大连化物所接受国家有关部门和企业的委托，采用现代分析测试手段进行了大量的分析、测试、样品剖析以及各种技术咨询和服务活动❶。

大连化物所深化与大型企业集团间的战略合作，共同推进能源化工、节能减排等领域的项目合作及产业化应用，形成了一批新生长点，为我国相关领域的科技发展做出了重要贡献。2012年，大连化物所与延长石油集团继续开展更深层次的科技交流，双方互访十余次，签署合同金额近6000万元；与天业集团成立催化联合研发中心，深入合作，并将在人才交换以及培养上进行全面的合作；与中石油在化石能源、新能源以及分析测试等领域均开展合作，合同金额超过1200万元；与江苏飞翔集团的合作更为紧密，飞翔集团苏州飞翔新材料研究院暨飞翔集团—大连化物所联合研发基地在苏州工业园区正式揭牌成立，双方在多个精细化工项目上进行合作，并有望在两三年内让一批科技成果在企业成功得到应用，为企业创造效益❷。

3. 启示

（1）注重知识产权的保护。大连化物所一直十分重视知识产权工作，在基础研究早期就进行专利布局，注重知识产权保护，培育核心专利，为后期的应用研究及产品开发夯实基础。而在应用研究方面，为了战略防御和保持竞争优势，围绕核心技术形成核心专利，不断根据市场需求和竞争

---

❶ 葛树杰. 发挥科技优势面向经济建设：中科院大连化物所与企业结合的几种模式 [J]. 科学新闻，2002（21）：32.

❷ 科技部火炬中心，2013年国家技术转移示范机构交易模式分析。

提交外围专利申请，形成专利组合，最大限度地保护自己的技术，保证专利成果在市场中的顺利转化运用。

（2）企业介入科研，共享知识产权。大型企业集团与大连化物所签署战略合作协议，根据自身发展的需要，借助大连化物所的科研优势，采取委托开发、合作开发等多种方式与大连化物所开展合作，通过共享知识产权打通科技成果转移化链条。让企业也成为创新的主体，与研究机构共同承担风险，实现科技与企业结合，以企业推动产业化。这种方式一方面使得科研机构提前得到资金支持，并且从大量不熟悉的技术和市场调研中解脱出来，保证研究工作者直接面对市场上的需求；另一方面，企业的参与，提前掌握了植入技术的关键和难点，缩短了成果转化时间。

◇ 案例 5　中国农业科学院技术转移中心技术集成与整合经营模式

1. 背景

中国农业科学院技术转移中心是专业从事农业技术转移、科技成果转化的高科技服务机构，是科技部认定的国家技术转移示范机构。中国农业科学院技术转移中心于 2008 年 5 月成立，经过几年的实践和发展，该中心在农业技术转移领域获得了较高的知名度和一定的品牌影响力，为政府、企业提供了咨询和技术转化服务，促进了农业科技成果的转化，以及科技成果与企业和地方政府的对接。该中心依托中国农业科学院强大的科研实力和科技资源平台，已经储备了 8000 多项科研成果，拥有各类农业专家100 多人，与 20 家科研院所和大专院校建立了合作关系，该中心网站会员企业达到 10000 家以上，并且和国内外众多企业建立了长期的合作关系。该中心在 2009 年获得科技部"国家技术转移示范机构"称号，2011 年承担"国家现代农业科技城国际合作与交流中心"工作；2011 年，成为国家现代农业科技城国际技术转移人才培训基地；2012 年，成为首都科技条件平台"中国农业科学院研发实验服务基地"；2013 年，承担了东盟技术转移中心农业技术转移工作；2014 年，成为北京市农业技术转移国际合作基地；2015 年，参与发起成立"全国农业科技成果转移服务中心"。

2. 技术集成和整合

中国农业科学院技术转移中心基于农业技术散、小、单一技术科技含量低的特点，在传统的点对点单个技术服务的基础上，进行综合升级，对多个技术进行集成，如将农作物品种、果蔬花卉品种、畜牧水产品种等与生物农药、采后保鲜、高效灌溉、生态养殖、抗逆制剂、环保肥料、农业信息、胚胎工程等众多农业共性技术集成，通过结合地方农业环境与区域经济发展要求，做出一份完整的科技园区规划，从而将产品与高科技整合，整体转化到农业科技园区或示范基地。该模式通过对技术集成及技术的整体打包转移，使技术转移服务更有保障，效率更高。该中心的技术转移模式在天津滨海傲绿生态农业科技园区规划、华彬庄园生态综合体的构建、巴彦淖尔农业生态项目整体策划等项目中均发挥了积极有效的作用❶。

该中心的成立是对国家"提升自主创新能力，建设创新型国家"的贯彻，大力发展现代农业，推广和转化农业技术，提高自主创新能力和国际竞争力，解决农业农村经济发展中的重大问题和关键技术，促进农业科学技术的发展。秉承"服务三农，提高农业的科技含量和自主创新能力"的思想，与国内外多所高校、科研院所、相关企业建立了良好的战略合作伙伴关系，通过整合资源，为中国的农业经济发展提供技术转移、技术咨询、企业成长顾问等各项服务，推动农业科技成果的转化应用，推进农科教结合、产学研协作，提高农民对先进适用技术的接受能力和应用水平。

3. 启示

技术集成经营是以客户需求为导向，以专业的技术经营和服务能力为前提，通过购买引进、集成相关技术，进行二次开发或整合打包后进行成果转移的模式。转制院所或有较强研究开发能力的专业技术转移机构，依托技术或行业地位优势，通过不断创新经营服务模式，注重对技术的引进和集成，将相关环节的技术资源进行集成和整合，大大拓展了技术转移的价值空间，为企业提供整体的解决方案和服务，同时实现了成果的推广和转移，成为技术转移重要的发展方向。

---

❶ 科技部火炬中心，2013 年国家技术转移示范机构交易模式分析。

◇ 案例6　上海生命科学院知识产权与技术转移中心

1. 背景

上海生命科学院知识产权与技术转移中心（以下简称"上海生科院知产中心"）于2007年4月正式成立，逐步成长为13人的专业团队。上海盛知华知识产权服务有限公司（以下简称"盛知华"）是在上海生科院知产中心的基础上成立的一家新公司，成立的目标是为中国更多的高校和科研单位提供专业化知识产权管理与技术转移服务。

上海生科院知产中心采取了一种循序渐进的方式来发展。开始的工作重心是人才的招募和培训，以达到提高专利质量和合同质量的目标。中心主任纵刚招聘了生命科学领域的博士和硕士作为专利评估和市场推广经理，主要采用案例教学和实战相结合的方法，培训他们的法律和商业方面的相关知识和技能，包括专利法、合同法、与成立新公司有关的公司法、技术市场推广、价值评估、交易结构设计、谈判等。在上海生科院领导的大力支持下，他改变了工资和奖励机制来吸引和留住人才。到2010年年初，纵刚已经将工作重心转向组织制度建立、市场和商业推广方面。

2. 运作方式

上海生科院知产中心首要任务之一是发展并完善知识产权和技术转移政策，这为中心以后的运作提供了坚实的基础和指导方针。纵刚计划使知产中心成为一个有效联系科研人员和企业的枢纽。知产中心负责各种合同或协议的谈判，包括专利许可合同、选择权合同、股权合同、保密协议、材料转移协议、合作开发合同等。知产中心也不断在产业化方面促进与企业和投资者的积极合作，还负责处理专利侵权案件，并与专利事务代理机构合作。知产中心计划中一个重要部分是有效地管理和避免潜在的利益冲突。

随着上海生科院知产中心逐渐成为一个成功模式，盛知华也发展成为一个专业化知识产权与技术转移服务公司，为中国高校、中科院研究所、其他研究所和企业等提供专业的知识产权和技术转移服务，以促进早期技术的成功转化。与每个单位自己建立一个专业化知产中心相比，盛知华能够更迅速、更高效和更高质量地实现成果转化。

3. 启示

（1）上海生科院知产中心的最终成功和可持续发展取决于有效实施发明披露、评估、增值、市场推广以及谈判的全过程管理。上海生科院知产中心围绕技术优点、专利性、市场潜力、发明人四个关键因素建立了一套健全高效的发明评估体系。该中心认为早期技术的价值都在细节中，因此，中心团队仔细地了解发明的技术细节以及在先技术的细节，同时仔细地判断可能的权利要求范围、自由实施度、可维权性、无效可能性分析（针对授权专利）等，判断发明的专利性和价值。

深入挖掘专利潜在的商业价值。中心团队开发了一套评估竞争产品以及相关专利和非专利技术的流程，以此来判断商业开发步骤和风险、竞争优势和劣势，并最终决定技术的潜在许可前景。

缩短专利评估时间。由于80%~90%的新发明在初始披露时都基本上没有商业价值，中心的模式能否被成功地放大，取决于专利性和商业价值评估过程中资源的有效利用。一个全职项目评估经理平均需要两周来评估一个发明，但中心找到一种缩短评估时间的方法。通常在完成评估后，知产中心会与发明人密切交流，并通过为发明人设计后续实验来扩大权利要求范围，以提高发明的质量和价值。例如，将治疗单一适应证扩大到治疗多种疾病适应证，或是使保护范围涵盖一组化合物而不是仅仅保护单一化合物。

致力于设计实验以降低可能的风险和迅速提高技术的商业价值。例如，得到商业初步可行性实验数据、进行毒理试验、推动药物进入人体试验阶段、获得GMP认证的材料和符合GLP的实验数据或临床试验数据等其他相关信息。

监管专利申请过程。鉴于大部分专利无法被许可出去的原因是专利申请的质量差或专利律师事务所的工作质量差，上海生科院知产中心的一个极为重要的任务是对专利申请进行全过程管理，从专利撰写到与发明人和专利代理人沟通，每一步都要加以监督和管理，批准和授权专利代理人的每一步操作。

认真做好客户选择工作。中心没有依靠"超市"模式或技术交易会等方式来进行技术市场推广，而是采用了一种更有针对性的市场推广方式，即根据具体技术的特点，对潜在被许可方进行仔细的分析研究和挑选，主要考虑其技术开发的能力和经验、商业策略、经济实力、产品兼容性及其现有的市场营销网络等因素。项目经理会与挑选出来的潜在被许可方联系，确定他们是否对所推广的技术感兴趣，并协助他们做好复杂的内部评估工作。这样的方式远比把所推广的技术在技术交易机构简单陈列，或者将技术的市场推广信息随意发给大量未经筛选的公司更为高效。但上述方式会带来大量的低效率的工作，例如与那些只想了解技术细节而并非真正对许可感兴趣，或是与根本不具备进一步研发能力的公司签订保密协议。

在专利许可谈判时，内部要对技术进行价值评估。政府的政策促使许多资产评估公司成立，其主要目的是在国有机构以专利入股于私有企业成立公司时，防止国有资产流失或避免低价转让。政府规定在这种情况下，入股的专利应该由政府认可的资产评估公司对其进行价值评估，同时，评估报告应由政府指定的机构批准。但对于现金结算的专利许可交易却没有这样的要求。上海生科院知产中心认为，这种政策的出台是基于"专利是有固定的价值"这样的一个错误理念。实际上，精确衡量一个专利的价值十分困难，特别是对那些离市场很远的早期技术，因为在市场化的过程中，这些技术的价值可能会受到很多种不确定因素的影响。价值评估通常是基于一系列假设而得到的一个粗略估计。一个专利的最终价值通常是由交易双方谈判而确定的，而且经常会根据不同被许可方的具体情况而改变。由于通过改变假设可以很容易地改变专利价值，资产评估公司通常会根据客户要求的价值数来撰写专利价值评估报告。所以这种价值评估报告除了满足政府的要求外并不具有任何实际价值，因此，这种政策不但不能有效防止国有资产流失，而且还因审批过程漫长，给试图抓住转瞬即逝商机的真正想进行成果转化的企业造成了巨大障碍。

采用国际通用的阶段付款的交易结构。在中国，很多的许可交易仍采用一次性付款方式。这种交易方式不仅非常难做，而且对交易双方都有很大的风险。在对被许可方信誉和诚信度了解的前提下，上海生科院知产中心采用了国际通用的阶段付款的交易结构，包括入门费、节点费和销售额提成等，这样许可方和被许可方可以共同承担风险。2010 年，上海生科院知产中心将一项专利技术在美国和欧洲的部分权利许可给赛诺菲公司，总合同金额达到 6000 多万美元，外加销售额提成。

坚持公平公正的基本原则。上海生科院知产中心将一些基本原则融入技术转移中心谈判的实践中，以公平公正为基础、始终寻求双赢的解决方案、创造性地解决双方合理的顾虑，以及重视建立长期合作关系。上海生科院知产中心还建立了一套在合同谈判时检查和权衡重要法律条款的体系，包括尽责条款、报告责任、保密信息处理、发表权、免责条款、侵权责任、保证条款、合法审判地以及终止权等。

（2）上海生科院知产中心与企业合作中注重企业知识产权保护。在与企业合作的过程中，特别是资助研究项目，大多数中国科研单位都完全或部分放弃了自己在这类项目中产生的知识产权。相反，上海生科院知产中心与跨国企业谈判过许多资助研究项目，获得了更公平的、类似于美国大学与企业典型合作模式中的知识产权条款。这些条款包括谁发明谁拥有的原则，即如果发明人都是上海生科院的员工，上海生科院可以独家拥有在这类项目中产生的知识产权；资助企业可获得上海生科院独家拥有或共同拥有的专利权的独家选择权，即在一定的时间内可以独家评估是否需要许可和是否开始许可谈判；如果在一定时期内，上海生科院与资助企业在友好诚信的基础上没有达成许可协议，上海生科院拥有将该知识产权许可给第三方的自由权利。在获得这样公平条款的同时，上海生科院始终与这些大公司保持着良好的合作关系。